U0952192

汉语语法的共时与历时研究

刘顺 著

上海三联书店

汉语语法的共时与历时研究

刘顺　著

上海三联书店

目　　录

语法学研究的学科对象和语料对象

语法学是以语法为研究对象的一门科学。语法存在于语言之中，而语言的载体是话语材料，即言语作品。因此，语法研究的任务就是要从言语作品中找出语言的语法规律。语言的语法规律是什么？在什么样的言语作品中能够发现并找出这些规律？这些问题是语法研究者首先要解决的问题，它们构成了语法学的研究对象，前者是语法学研究的学科对象，后者是语法学研究的语料对象。

一、语法学研究的学科对象

语言的语法规律是语法学的学科对象。什么是语法？语法包括哪些内容？不同时期、不同学派有着不同的看法，因此，要明确语法学研究的学科对象，首先要弄清楚人们对语法的不同看法。

早在古希腊时代，人们就开始注意到语法问题并进行了研究，不过，这时的语法研究还没有成为一门独立的学科，它从属于语文学和哲学，人们关注语法问题是出于古典文献和哲学研究的需要。到了中世纪，人们把语法学看作正确书写和说话的艺术，认为语法是一套规则，给人们指出“正确的”用法，表明某种语言必须怎样说、怎样写。它常常以教科书的形式出现，基本上是服从于语文教学的需要，其特点是规定性的（Prescriptive），这就是所谓的传统语法（Tradition grammar）。传统语法以词为基本单位，包括形态学和句法学两个部分。形态学研究和分析词的结构、形式和类别；句法学研究句子中词的排列和词与词之间的关系是以什么方式表现出来的，如词序或屈折变化等等。传统语法学比较重视词的形态变化和句子的成分分析，有时也讲一点语义。语法学真正成为一门现代意义上的科学是在二十世纪初，结构主义语言学派创始人索绪尔（Ferdinand de saussure）1916 年出版的《普通语言学教程》区分了语言和言语、历时和共时、能指和所指以及组合关系与聚合关系等概念，并进行了科学的论述，使语法学作为语言学的一个部分而成为真正意义上的科学。索绪尔认为语言学的研究对象应该是语言，而不应该是言语。语法学作为语言学的一个组成部分，其研究对象也只能是语言的语法现象，而不应该是言语的语法现象。其后，结构主义语言学大师布龙菲尔德（Bloomfied）以哲学上的经验主义和心理学上的行为主义为基础，认为语言学只能研究在一定时间、空间条件下可以观察到的物理现象，不能研究无从捉摸的心理智能，因此这一学派极力回避意义，主张对实际观察到的语言事实，主要是词的结构和比词大的句法结构，通过归纳、分类，从底层到高层进行形式上的描写，进而发现语言的语法结构规律，其特点是描写性的（Descriptive）。20 世纪五十年代，美国语言学家乔姆斯基（Noam Avram Chomsky）以哲学上的理性主义和心理学上的心智主义为基础，创立了转换生成语法。在语言活动中区分语言能力（perfor-mance）和语言运用（competence），“前者指说话人——听话人所具有的他的语言的知识，后者指具体环境中对语言的实际使用。”语言能力存在于人的头脑之中，所谓语法就是人脑中固有的语言能力。这种语言能力不仅包括句法，也包括音系和一部分语义，是包容一切的语言分析(Linguistic analysis)理论。语法研究的对象就是人脑中这种固有的语言能力，用一套形式化的规则把它描写出来。这种理论脱胎于结构主义，注重对形式和结构的研究，从本质上看还是一种结构主义，但它跟旧的结构主义有着很大的区别，可称为后结构主义或新结构主义。由于这个学派非常重视形式及其转换，在语言研究领域一般称为形式主义。还有些语言研究者认为，语言作为人类最重要的交际工具，是社会活动的产物，它承担着各种各样的功能，要以语言的功能为基础来研究语言的结构，重点是研究语言功能与语言结构之间的对应关系，以发现语言结构的特点，并据此来描述语言的语法系统。这种语法系统既研究句法、语义和音系，也研究语篇。这一学派被称为功能主义，以英国语言学家韩礼德(M. A. K. Halliday)为代表。近年来，不少语言学家越来越重视从人类的基本认知能力出发，通过人类与外在现实相互作用过程中形成的概念结构来分析、解释语言结构，通过人类感知世界并将其概念化的方法、策略作为基础和依据对语法现象进行分析和解释。不刻意追求形式化，也不以形式解释形式，而是以语义、概念为出发点观照其形式的匹配，探索语言范畴和语言结构的概念基础。如美国语言学家R. W. Langacker、George. Lakoff 以及研究汉语的戴浩一、谢信一等人的研究便代表了这一研究方向，这些学者在学术界一般也归于功能主义。除此之外，法位学、层次语法、生成语义学、格语法、对弧语法、蒙塔古语法、词汇-功能语法也都有着不同的语法观。但大旨分属于形式主义和功能主义。形式主义和功能主义所追求的研究目的是对语言的语法现象进行解释，其特点是解释性的(Explanatory)。

如上所述，由于人们对语法有着不同的理解，对语法应该研究什么？或者说语法学研究的学科对象是什么？观点也就大不一样。传统语法和结构主义语法主要以词法和句法，即形态学和句法学作为语法学的研究对象；转换生成语法和一些功能主义语法主张不仅要研究词法、句法，还要研究语音、篇章等语言现象。前者可称为小语法，后者可称为大语法。

我国的语法学是模仿西方传统语法学建立起来的，人们对语法性质的认识也经历了一个发展过程。我国第一部语法著作《马氏文通》将语法音译为"葛郎玛"，"'葛郎玛'者，音原希腊，训曰字式，犹云学文之程式也。"所谓"字式"就是"字之分类与配用成句之式"。作者所说的"字"既包括造句单位的词和构成词的语素，也包括作为书写符号的文字，将它们混淆起来显然是不科学的。黎锦熙的《新著国语文法》说："国语都有大家而公认的习惯和规律。把这些习惯和规律，从我们的说话实际上归纳出来，整理、排列，加以说明，这就叫'国语文法'简称'语法'。"从这个定义中可以看出作者认为语法不是说话的习惯和规律本身，而是对这种习惯和规律的说明，也就是说，语法不是语言里的客观存在，而是语法学家规定的一套规则。这实际上混淆了语法和语法学的概念。王力的《中国现代语法》认为"语法就是族语的结构方式。"丁声树等《现代汉语语法讲话》认为"语法就是造句用词的方式"。还有的语法著作将语法定义为"语言结构的规律"。综观这些定义，都比较重视句法，确实看到了汉语与西方形态语言的区别，在一定程度上揭示了语法的本质，但不够明确，不够严密。比如讲"语法是语言的结构规律"，语言不仅包括语法，还包括语音和词汇，如果把语音结构规律也算做语法的话，恐怕不够妥当。因此，语法应排除语音结构规律。语法是语法单位的规律，语法单位主要包括词、短语和句子。语法单位内部有结构规律，外部有功能规律，语法学就是要研究语法单位的规律，揭示其内部的结构关系、结构方式和其外部功能。从这个意义上说，语法学是研究语法单位内部结构和外部功能的一门科学。以哪个语法单位为基点进行语法研究，是词、短语还是句子？在学术界也有着不同的看法。黎锦熙先生主张以句子为基点进行语法研究，其语法体系被称为“句本位”。朱德熙先生认为应以短语为中心进行语法研究。“因为汉语的句子的构造原则跟词组的构造原则基本一致，我们就有可能在词组的基础上来描写句法，建立一种以词组为基点的语法体系。”“如果我们把各类词组的结构和功能都足够详悉地描写清楚了，那末句子的结构实际上也就描写清楚了，因为句子不过是独立的词组而已。”近年来还有人提出应以“字”为基点进行语法研究。认为“‘字’的实质是非线形的，它着眼于音义的结合，是一种表达与内容相统一的结构单位。”以什么语法单位为基点进行研究，关键是要看该语法单位在汉语语法体系中的地位和作用。从语法单位的组成结构上看，句子结构可以包容短语和词的结构，而短语或词的结构无论如何也不能包容句子结构。对句子结构的分析，包容着对短语结构的分析；句子结构的分析方法可以用于词结构的分析。从功能上看，句子是最基本的语言交际单位，既包含着各种各样的变异结构，又包含各种各样的语用因素，并且不是任何短语加上语气都能成为合格的句子，句子有自己的规律。因此，句子的结构规律和使用规律实际上就是汉语语法的基本规律。在这个意义上，就汉语来说，语法学就是研究句子结构和功能规律的科学。

在语言体系中，句子以两种形态存在着，一种是具体句，一种是抽象句。前者是在交际中实际使用的、能引起受话人作出反应的句子，也可称为句例；后者是在大量具体句中抽取其共性舍去其个性而得到的一种理性的句子，可称为句位。具体句是抽象句的存在形式，抽象句是具体句的抽象概括形式，二者互相联系、互相依赖，共同存在于同一客观事物之中，即具体的句子当中。在语言研究中，区别一般和个别、抽象和具体十分重要，要描写一种语言的抽象体系，就得调查和收集使用该语言的社会成员的、大量的、有代表性的话语形式，并在此基础上抽象概括其共性。因此，语法研究应从具体的句子入手，去寻求语言语法体系一般的抽象规律。这符合科学研究从一般到抽象、从个别到一般的认识规律。

怎样看待一般和抽象，直接关系到对语言本体的看法，进而影响其研究方法。近年来，有人提倡两种语法分析，即所谓"语言的语法分析"和"言语的语法分析"。按照这种语法分析的理论和方法，在语法分析中区别出"语言的句子"和"言语的句子"，区分出"语言的句子分析"和"言语的句子分析"，并且认为言语的语法分析具有相对的独立性。这显然是只看到了二者的区别，没有看到二者的联系。实际上，一般和个别是人们在认识客观事物的过程中把它们分开来的，而客观存在的只是同一事物。唯物辩证法认为：个别一定与一般相联系而存在。一般只能在个别中存在，只能通过个别而存在。任何个别（不论怎样）都是一般。任何一般都是个别的（一部分、或一方面、或本质）。任何一般只是大致地包括一切事物。任何个别都不能完全列入一般之中等等。因此，"语言的句子"和"言语的句子"不是反映两种不同事实的句子，而是句子存在的两种形态。所谓"言语的句子"就是人们运用语言表达思想的句子，也就是个别的、具体的话语形式中显示的句子，也就是具体句；所谓"语言的句子"则是从"言语的句子"中概括抽象出来的，也就是抽象句。二者的关系，就是具体句和抽象句的关系。具体句也好，抽象句也好，都是同一种客观事物，都是语言的句子，是语言的句子两种不同的存在形态。语法研究要从具体句入手，从现实的、个别的、具体的语法现象中去抽象、概括出一般的带有共性的规则体系，建立起语言的语法体系。所以语言的语法分析是根本离不开言语的语法分析的。

语法以句子为基点进行研究，主要是寻找语法单位结构和功能的规律。从内部结构来看，短语和句子一般是由两个或两个以上的成分构成的，成分和成分之间有一定的关系（包括句法关系和语义关系），一定的结构关系形成一定的结构，比如“读书”“看电影”，在句法平面是动词和宾语的关系，形成动宾关系，在语义平面是动核和受事的关系，形成动受结构。句法结构和语义结构互相联系，结合成一个“句法——语义”结构，其中句法是显层，语义是隐层，语义结构要通过句法结构才能显现。研究一个“句法——语义”结构时如果从句法平面抽象，可以侧重于句法结构，但不要忘记透过句法结构去发现语义结构；如果从语义平面抽象，也不要忘记它的句法结构形式。语法研究的重要任务之一就是要揭示句子内部的各种句法结构和语义结构以及它们之间的内在联系。描写或解释一种语言的语法体系时，既要把该语言体系的句法结构体系（包括语型和句型系统）发掘出来，又应通过语型和句型的研究把该语言体系的语义系统（包括语模和句模系统）整理出来，并且要揭示语型和语模、句型和句模之间的对应关系。

只研究语法单位的内部结构还不够，还要在研究结构的基础上进而研究外部功能。传统语法偏重于句法，说到功能时，一般是指结构中词类的句法功能。如名词主要作主宾语，动词主要作谓语等。这里所说的功能，不只是指句法功能，这是因为句子有句法、语义和语用三个平面。这样，分析语法单位的功能，一是要分析句子内部组成成分（词或短语）的功能。词或短语在具体的句子里有句法功能、语义功能和语用功能。例如“小王把作业做完了”句子里，“小王”这个词就有三种功能：(1)在句法平面有作主语的功能，(2)在语义平面有表动作施事的功能，(3)在语用平面有作句子主题的功能。一是要分析句子本身的功能。句子有表达思想的功能，但思想内容属百科知识，语法学是不管的。语法学所讲的句子功能有两种：(1)在大于句子的话语结构里（即在一组句子里）的地位和作用，如始发句和后续句等。(2)在交际表达中的用途，如表陈述、疑问、祈使、感叹、呼应等。这是讲句子的语用功能。

总之，语法研究必须以句子的结构和功能为中心，从句法、语义、语用三个平面进行立体、多维的研究。其中句法是核心，是个轴，也可以说是个纲，因为句法结构是句子的基础结构，语义要通过句法表现，语用要在句法基础上才能显示出来，语义和语用发生关系也不能脱离句法。既然句法是语法的核心，所以在研究一个句子时，要紧紧扣住句法，以句法为基础，向隐层挖掘语义，向外层探求语用，力求做到形式和意义相结合，静态和动态相结合。只有如此，才能构建起语言的句型体系、句模体系和句类体系，由此形成一个句系网络系统，推进语法研究的科学化和实用化。

二、语法研究的语料对象

语法研究的语料对象是客观存在的话语材料，它是语法的载体。不同的研究目的选择不同的话语材料。共时语法学的目的是研究语言在特定共时平面的语法规律，其语料选择必须是共时的；历时语法学的目的是研究语言的语法发展规律，其语料的选择必须是历时的。这里我们主要讨论现代汉语语法学研究的语料对象。

现代汉语汉语语法研究的语料对象是现代汉语的话语材料。现代汉语有广义和狭义两种理解，广义的现代汉语指现代汉民族的民族共同语和方言，狭义的现代汉语指民族共同语，也就是普通话，即以北京语音为标准音，以北方话为基础方言，以典范的现代白话文为语法规范的现代汉民族共同语。如果研究现代汉语民族共同语的语法，就以普通话的语料作为对象；如果研究现代汉语的方言语法，就以现代汉语的方言语料作为对象，分别进行研究，这应该说没有什么问题。但是，普通话不像某一具体方言，内部是均匀的、稳定的，它的内部不是均匀的、稳定的。朱德熙(1988)认为很难给“典范的白话文著作”规定明确的标准和范围。即使名家作品中的语言也远远不是均匀、一致的，甚至同一部作品的语言也不一定都一致。并且，现代汉语书面语的稳定程度不如口语。因此，应加强北京口语语法的研究，把对北京口语语法的研究当作现代汉语语法研究的基础。也有人认为，不仅现代汉民族共同语是现代汉语，“海外华人的话也是现代汉语。国内各兄弟民族使用的带有兄弟民族语言特色的现代汉语也是现代汉语。外国人讲的并不地道的汉语也是现代汉语。各种用现代汉语翻译的著作，也包括外国人翻译成汉语的别别扭扭洋味十足的汉语也是现代汉语。”因此现代汉语的研究对象应该是上述所有内容。我们认为现代汉语语法研究的语料对象应该是普通话。正是这种语言使我国人民的政治生活、经济生活和文化生活得到正常运转，并作为汉民族的一个标志被全世界公认，而成为联合国的法定使用语言。它并不只是理论上存在的抽象的东西，而是中国人口头上和书面上时时刻刻使用着的活生生的具体语言。不同方言区的人能够以普通话顺利地进行交际，就充分说明普通话中存在着汉民族共同使用的语法规则。而现代汉语语法的研究对象就是这些语法规则，这些规则不是无源之水、无本之木，它存在于人们的口头话语和典范的现代白话文著作中，也就是说人们的口头话语材料和典范的现代白话文著作是它的载体。当然，最能体现这种语法规则的言语材料是基础方言即北方话的言语材料，而北京话又是北方话的基础，同时也是民族共同语形成的基础，它的现状和发展影响和决定着民族共同语的现状和发展。不仅过去的官话是在北京话的基础上发展起来的，就是现在的广播、电视和电影的语言也极受北京话的影响，因此，北京话反映的语法是普通话语法的基础。选择北京口语材料和以北京话创作的典范的白话文著作作为研究语料更能增强语法研究结论的可靠性，因此是非常必要的。尽管如此，北京话毕竟不是普通话，北京话的语法不能完全代表普通话的语法。就其本质来看，北京话仍然是汉语方言之一，不过，与其他方言相比，这种方言最为接近普通话罢了。普通话和北京话的关系应该是包含关系，即普通话包含北京话，北京话居于普通话的最内层，北京话的语法不能代表现代汉语语法的全貌。所以研究现代汉语语法，不能仅仅局限于北京话，仍应以普通话的语料作为研究对象。当然，由于普通话形成的历史比较短，从"五四"文学革命开始写白话文到现在还不到一个世纪，其内部还不是特别稳定，的确存在着标准和界限不好确定的问题。不好确定，并不是不能确定。关键是典型的白话文著作要选择得好，要区分"一般用例"和"特殊用例"，一般用例可作为语法研究的用例，特殊用例不能作为语法研究的用例。当然，什么是一般用例，什么是特殊用例，什么是合乎规范，什么是不合乎规范，在一些具体问题上可能会有争议，然而这不应该成为语法研究的严重障碍。

语法研究应该区分不同的语料对象，不同的语料对象，得出的语法规律也有差异。因此，应将普通话语法和方言语法、口语语法和书面语语法分别进行研究，这样才能得出可靠的结论。

综上所述，语法是语言中语法单位结构和功能的规律，语法学是以语法为研究对象的科学，二者是两个不同的概念，既互相联系又相互区别。语法存在于语言之中，它与语音、词汇共同构成语言整体。因此，语法是客观的、第一性的，而语法学依赖于语法，它只能反映、描写和解释语法单位结构和功能的规律。选用什么样的语料，运用什么样的理论、观点和方法来看待语法问题，就会形成什么样的语法体系，产生什么样的语法学。可见，语法学是第二性的，带有很强的主观性。语法学说中存在各种体系、流派、学说的现象就充分说明了这一点。当然，理想意义上的语法学应该是对语言语法体系的科学反映和正确而充分的解释。

但是，实际上语法学只能是对语法的一种逐步完善、日益充分的描写和解释。任何一种语法学，不论它的科学体系如何完善和严谨，也只能相对准确地反映语言的语法规律。

参考文献

[1] Chomsky. 句法理论的若干理论问题[M]. 黄长著等译，北京：中国社会科学出版社，1986.

[2] 马建忠. 马氏文通[M]. 北京：商务印书馆，1983.

[3] 黎锦熙. 新著国语文法[M]. 北京：商务印书馆，1992.

[4] 王力. 中国现代语法[M]. 北京：商务印书馆，1992.

[5] 丁声树等. 现代汉语语法讲话[M]. 北京：商务印书馆，1979.

[6] 朱德熙. 语法答问[M]. 北京：商务印书馆，1985.

[7] 徐通锵. 说"字"[J]. 语文研究，1998，(3).

[8] 王希杰. 语言的语法分析和言语的语法分析[A]. 语法研究和探索(2)[C]. 北京大学出版社，1984.

[9] 范晓. 三个平面的语法观[M]. 北京：北京语言文化大学出版社，1996.

[10] 吕叔湘. 汉语语法分析问题[M]. 北京：商务印书馆，1979.

[11] 朱德熙. 现代汉语语法研究的对象是什么？[A]. 语法研究和探索(4)[C]. 北京大学出版社，1988.

[12] 王希杰. 谈语法学的研究对象[A]. 语法研究和探索(6)[C]. 北京：语文出版社，1992.

（本文原载《江西师范大学学报(哲学社会科学版)》2003 年第 2 期。）

论语音对语法的影响与制约

一、引言

语音是语言的物质外壳，语法是语言单位结构和功能的规律，二者作为语言本体的两个重要组成部分，各有自己的特点和规律，从而产生了语音学和语法学。尽管如此，在语言系统这个统一体中，它们并不是毫无关系、各自独立的，而是互相影响、互相制约的。以前的语言研究很少看到这一点，忽视了对二者关系的探讨和研究。本文将从共时和历时两个角度探讨语音对语法的影响和制约。

二、语音对词法的影响与制约

词法主要包括构词法和构形法，前者研究词的构成和词类系统，后者主要研究词形变化等问题。语音对词法的影响与制约既有构词法的，也有构形法的，下面分别讨论。

（一）语音对构词法的影响与制约

从词汇发展的历时角度来看，语音因素在现代汉语词汇的构词方式上起着非常重要的作用。在古代汉语中，单音节词占优势，在现代汉语中，双音节词占优势。据吕叔湘先生(1963)研究，《普通话三千常用词表(初稿)》收名词 1621 个，其中多音的(绝大多数是双音的)1379 个，占 85%；收形容词 451 个，其中多音的(绝大多数是双音的)311 个，占 69%；收动词 941 个，其中双音的 573 个，占 61%。[1]由此可见，双音化是现代汉语构词的主要节奏倾向。造成这种现象的一个重要原因就是汉语语音发展的结果。根据音韵学的研究成果，上古汉语的语音系统是很复杂的，到了《切韵》时代，汉语的语音系统已经大大简化了，到了《中原音韵》时代，汉语的语音系统又进一步地简化。[2](P342)语音简化的直接后果是同音词大量增加，势必影响到语言作为交际工具的作用，这就要求语言系统从一个新的角度增强区别手段，这就导致了汉语词汇的双音节化，促生了汉语词汇的构词法。

古代汉语单音节词扩充为双音节词的手段主要有延宕法、重叠法、替换法、复合法和派生法。

延宕法指的是一个单音节词通过语音延宕成为双音节词。例如："孔"通过语音延宕成为"窟窿"；"茨"通过语音延宕成为"蒺藜"。

重叠法指的是单音节词通过重叠成为双音节词，例如："妈"重叠成为"妈妈"，"刚"重叠成为"刚刚"。

替换法指的是用一个双音节的词替换原来单音节的词。例如："眼睛"替换了"目"，"军队"替换了"师"。

复合法指的是古代汉语中两个单音节的词分别作为词根构成新词的方法。例如："人"和"民"在古代汉语中是两个词，它们作为词根复合在一起构成现代汉语的词"人民"，同样的例子如"国家、途径、治理、利害、联系、人物、忘记、开关、美丽、伟大、买卖"等等。

派生法指的是一个词根和一个词缀构成新词的方法。词缀主要有前缀"老、第、阿"，后缀主要有"子、头"，这些词缀不同于形态语言中的形态，其作用主要用于双音化。例如："老虎、老师、阿姨、第一、帽子、房子、石头、锄头"等。

现代汉语词汇双音化还表现在把超过两个音节的词压缩为两个音节的词。例如"全国人民代表大会"压缩为"人大"，"外交部部长"压缩为"外长"，"彩色电视机"压缩为"彩电"等等。

目前，如何确定"词"还是一个颇有争议的问题，尽管学者们提出了不少的方案，但都还存在着诸多问题。冯胜利(1996)根据韵律构词学（prosodic morphology）理论，提出了"韵律词"(prosodic word))的概念，他认为"韵律词"是从韵律学的角度来规定词的概念，它与韵律层级（prosodic hierarchy）中的"音步"(foot)相对应，而汉语中最常见的标准音步是双音节，因此，处在一个稳定的双音节音步之内的单位都是"韵律词"。[3]通过"韵律词"理论，可以较好地解释"大型彩色记录片、汉语大词典、同步稳相回旋加速器"等单位的属性问题。由此可以看出，仅仅依靠句法结构和语义构成来确定汉语的"词"还是比较困难的，韵律节奏为我们考察汉语的"词"提供了一个新的视角。

值得注意的是，在汉语中还有一种通过改变语音形式产生新词的方法。例如："钉(dīng 钉子的钉，名词)"和"钉"(dìng 钉扣子的钉，动词)，"膏(gāo 牙膏的膏，名语素)"和"膏(gào 膏油的膏，动词)"，"好(hǎo 好坏的好，形容词)"和"好(hào 好学习的好，动词)"，"刻(kē)"和"刻(kè)"等。

在现代汉语中，通过儿话韵也可以构成新词。例如："盖"和"盖儿"，"尖"和"尖儿"，"黄"和"黄儿"等。需要说明的是，儿化韵中的"儿"，不是一个单独的音节，只表示卷舌动作，如"盖儿"是一个音节，不是两个音节，是一个词，不是两个词。

汉语是分析性的语言，主要通过复合法构成新词，通过语音改变造成新词的情况非常少，且不具有普遍性。尽管如此，语音对于汉语构词法的影响仍是勿容置疑的。

（二）语音对于构形法的影响与制约

构形法指的是词形变化的方式或方法，即一个词通过不同的形态变化，可以表示不同的语法意义，它关注的是同一个词的各种语法变体。比如，英语的名词通过后附“s”表示复数的语法意义，book—books 就是这样。汉语是分析性的语言，缺少严格意义的形态变化，像西方形态语言那样严格的具有普遍意义的构形法应该说是没有的。但汉语的词也不是一点构形法都没有，学者们对汉语的构形法也做过探讨。张寿康(1981)认为，汉语的“构形法主要研究词的重叠、增添辅助词(大部分是助词)、嵌音等方式所表示的语法意义。”[4](P58) 陈光磊(1994)认为汉语的构形法有三类：一类是“加缀法”，即“在词上添衬某种形态标志来显示其一定的语法特征”；一类是“重叠法”，“就是词素或全词重叠起来表示某种语法意义”；一类是“加缀—重叠法”，即将“加缀法”和“重叠法”结合起来。[5](P40) 刘丹青(1993)将“重叠”当作“汉语中最典型的形态手段”，将动词后附“着、了、过”等词尾或语尾称为“准形态”。[6]

我们认为，附加法(增添辅助词)不能认为是构形法，有些是构词法，如“第一”中的“第”，它显然是前附的“词缀”；有些属于句法现象，比如，动词后附“着、了、过”，它们都是单独的助词；就是部分名词和代词后附的“们”，也不同于英语中表示复数的“s”，它的语法意义是表示“多数”，[7](P47) 应该也是一个独立的助词。因此现代汉语中词最典型的构形法就是“重叠法”。

就现代汉语的词类来看，能够重叠的词类主要有名词、动词、形容词和量词。需要指出的是，这四类词的重叠并不适用于整个词类，只适用于词类中的部分成员，下面分别讨论。

名词是一个开放的类，数量巨大，但是，能够重叠的极少，通过考察发现，能够重叠的名词，仅限于常用的单音节名词，重叠后的语法意义表示“遍指”。表示相同词汇意义和语法意义的双音节词则不能重叠。比较下面的例子：

(1) 事事都要亲自过问，当个领导真是不容易。

(2) ＊事情事情都要亲自过问，当个领导真是不容易。

(3) 人人都要遵守法律。

(4) ＊人们人们都要遵守法律。

如果将上例中的“事”换成“事情”，“人”换成“人们”，句子则不能成立。可见，制约双音节词名词重叠的因素不是句法、语义，而是音节节律。

动词的重叠方式主要有两种：单音节动词的重叠方式为 A—AA，如“看—看看”，双音节动词的重叠方式 AB—ABAB，如“谈论—谈论谈论”。刘月华(1984)统计了《创业史》《骆驼祥子》和《曹禺剧作选》三部文学作品，三部文学作品单音节动词和双音节动词可以重叠的比例分别为：256∶34，206∶9，434∶29。她指出“如果一个单音动词与一个双音动词基本意义相同，往往单音动词可以重叠，双音动词不能重叠。”[8]王希杰、华玉明(1991)也指出，“孟琮、郑怀德等合著的《动词用法词典》中共收 2117 个动词，有重叠用法的 612 个，约占总数的 35%，其中单音节词 378 个，约占可重叠动词的 60%，双音节动词 234 个，约占可重叠动词的 40%”。[9]刘丹青(1993)认为，“若按出现频率统计，单音词重叠的比例还要大”。[6]请看例句。

(5) 我去去就回来。

(6) ＊我出去出去就回来。

(7) 老师敲敲讲桌，叫大家注意听。

(8) ＊老师敲击敲击讲桌，叫大家注意听。

上述例句中的“去”和“出去”、“敲”和“敲击”的句法、语义功能应该说没有太大的区别，单音节的能重叠，双音节的却不能重叠。刘月华(1984)认为跟语体有关，单音节词经常在口语中出现，双音节词主要出现在书面语中，而动词重叠属于一种口语现象。[8]我们觉得语音节律是制约口语交际的重要因素之一，与其说是受到了语体的制约，还不如说是受到了语音节律的制约更为恰当。

形容词的重叠方式，单音节的为 A—AA，如“大—大大”，双音节的为 AB—AABB 和 A 里 AB 式，如“漂亮—漂漂亮亮”“糊涂—糊里糊涂”。据李大忠(1984)考察，《现代汉语词典》(1978 年版)所列的 1738 个双音节形容词，能按 AABB 式重叠的有 300 个，占 17.3%，不能重叠的 1438 个，占 82.7%。[10]我们考察了北京语言文化大学汉语水平考试中心编的《汉语 8000 词词典》，在所列出的 1005 个形容词中，其中双音节的 723 个，单音节的 282 个。考查发现，单音节形容词大都可以重叠，而双音节能重叠的只有 135 个，占全部形容词的 10%多一点；可见，形容词能否重叠跟其节律形式有密切的关系，或者说音节节律严重制约着形容词的构形形态。

量词从性质上分为物量词和动量词；从来源上分为固定量词和借用量词；从音节上分为单音节的和多音节的，不论是物量词，还是动量词，是固定量词，还是临时量词，只要是单音节的，大都能重叠，多音节的大都不能重叠。例如：

(9)(很多杯子)，杯杯都没有水。

(10) *(很多杯子)，杯子杯子都没有水。

(11)(刚买了几身新衣服)，身身都很别致。

(12) *(刚买了几身新衣服)，身子身子都很别致。

综上所述，在现代汉语中，词的音节节律制约着构形形态，一个词能否重叠，其音节数量起着非常重要的作用。名词、动词、形容词、量词表现出明显的一致性，即单音节的大都有重叠形态，双音节的(包括多音节的)重叠形态受到很大的限制。其原因跟汉语的双音化倾向有着很大的关系，现代汉语词汇的基本音步是双音节，单音节词重叠后正好符合这一基本要求，而双音节词重叠，必然会违背这一基本要求，这也许就是这一现象的重要原因。

三、语音对句法的影响与制约

语音对句法的影响是多方面的，有词类功能方面的，有句法选择方面的，有句法结构、语义理解方面的，也有语用表达方面的，下面分别讨论。

（一）语音对词类性质的影响

在现代汉语中，语音对词的句法功能的影响，主要表现在词的音节节律对词类性质的影响，这种现象在动词词类上比较明显。

由于汉语是分析性的语言，缺少严格意义的形态变化，如何划分名词和动词并没有取得一致性的意见，有些词如“研究、分析、工作、计划、调查、影响、保证”的词类性质，有学者认为是名词，有学者认为动词，有学者认为是兼有动词和名词性质的兼类词，也有学者称为名动词。审视现代汉语动词和名词的划界问题，发现有问题的主要集中在双音节词上，单音节词是没有问题的，这就促使我们思考，词的性质跟词的音节数量的关系。

认知语言学认为，词类系统不是经典范畴，而是原型范畴，原型范畴有以下基本假设：(1)实体是根据它们的属性(attributes)来加以范畴化的，而这些属性并非是经典理论中的那种二分的理论结构，经常是连续的标度，边界往往是模糊的，其边缘成员常常混入对方的类别；(2)在区别一个范畴时，没有一个属性是必要的。实体的范畴化是建立在好的、清楚的样本(exemplar)之上，然后将其他实体根据它们与这些好的、清楚的样本在某一组属性上的相似性而归入该范畴。这些好的、清楚的样本，就是“原型”，是非原型事物的参照点；(3)范畴内的成员地位并不相等，有较好的样本和较差的样本之分。较好的样本，即原型成员具有更多的与同类其他成员共有的属性;较差的样本,即非原型成员与同类其他成员共有的属性较少,而与相邻范畴共有一些属性。[11](P434)应当指出的是,尽管"原型"经常用来指范畴内好的、清楚的样本,但原型更确切的含义是指作为范畴核心的图式化的心理表征,是范畴化的认知参照点,其较好的样本只是原型的个例。动词词类作为原型范畴,其成员有着不同的个性,正因为如此,动词还可以分为及物动词和不及物动词,自主动词和非自主动词,一价动词、二价动词、三价动词,动作动词、状态动词、关系动词等等。

根据研究目的,我们按照音节的多少将动词分为单音节动词和双音节动词(汉语中几乎没有三音节动词)。考察发现,相当多的单音节动词存在着语义基本等值的双音节动词。例如:

读——阅读　写——书写　办——办理　帮——帮助
学——学习　催——催促　等——等待　飞——飞行
怕——害怕　耕——耕作　扣——扣留　练——练习
埋——埋葬　派——派遣　盼——盼望　赔——赔偿
求——请求　劝——劝解　替——替换　停——停顿
忘——忘记　想——想念　印——印刷　运——运输

经考察发现,单双音节动词的句法功能存在着一定的差异,主要表现在以下几个方面:

1. 语义基本等值的单双音节动词对"N 的 V"结构的感受度有明显的不同。

"N 的 V"结构指的是"胜利的到来""儿子的顺从""母亲的盼望"之类的短语结构,这种结构的短语属于粘着短语,主要充当主语和宾语,性质上是名词性的,语义上表示一个事件。陈宁萍(1987)将"N 的 V"结构作为测试动作动词名词性强弱的形式框架,发现能够出现在"V"位置上的动词基本上是双音节的,单音节动词一般不能出现在"V"的位置上,由此证明单音节动词是原型动词,而双音节动词则具有不同程度的名词性。[12]

2. 单双音节动词在定语位置上表现不同。

单音节动词和双音节动词动词都能充当定语，但二者表现不同。单音节动词充当定语，一般要后附“的”字，否则，会理解为动宾结构。例如：“吃的苹果”和“吃苹果”，“来的人”和“来人”。而有些双音节动词可以不需要后附“的”，直接作定语。看下面的例子：

调查小组　考虑范围　斗争方式　合作范围　研究人员
指导老师　补充材料　登记地点　发表时间　训练项目
奖励条件　教育方针

同时，这部分动词还可以直接接受名词修饰。例如：

农村调查　阶级斗争　儿童教育　军事训练　历史研究
经济合作　精神准备　物质奖励　人权保障　思想改造
文艺工作　会议记录

有些可以接受数量词的修饰。例如：

(有)一些准备　(受过)一点教育　(做过)一些研究
(有)不少限制　(作了)一些解释　(没有)丝毫保障

有些还可以作“有”的宾语。例如：

有研究　有保障　有奖励　有答复　有准备　有限制
有训练　有说明　有斗争　有解释　有贡献　有交代
有了解　有提高

上述这些句法功能都是典型名词所具有的，可是上述动词也具备这些功能，可见，它们具有很强的名词性，朱德熙先生将这些词称为名动词。[13]

3. 带体标记的能力不同。

一般认为现代汉语的体标记是“着、了、过”，能带体标记是动词性强的重要标记。总体上看，单音节动词和双音节动词都可以带体标记，但体标记对单双音节动词具有强烈的倾向性。据刘丹青(1993)的考察，体标记强烈地向单音节动词倾斜。[6]这说明单音节动词更能体现典型动词的语法特点，具有更强的动词性，而双音节动词的动词性相对要弱些。

从上文的论述中可以看出，有些双音节动词可以进入典型名词的句法位置，而单音节动词很难进入到典型名词的句法位置，这足以说明某些双音节动词已经具备了一定程度的名词性。如果我们把名词性和动词性看作词性的两极，单双音节动词的动词性和名词性如下图所示：

动词性		名词性
→		
典型动词		典型名词
单音节动词	双音节动词	双音节名词

需要说明的是，双音节动词内部个性差异非常大，有的双音节动词具有较强的动词性，如“严禁、凝视、珍藏”等，有的双音节动词具有较强的名词性，如：“教育、报告、顺从”等，对不同的双音节动词要具体分析。尽管如此，双音节动词的名词性整体上强于单音节动词则是无疑的。

双音节动词的名词性与汉语词汇双音节化的规律有密切的关系。据研究，早在甲骨文时代汉语词汇就开始了双音化历程，在双音化之初，主要局限于名词，其后动词才开始双音节化。在现代汉语中，“双音节化的倾向在名词里最显著”[14]。据统计，《汉语 8000 词词典》收名词 3429 个，其中双音节名词 2745 个，占 80％多。而典型动词以单音节为主，据北京语言学院语言教学研究所编的《汉语词汇的统计与分析》，汉语使用频率最高的 1000 个词中动词有 280 个，单音节的有 200 个，约占 70％。从而造成了在现代汉语中典型名词与双音节相关联、典型动词与单音节相关联的状况，再加上汉语的词类缺少形态标记，这就容易造成双音节就是名词、单音节就是动词的语言使用心理，把具有名词语音形式特征的双音节动词当作名词使用，从而赋予某些双音节动词以名词性。例如：

(13) 母亲总是轻看自己，她给这个家庭，给我们带来了温暖、挚爱和幸福，给了我们支持和力量，可是她觉得这一切都是理所当然的，无足轻重的。（朱德《母亲的回忆》）

(14) 象他这个一屋子光棍汉的家庭，娶来一个媳妇，就是给全家娶来希望和信心，娶来了生存的依靠和勇气！（张平《姐姐》）

例(13)把双音节动词“支持”与双音节名词“力量”组合在一起构成并列短语充当宾语；例(14)把双音节动词“希望”与双音节名词“信心”、双音节动词“依靠”与双音节名词“勇气”组合在一起构成并列短语充当宾语。在这里，说话人显然认为动词表现出来的语义跟名词相同，即都是名物意义。

某些双音节动词名词性的来源与受日语影响有关。众所周知，日本借助于汉字记录日语。日语中有很多双音节的汉字词，这些词在日语中不加するう时是名词，加する时是动词。如“改革”是名词，“改革する”是动词。在中日文化的交流中，这些词被引进了汉语中，由于汉语没有日语标明动词的“する”，当然既可以当动词用，也可以当名词用。当名词用的时候，自然就具有名词性。

（二）语音对句法选择的影响

从静态层面来看，一般认为制约句法选择的要素主要有两点：一是词类性质上能否选择，二是语义关系上能否选择。如果二者都能选择的话，就能生成合格的言语产品。但实际情况并不是如此简单。在现代汉语中，句法选择除了受上述两个要素的制约外，还要受到语音节律的制约。例如在语义能够选择的动宾式“动＋名”结构中，当动词是单音节动词时，名词既可以是单音节的，也可以是多音节的；如果动词是双音节的，名词必须是多音节的。试比较：

扫地　扫垃圾　扫体育场　开车　开汽车　开拖拉机

*打扫地　打扫垃圾　打扫体育场　*驾驶车　驾驶汽车　驾驶拖拉机

造成上述现象的原因，既不是句法的、也不是语义的，因为在句法、语义上是可以组合的，其原因跟词的韵律特征，即音节的数量有着密切的关系。[15]应该说韵律特征制约句法选择的现象在现代汉语中是相当多的。

再比如“动补＋宾”结构中，“补”的音节数目直接决定着结构的合法性。试比较下面的 A、B 两组：

A：	B：
他累弯了腰。	*他累弯曲了腰。
他关严了门。	*他关严实了门。
小红哭哑了嗓子。	*小红哭嘶哑了嗓子。
张三打碎了杯子。	*张三打粉碎了杯子。
老师走进了教室。	*老师走进去了教室

对于上述现象，单纯从句法、语义上都无法得到圆满的答案。董秀芳(1998)根据冯胜利(1996)提出的韵律句法学的理论进行了解释：汉语句子的普通重音要由最后一个主要动词指派给其右边的成分，若其后没有别的成分，重音就会落在动词上，每个句子只能有一个普通重音。

“动补＋宾”(VR＋NP)结构中，主要动词 V 右边有两个成分 R 和 NP，根据重音指派规则，V 只能将重音指派给 R，NP 得不到重音指派，应该被删除。除非 R 贴附到 V 中去，同 V 构成一个复杂动词(V′)，然后由这个复杂动词将重音指派给 NP，NP 才能合法存在。根据汉语词的韵律特征，双音节是汉语韵律词的基本音步，当 V 和 R 都是单音节时，二者很容易粘合为符合汉语韵律特征的复杂动词，从而能够将重音指派给 NP，形成合法的结构；如果 R 是多音节，它无法贴附到 V 上，也就不能形成符合汉语韵律特征的复杂动词，V只能将重音指派给R，NP作为宾语，表示新信息，可是又得不到重音指派，又不能轻读，因而成为不合法的成分。[16]

韵律对句法的制约还表现在韵律可以打乱原有的成分结构，如“一衣带水”应该读为“一衣带/水”，在韵律的促动下，实际的读法为“一衣/带水”；韵律可以征服句法，使非法变成合法，如“而立之年”中，“而”是连词，在这里“而立”却成了一个单位，甚至一个词，无论从句法上，还是语义上都无“法”可讲，尽管如此，我们不能说“而立之年”中的“而立”错了，这是韵律征服了句法。[17](P2)

（三）语音对句法结构、语义理解的影响

1. 语音停顿对句法结构、语义理解的影响

句子意义的理解是在语流中实现的，如果语流的停顿不同，可能会形成不同的句法结构和语义理解。试比较：（/表示停顿的位置）

年轻的妻子死了丈夫/发誓不再结婚。 年轻的妻子死了/丈夫发誓不再结婚。	咬死了猎人的/狗。 咬死了/猎人的狗。

2. 语音轻重对句法结构、语义理解的影响

有些语言单位读音的轻重会影响到句子的句法结构和语义理解。例如：

（15）我想起来了。

（16）小王一个上午就完成了一项工作。

例(15)的“起来”若重读，它是“想”的宾语，句子的意思是“我不想再睡了”；若“起来”轻读，它表示起始体。例(16)中的副词“就”重读，句子的意思是小王上午工作完成得少；“就”轻读，是小王上午工作完成得多。

（四）语音对句子语用表达的影响

语用表达是语言实现交际功能的重要途径，也是交际者传递信息的言语行为，它以语音为载体，势必会受到语音规律的影响，

在现代汉语中主要表现在以下两个方面：

1. 实词音节的多少决定着它能否单说。

在现代汉语中，由于词双音节化的影响，某些人名、地名等只能以双音节的面目出现，拒绝单音节。例如：称呼人的姓，如某人单姓“刘”，可叫他“老刘”或“小刘”，不能只叫他“刘”；如某人复姓“欧阳”，可以直呼他“欧阳”，而不能叫他“老欧阳”或“小欧阳”。称呼别人的名字也是这样，如某人叫“刘英明”，可以叫他“英明”；如某人叫“刘萍”，一般不能叫他“萍”，只能连姓一起称为“刘萍”。国名、地名也是如此，如“日本国”可以说“日本”，“韩国”不能单说“韩”，只能在并列短语中以单字出现，比如“中、美、日、韩、俄、朝在北京举行六国会谈”。再比如地名，如“无为县”，可说“无为”，“滁县”却不能说“滁”。

2. 语调影响命题的语用价值

句子的语用价值是通过语调实现的，不同的语调可以使同一命题具有不同的语用价值，从而分属于不同的句类。例如：

(17) 小王去上海了。

(18) 小王去上海了？

(19) 小王去上海！

上述例句命题相同，语言使用者采用了不同的语调，例(17)是较低的语调，(18)句尾是趋升的语调，(19)句尾是低调。[18]由于语调不同，它们具有不同的语用价值。例(17)是向人陈述一件事情，(18)向别人询问问题，(19)要求别人采取某种行为。它们分属于陈述句、疑问句和祈使句。

四、余论

语音对语法的影响是多方面的。从词法上看，汉语语音的发展直接导致了汉语词音节的加长，使汉语词由单音节为主演变为双音节为主，从而产生了构词法，同时，汉语也利用语音屈折构成新词；在构形上，音节的多少，直接影响词的构形能力。从句法上看，词的音节会影响和制约词性，进而影响词的归类，词的韵律特征制约词的选择能力和成句能力，停顿、轻重音等韵律特征制约着句法结构和语义理解。这些问题在以往的语法研究中没有得到应有的重视，因此，探讨语音对语法的影响与制约不仅能为语法研究提供新的视角，而且有助于我们对语法现象的全面认识，使语法研究更加精密化和科学化。

参考文献

[1] 吕叔湘. 现代汉语单双音节问题初探[J]. 中国语文，1963，(1).
[2] 王力. 汉语史稿(中册)[M]. 北京：中华书局，1980.
[3] 冯胜利. 论汉语的韵律词[J]. 中国社会科学，1996，(1).
[4] 张寿康. 构词法和构形法[M]. 武汉：湖北人民出版社，1981.
[5] 陈光磊. 汉语词法论[M]. 上海：学林出版社，1994.
[6] 刘丹青. 汉语形态的节律制约——汉语语法的"语音平面"丛论之一[J]. 南京师范大学学报(社会科学版)，1993，(1).
[7] 刘月华　潘文娱等. 实用现代汉语语法(增订本)[M]. 北京：商务印书馆，2001.
[8] 刘月华. 动词重叠的表达功能及可重叠动词的范围[A]. 中国语文杂志社编. 语法研究和探索(二)[C]. 北京：北京大学出版社，1984.
[9] 王希杰　华玉明. 论双音节动词的重叠性及其语用制约[J]. 中国语文，1991，(6).
[10] 李大忠. 不能重叠的双音节形容词[A]. 中国语文杂志社编. 语法研究和探索(二)[C]. 北京：北京大学出版社，1984.
[11] 廖秋忠.《语言的范畴化：语言学理论中的典型》评介[A]. 廖秋忠. 廖秋忠文集[C]. 北京：北京语言学院出版社，1992.
[12] 陈宁萍. 现代汉语名词类的扩大——现代汉语动词和名词分界线的考察[J]. 中国语文，1987，(5).
[13] 朱德熙. 现代书面汉语里的虚化动词和名动词[J]. 北京大学学报(哲学社会科学版)，1985，(5).
[14] 吕叔湘. 现代汉语单双音节问题初探[J]. 中国语文，1963，(1).

[15] 张国宪."动+名"结构中单双音节动作动词功能差异初探[J].中国语文,1989,(3).
[16] 董秀芳.述补带宾句式中的韵律制约[J].语言研究,1998,(1).
[17] 冯胜利.汉语韵律句法学[M].上海:上海教育出版社,2000.
[18] 吴宗济.普通话语句中的声调变化[J].中国语文,1982,(6).

(本文与吴新民合作,原载《云南师范大学学报(对外汉语教学与研究版)》2007 年第 1 期。)

语法和词汇关系的共时与历时透视

一、引言

人类的语言系统由语音、词汇、语法三个部分构成，语音是语言的物质外壳，词汇是语言的建筑材料，语法是语言的结构规则，它们各有自己的研究对象，从而形成了不同的学科领域：即语音学、词汇学和语法学。至于它们之间的联系，则很少有人去探究。我们认为语音、词汇和语法作为语言系统三个不可或缺的组成部分，它们之间不仅有明显的区别，而且也有必然的联系。在重视区别的同时，也必须看到它们之间的联系，这对于全面认识语言的本质具有非常重要的意义。本文将从共时和历时两个平面讨论语法和词汇的关系。

二、语法和词汇关系的共时透视

在共时平面上，语法和词汇是语言系统两个重要的组成部分。语法体现为语法单位的结构规律，词汇体现为词汇系统和词义的结构规律，由于处于一个共同体中，二者的相互影响是必然的。在现代汉语中，词既是重要的词汇单位，也是重要的语法单位，语法和词汇的关系主要表现为词的词汇意义对词的语法功能的影响。

1. 词的词汇意义制约句法规则

这里所谓词的词汇意义指的是实词的词汇意义，尤其是名词、动词和形容词三大实词的词汇意义。在词汇意义中提取词的语义特征已经成为语法研究的一种重要方法。根据现代语义学理论，词的词汇意义是可以分解的，它是若干个义素的集合，这些义素可以进一步分类，有些义素决定该词与其他词的搭配关系，有些义素则不能决定该词与其他词的搭配关系，将前者提取出来，就形成了词的语义特征，也有学者称之为范畴义素，[1]它实际上是某些语法规则形成的理据。在语法研究中，分析和研究词汇意义中的语义特征，并从形式方面进行验证，不仅能够更好地贯彻形式和意义相结合的研究方法，而且也必将推动语法研究走上科学化、精密化的道路，使得语法学不仅是描写的，而且也是解释的。例如：朱德熙先生(1981)在《"在黑板上写字"及相关格式》一文中研究了"在黑板上写字"和"字写在黑板上"两种格式的变换条件，发现凡是能变换的格式中动词都有[＋附着]的语义特征，从而解释了这两种格式的差异。[2]

就目前的研究来看，人们对语义特征的提取主要集中在名词、动词和形容词三大实词上，兹分述如下：

学者们提取的名词语义特征主要有：[±人类]、[±动物]、[±生命]、[±具体]、[±顺序]等几组。具有不同语义特征的名词在句法组合上也是不同的。比如，具有[－人类]语义特征的名词不能充当动作动词"说、笑、走、跑、跳、吃、爬"等的主语，而具有[＋人类]语义特征的名词都可以；具有[＋动物]语义特征的名词不能出现在"批判、表扬、鼓励、嫉妒、猜测"等具有智力意义的动词之前作主语，而具有[＋人类]语义特征的名词都可以；施事主语倾向于由具有[＋生命]语义特征的名词充当，[－生命]语义特征的名词很难充当施事主语；动作动词的宾语倾向于由[＋具体]语义特征的名词充当，[－具体]语义特征的名词难得充当这类宾语；具有[＋顺序]语义特征的名词可以出现在谓语位置上，绝大部分[－顺序]语义特征的名词则不能出现在这一位置上。

在现代汉语语法研究中，动词的语义特征研究得相对较多，已经提出的有[±自主]、[±持续]、[±完成]、[±状态]、[±动物]、[±附着]、[±心理]、[±位移]、[±领有]等。不同语义特征的动词具有不同的语法特点。例如：马庆株(1988)根据[±自主]的语义特征将动词分为自主动词和非自主动词，在非自主动词里，根据是属性，还是变化，分为非自主变化动词和非自主属性动词。不同语义特征的动词具有不同的语法功能。[3]

对形容词语义特征的提取主要集中在词的感情色彩上，即[±褒义]、[±贬义]和[±中性]，它们制约和规定词的语法功能。例如，在“还(算)A”、“还比较 A”、“蛮(满)A”、“不够 A”、“非常/十分/特别不 A”这几种格式中，褒义和中性的形容词可以出现，而贬义形容词则不能出现；在“有点儿 A”、“有点儿 A 了”这两种格式中，贬义和中性的形容词可以出现，而褒义形容词则不可以；在“A 了点儿(了)”这种格式中，褒义、贬义、中性的形容词都可以出现。[4]看下面的例子：

还(算)A：漂亮、大方、干净、舒服、谦虚、宽敞、安静、结实、聪明

*丑、*笨、*脏、*懒、*固执、*落后、*娇气、*罗嗦、*刺耳

有点儿 A：*漂亮、*大方、*干净、*舒服、*谦虚、*宽敞、*安静、*结实

丑、笨、脏、懒、固执、落后、娇气、罗嗦、刺耳

A 了点儿(了)：舒服、谦虚、宽敞、丑、笨、脏、固执、小、大、长、胖

从词的词汇意义中提取词的语义特征，进一步深化了我们对语法现象的研究，而且“使我们的语法研究进一步实现了形式和意义的结合”。[5](P48)

2. 词的价特征以词汇意义为基础

“价”是动词、形容词和名词在句法结构中所结合的动元或名元的数量。联系一个动元的动词或形容词是一价动词或形容词，联系两个动元的动词或形容词是二价动词或形容词，联系三个动元的动词是三价的动词。[6]联系一个名元的名词是一价名词，联系两个名元的名词是二价名词。[7]词的价特征的基础就是词的词汇意义。一个动词或形容词在表层句法结构中需要一个动元、两个动元、还是三个动元与之同现，取决于动词的词义结构。例如，“走”是一价动词，因为在它的词义结构中只蕴含着实施这个动作的主体；“吃”是二价动词，它的词义结构中除了蕴含着实施这个动作的主体之外，还蕴含着动作的接受者；“给”是三价动词，在它的词义结构中，蕴涵动作的主体、动作的接受者和动作的客体。形容词“漂亮”只蕴涵着一个主体，因而是一价形容词；“热情”除了蕴涵着“主体”外，还蕴涵着一个“对象”，因此，是二价形容词。名词也是如此，从目前的研究来看，给名词定价主要是通过对名词词义结构的分析来确定。例如：

爸爸：一个人，他是某人的男性亲代

妻子：一个人，她是某人的女性配偶

意见：看法〈某人　　对　　某事〉

立场：态度〈某人　　对　　某事〉

从上面的分析中可以看出：“爸爸、妻子”在表示某个人的同时，还隐含了该人跟另一个人之间的依存关系，因而是一价名词；而“意见、立场”在表示某种事物的同时，还隐含了该事物跟另两个事物之间的依存关系，因而是二价名词。[8]

价是隐含在词义结构中的范畴义素，是客观存在的，它往往要通过一定的形式表现出来，因此，确定词的价特征尽量从形式出发，做到形式和意义的有机结合。

3. 词的词汇意义对词类划分有重要影响

词的词汇意义对词类划分也有重要的影响。词的词汇意义是若干义素的集合，这些义素大致可分为范畴义素和非范畴义素，不同的义素决定词的不同特性，范畴义素是形成语法意义的语义成分，它决定词的语法属性。范畴义素还可以继续分类，不同层次的范畴义素决定词的不同语法属性，最高层次的范畴义素决定词类划分，低层次的范畴义素决定词的次类划分，词类和词的次分类实际上是不同层次的范畴义素在形式上的反映，语法研究的任务就是要找到它们，并在形式上得到验证。尽管词义不能作为词类划分的标准和依据，但是词的词汇意义，尤其是词义结构中的范畴义素对词类划分的影响是显而易见的。

三、语法和词汇关系的历时透视

在历时平面上，语法和词汇的关系主要表现在两个方面：一是句法结构对于词义的影响，一是词义变化对于词的语法功能的影响。这两个方面产生同一个结果，就是实词的语法化（grammaticalization）。

语法化通常指语言中意义实在的词转化为无实在意义、表语法功能的成分这样一种过程或现象，中国传统的语言学家称之为“实词虚化”。[9]实词语法化是人类语言发展过程中普遍存在的一种现象，考察汉语的发展历史，现代汉语虚词一般是由实词转变而来的。例如“把”“被”“从”“了”等原来都是有实义的动词，现已虚化为介词或助词。其虚化过程通常是某个实词或因句法位置、组合功能的变化而造成词义演变，或因词义的变化而引起句法位置、组合功能的改变，最终使之失去原来的词汇意义，在语句中只具有某种语法意义，变成了虚词。[10]

1. 句法位置的改变引起实词语法化

现代汉语的虚词多数是由动词、形容词虚化而来的。动词通常的句法位置是在“主—述—宾”格式中充当述语，在这种句法组合中，充当述语的动词是句法结构的核心成分，在语义平面上是动核结构的动核，它所表达的动作或状态是实实在在的。如果某个动词不用于“主—述—宾”组合格式，而是用于“主—述$_1$—述$_2$—宾”的连动式中，一般说来，两个动词不能同时都是句子的主要动词，往往会有一个动词退居次要地位，其动词性就会减弱。当一个动词经常在句子中处于次要地位，而且，它的这种句法位置被固定下来之后，其词义就会慢慢抽象化、虚化，再发展下去，其语法功能就会发生变化，逐步变成句中主要动词的修饰成分或补充成分，其词义进一步虚化而导致其语法化，由词汇单位变成语法单位，现代汉语的多数介词和助词就是这样形成的。下面以介词“把”为例，来说明句法位置对实词语法化的影响。

“把”本来是动词，意思是“持”“拿”。例如：

(1) 禹亲把天之瑞令以征有苗。(《墨子·非功下》)

(2) 无把铫推耨之劳，而有积粟之实。(《战国策·秦策》)

(3) 相待甚厚，临别把臂言誓。(《后汉书·吕布传》)

这种用法延续到唐代以后。如：

(4) 官道城南把桑叶，何如江上采莲花。(王勃诗)

(5) 每冬月，四更竟，即敕把烛看事。(《南史·梁武帝纪》)

表示“持”义的“把”可以用于连动式中，如例(3)、(5)。由于“把”处于次要动词的位置，动词性减弱，渐渐失去了与时间信息有关的句法特征，[11]其词汇意义逐步虚化。王力先生(1980)通过比较杜甫的两句诗，显示了“把”的虚化过程：

(6) 醉把青荷叶。(杜甫《陪郑广文游何将军山林》)

(7) 醉把茱萸仔细看。(杜甫《九日蓝田崔氏庄》)

“醉把茱萸”的“把”应该和“醉把青荷叶”的“把”同一词性，都是动词。“把茱萸仔细看”应当解作“拿着茱萸而仔细观看”。但是，“拿”是为了看的，而“看”的也正是“茱萸”，于是句子的重音逐渐转移到“看”上，“把”字也渐渐虚化了。[12](P411—412)后来“把”有了表示工具的“用”义。例如：

(8) 轻将玉板敲花片，旋把金鞭约柳丝。（张祜诗）

(9) 更把马鞭云外指，断肠春色在江南。（韦庄诗）

这种用法一直延续至宋元时期，甚至更晚。例如：

(10) 重午本良辰，谁把兰汤浴？（《京本通俗小说·菩萨蛮》）

在南北朝时期起已可见“把”用于处置式，其作用是将动词双宾语中的直接宾语提前。例如：

(11) 宝公曰：“把粟与鸡呼朱朱。”时人莫之能解。（《洛阳伽蓝记·白马寺》）

“把”由动词虚化为介词并用于处置式，经历了相当长一段时期，在这段时期中，动词“把”与介出工具语的介词“把”及处置式中的介词“把”并存并用。这就出现了两种似是而非的情况：一种是表示处置的“把”和动词“把”的区分不一定十分严格。例如：

(7) 醉把茱萸子细看。（杜甫《九日蓝田崔氏庄》）

(12) 强把花枝冷笑看。（张祜诗）

上述两例中的“把”既可以理解为表示“持”义的动词，似也可视为表示处置的介词。

另一种是表示处置的“把”与表示“用”义的“把”区分不一定十分严格。例如：

(13) 沩山把一枝木吹两三下。（《祖堂集》卷四）

上例中的“把”既可以理解为表示处置的“把”，也可以看作表示工具的“把”。

中、晚唐以后，这种用法逐渐普遍起来，处置式也就最终确立下来。例如：

(14) 悠然散吾性,欲把青天摸。(皮日休诗)

(15) 莫把杭州刺史欺。(白居易诗)

当"把"的语法化过程完成以后,原来作为连动式的"主—述$_1$(把)—述$_2$—宾"格式的语义关系就产生了变化,尽管其表层结构的表达形式没有发生变化,但结构关系应该作重新分析(reanalysis)。重新分析是一种认知行为,它从认知的角度把词义虚化、功能变化的过程以结果(虚词产生)的形式表现出来并加以确认,它标志着某个词汇单位语法化过程的完成。[13]例如:

(16) 莫愁寒族无人荐,但愿春官把卷看。(杜荀鹤诗)

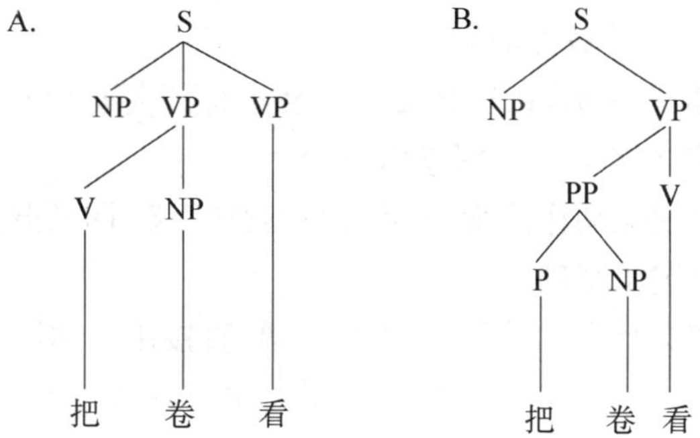

从"把"的语法化过程来看,作为实词,它首先占据连动式中次要动词的位置,在结构和语义上依附于其后的主要动词,这种位置必然导致其动词性的减弱,词义逐步抽象化,与此同时,其语法功能也会相应变化,随着词义的进一步虚化,最后完成语法化过程。

可见,发生语法化演变的动词大都是由于句法位置的改变造成的,汉语中,状语位置和补语位置比较容易诱发词汇语法化,因为这两个位置上的成分不是句子的主要成分,词汇意义实在或不实在的词都有进入的可能,意义实在的词进入到这些位置,如果词义进一步虚化,就有可能语法化。研究成果表明,现代汉语的介词大都跟状语位置有关，助词大都跟补语位置有关。

2. 词义的变化引起实词的语法化

词义的演变、虚化，也会引起词的功能的改变，使之用于新的语法位置、结构关系上，从而产生一个新的虚词。例如现代汉语尝试态助词“看”就是动词“看”的词义虚化演变而来的。[14]

在古代汉语中，“看”的意思是“瞻视”义。例如：

(17) 遥见袛桓赤如血色，怪其所有，寻即往看，见一饿鬼。(《撰集百缘经》,《大藏经》卷四)

魏晋六朝时，动词“看”由“瞻视”义引申出“测试”义：

(18) 五六日后，以手内瓮中，看冷无热气，便熟矣。(《齐民要术·笨麴并酒》)

(19) 其家有机，让比丘坐：“即坐小待。”复起以指内釜中，看汤热不。(《摩诃僧祇律》)

“看”由视觉动作演变成泛指的“测试”义，词义开始抽象，为其语法化奠定了基础。

在同期文献中，“看”可以不带宾语，直接用在动词后。例如：

(20) 妇怪不语，以手摸看，谓其口肿。(《百喻经·唵米决口喻》)

上例中的“看”仍然是“测试”义动词，“摸看”乃“摸试”义。

这类“看”词义再进一步虚化并且用于祈使句中，就变成了尝试态助词。这样的例子在六朝前后的文献里已经出现。例如：

(21) 将还家，语王云：“汝是贵人，试作贵人行看!”(《太平御览·俗记》)

(22) 汝好思量看。(《摩诃僧祇律·十诵律》)

动词“看”最初是表示视觉动作的“瞻视”义，后来词义一步步抽象化，表示一切用感官测试的动作，具有了“尝试”义。词义的变化促使其语法功能也相应的发生变化：由作主要动词带宾语，变为依附于主要动词之后不带宾语。词义抽象化到一定程度后引起词义进一步虚化，使之最后失去原来的词汇意义，变成只表示尝试义的语法单位。

句法位置改变和词义变化是词汇语法化过程中两个基本而又互为依存的条件。一个实词由于句法位置的改变而进入某种结构关系，会导致词义变化；一个实词的词义变化，会影响其语法功能的变化。许多实词的语法化过程都是这两方面的因素相互影响，共同作用的结果。

参考文献

[1] 马庆株.影响词类划分的因素和汉语词类定义的原则[A].语法研究和探索(五)[C].北京：语文出版社，1991.
[2] 朱德熙."在黑板上写字"及相关格式[J].语言教学与研究，1981(1).
[3] 马庆株.自主动词和非自主动词[J].中国语言学报(3)，1988.
[4] 崔永华.与褒贬义形容词相关的词法和词义问题[A].语言学论丛(9)，北京：商务印书馆，1982.
[5] 陆俭明.八十年代中国语法研究[M].北京：商务印书馆，1997.
[6] 范晓.动词的"价"分类[A]，语法研究和探索(五)[C].北京：语文出版社，1991.
[7] 范晓.论名核结构[A].语言问题再认识[C].上海：上海教育出版社，2000.
[8] 袁毓林.现代汉语名词的配价研究[J].中国社会科学，1992(3).袁毓林.一价名词的认知研究[J].中国语文，1994(4).
[9] 沈家煊."语法化"研究综观[J].外语教学与研究，1994(4).
[10] [13] [14] 刘坚，曹广顺，吴福祥.论诱发汉语词汇语法化的若干因素[J].中国语文 1995(3).
[11] 石毓智.时间的一维性对介词衍生的影响[J].中国语文，1995(1).
[12] 王力.汉语史稿[M].北京：中华书局，1980.

（本文原载《河北大学学报(哲学社会科学版)》2004 年第 1 期。）

论语法研究中的语体意识

一、引言

自《马氏文通》以来，我国的语法学研究已有百余年的历史，出版了相当数量的语法学著作。从这些出版的著作来看，大都以书面语为研究对象。如《马氏文通》就是以文言文为对象研究古汉语语法的专著。其后，黎锦熙先生的《新著国语文法》，王力先生的《中国现代语法》，吕叔湘的《中国文法要略》以及新中国成立后出版和发表的著作和文章也大都以书面的白话文为研究对象，间或参杂着一些口语的用例。随着语法学研究的不断深入，这种语料采集方式的不足越来越明显，很多问题的争议都与这种方式有关。比如汉语是 SOV 语言，还是 SVO 语言，有两种截然不同的意见。Li and Thompson(1974)提出现代汉语的基本语序是 SOV，其后，孙朝奋和 Givon(1985)用大量的语料事实证明 SVO 是现代汉语的基本语序，并且两家都有语料的支持，论证上也都有道理。在我们看来，根本问题出在两家的语料采集有较大的差异。实际上，两种语序在汉语中都是大量存在的，但它们分布在不同语体中。大致可以说，SVO 语序在书面语中普遍存在，而 SOV 语序在口语中更为常见。再如，汉语的稳定与灵活问题、基本句型问题、动名兼类问题等等都与语体有着密切的关系。可见，在语法研究中区分不同语体是语法研究结论可靠性的必要保证。

二、语体及其分类

以往的语法学研究不关心语体问题，语体是修辞学研究的一个重要的问题。目前，在修辞学界，人们对语体的分类还有着不同的看法，也下过许多定义。胡裕树、宗廷虎认为：“语体是适应不同交际功能、不同题旨情景需要而形成的运用语言特点的体系。”[1](P1) 王希杰认为：“语体，就是语言的语境偏离之后而形成的一种模式，或者说是语境变体，是语言零度形式在语境的影响和制约之下而产生的偏离形式，是相对稳定的一系列区别性特征所构成的系统”。[2](P463—464) 黄伯荣、廖序东认为：“语体是为了不同交际需要而形成的语文体式，它是修辞规律的间接体现者”。[3](P307) 应该说这些定义从不同的角度揭示了语体的共同本质，即语言运用的相对稳定的区别性特征。

实际的言语交际活动总离不开一定的现实语境，交际者为了更好地适应题旨和情景，总是要选择特定的词语、句式、句类等语言手段，这些特定的词语、句式、句类等语言手段往往跟某些话语领域有密切的关系，成为某些话语领域区别于另一些话语领域的特征，这就是语体。换句话说，语体就是特定的话语领域跟特定的语言表达方式相结合而形成的固定化的语言使用样式。

关于语体的分类，修辞学者立足于修辞学，有的分为口语语体和书面语语体两类；有的分为口语语体、书面语体和文艺语体三类；有的分为日常交谈语体、叙事语体、抒情语体、论证语体四类；有的分为日常会话语体、学术科技语体、公文事务语体、报刊媒介语体和文艺审美语体等等。我们立足于语法研究的角度对语体进行分类。首先，按传播工具可将客观存在着的言语作品分为口语体和书面语体。口语体是口头上讲的，涉及“口”和“耳”；书面语是写出来的，主要涉及“手”和“眼”。听觉和视觉的不同带来了语言结构上的不同，表现出一系列的对立。口语体可分为日常口语语体和工作口语语体，工作口语语体又可分为演讲语体、讲课语体、相声语体、影视对白语体。书面语体可分为公务语体、科技语体、叙述语体、文艺语体、论证语体。列表如下：

- 语体
  - 口语语体
    - 工作口语语体
      - 演讲语体
      - 讲课语体
      - 相声语体
      - 影视对白语体
    - 日常口语语体
  - 书面语体
    - 公务语体
    - 科技语体
    - 叙述语体
    - 文艺语体
    - 论证语体

需要指出的是，上面我们虽然对语体做了层次不同的划分，但需要说明的是，语体应该是一种典型范畴。比如，日常口语语体应是典型的口语体，交谈双方要同时出现，以无准备的一对一的交谈为基本形式，对具体语境的依赖性特别强，交际的时间、地点、话题、交际者的表情、语气等对交际者选择词语、句子等都有着直接的影响。而影视对白、相声、教师讲课、演讲等，则是有准备的口语体，可以称作非典型的口语体。如果将口语体按照口语程度的强弱排成序列的话，它们应该是：日常口语语体＞影视对白语体＞相声语体＞讲课语体＞演讲语体。越往前，口语性越强，书面语性越弱；越往后，书面语性越强，口语性越弱。书面语体也是这样，公务语体可以区别于法律条文、公务文书等；科技语体可以区别于学术论文、产品说明等；叙述语体可以区别于报纸新闻、小说等；文艺语体可以区别于散文、诗歌等类型。这里，越靠前，书面语体越典型。尽管口语体和书面语体没有绝对的界限，但典型的口语和典型的书面语也还是有着比较明显的差异，在语法结构上呈现出一系列的对立。

三、口语体和书面语体语法差异举隅

口语交际总是在具体的时间、地点，围绕具体的话题，在具体的交际者之间展开，交际双方通过声音传递信息。从发话人方面说，声音一经发出，便不能抹掉，但可以随时进行更正或补充；从受话人方面说，是直接通过声音接受信息，信息量越少，大脑越容易处理。这就要求口语体的句子不能太长，结构尽量简单，对语境中提供的旧信息尽量省略。而书面语体是用笔写下来的言语，撇开了交际的具体场景，写者可以慢慢地思考，细细地斟酌，同时，口语中有分别的某些语音形式，如重音、停顿等，书面语也无法全面地记录下来，因此，为了读者能够正确地理解，写者还要交代某些背景知识，这种交际的特点显然不同于口语体，有自己特殊的使用语法的规律，比如较多地使用长句子，注意文意的前后照应，很少省略，有些语体还多用关联词语等等。下面具体分析口语体和书面语体的一些特点。

（一）口语体的语法特点

1. 句子短小，结构简单，零句居多，句成分省略和隐含现象比较普遍。例如：

(1) 甲　[　]昨天为什么没来上课？

　　乙　[　]病了。

(2) 立正！（部队口令）

(3) 你一言，我一语。

上述例句[　]处都有省略或隐含的成分。例(1)是省略句，省略的成分在语境的帮助下可以补出来；例(2)(3)是隐含句，隐去的成分无法补出来。[4](P534)尽管如此，并不影响交际活动的正常进行。以往的研究大都把这种情况说成是主谓句的变体，这种处理方法对省略句还能说得过去，对隐含句就没有解释力了，因为隐含句根本不能变成主谓句的形式。但这种句子不是个别现象，在口语体中大量地存在着。它们在调节人际关系、征询信息、约束话轮转移等方面具有重要的作用，不是整句总能代替的。从语体功能的角度来看，与其处理为主谓句的变体，不如处理为口语体中基本类型的句子。

2. 语序灵活，易位现象比较普遍。

句子作为最基本的交际单位，既是语言单位，也是言语单位。作为语言单位的句子是抽象句，作为言语单位的句子是具体句，也就是实际使用中的句子。[5]在抽象句中，各种句法成分都有一定的位置，比如汉语的主谓结构中，主语在前，谓语在后；述宾结构中，述语在前，宾语在后；偏正结构中，定语、状语在前，中心语在后；述补结构中，述语在前，补语在后等等。但在口语体中，由于交际语境的帮助，某些句法成分的位置常有变化。比如主语可以出现在谓语后面，状语、定语也可以出现在其中心语的后面，表现得非常灵活。例如：

(4) 怎么啦，你？

(5) 我倒认识一个年轻的姑娘姓梅的。

(6) 他正说话呢，跟王老师。

(7) 今天有点热，我觉得。

例(4)是主谓易位，例(5)是定语和中心语易位，例(6)是状语与中心语易位，例(7)宾语与述语易位。易位句的意义重心始终在前面的部分，口语中要重读，一般是说话人急于要传递给听话人的最重要的信息，往往有被强调的色彩；后面部分大都对前置部分起补充说明作用。

3. 借助语境，灵活搭配

口语体句子的灵活性还表现在搭配上，往往突破“规则”，出现一些超常搭配，在语用上起到意想不到的表达效果。例如：

(8) 热情的歌声好像一盆火，不但……
等等！先别不但，好嘛，越说越玄乎。(《姜昆李文华新相声选》

(9) 上岁数也一样，您就挺爱美的。
我这岁数还美什么？(同上)

(10) (在公交车上买票)两张，一张鼓楼，一张新街口。

上述下划线的句子都是语法上灵活搭配的句子，这种搭配成立的前提条件是借助于语境的帮助，例(8)(9)有口语话轮的帮助，例(10)说话时的具体场景使超常搭配成为可以理解的语句。

(二) 书面语体的语法特点

1. 较多使用长句子，句法结构比较谨严，表意完备

书面语体句子结构比较复杂、严整，省略和隐含现象比较少见，采用通常的语序，较少出现易位现象。有些采用文言句式和欧化句式，较多地使用关联词语。例如：

(11) 全党全国人民一个共同认识是：实现四个现代化，必须实行民主集中制，造成一个安定团结的政治局面；如果不搞民主集中制，没有安定团结，也就没有四个现代化。

上述例句“是”的宾语长达53个字，是个复句形式，准确而严密地概括了我国人民的共同认识。就书面语的句子来看，很少使用零句，大多使用整句，修饰语较多，联合成分较多，某一句法成分比较复杂等等。

2. 有些语体较多使用关联词语

使用关联词语是书面语的一个重要语法现象，尤其是政论语体和科技语体。例如：

(12) 尽管古代的一些作家，并不完全是唯物主义者，但是他

们既然是现实主义者,他们的思想中就不能不具有唯物主义的成分,因而他们能够从艺术描写中反映出一定的客观真理。

(13) 我们在编写本书时首先要考虑的问题是语言学边界不断扩充,语言学研究方法再不能固守它原来的疆土。但是它的范围实在太大,而且我们的学识浅陋,必须有所取舍。(桂诗春、宁春岩著《语言学方法论》)

例(12)是政论语体的句子,例(13)是科技语体的句子。

3. 可以采用文言句式

有些书面语体风格上要求庄重,可以采用文言句式,来增强文章的庄重感。例如:

(14) 他们在这一形势面前,一则以喜,一则以惧。(《毛泽东选集》第三卷)

(15) 我们要为祖国的繁荣富强而努力奋斗。

例(14)后面两个小句使用了文言句式,例(15)为……而……也是古代汉语遗留下来的句式。

上面,我们只是大致地描绘了口语体与书面语体的差别,实际上二者更为细致、具体的差别还有很多。比如,形容词既可以作定语,也可以作谓语,但在不同语体里这两种功能分布是不同的。口语体中,形容词的主要句法功能是作谓语,因为口语句子简短,很少使用修饰语,所以形容词用作定语不是主要功能;而书面语的情况就不同了,书面语不论是报刊论文,还是小说散文,都大量使用修饰语,这样,形容词就广泛用作定语。此前,有些语法学者对形容词的主要语法功能是作谓语,还是作定语进行过激烈的争论,形成了两种完全对立的意见。其实双方的观点是建立在不同语体基础上的,如果看到这一点,也许就没有什么可以争论的啦。[6]

不仅口语体和书面语体语法上存在着较大的差异,就是口语体内部和书面语体内部也存在着差异。有准备的口语体与无准备的口语体不同;公务语体、政论语体、科技语体、叙述语体和文艺语体也不一样。比如,公文语体较多使用“的”字短语、介词短语和联合短语等,因为“的”字短语的作用虽然相当于名词,但它比名词的概括性更强,适宜用于法律条文,而介词短语和联合短语比较适应公文语体的明确性和简要性。从句类的使用来看,公文语体主要使用陈述句和祈使句;而科技语体主要使用陈述句,有时也用疑问句,基本上不用感叹句和祈使句。有些具体的句式与不同语体的适应程度也不完全相同。例如“对”字句(包括“对于”句)主要出现在书面语体,尤其是公文语体中,很少出现在文艺语体中。再如,“得”字句,张豫峰(2002)收集了约 125 万字的语料,其中公文语体中法律条例等 33 篇,约 40 万字,“得”字句出现 1 例;科技语体中徐文彬主编的《会计学原理》,约 17 万字,“得”字句出现 5 例;政论语体中的《毛泽东选集》(第一卷),约 24 万字,“得”字句出现 84 例,文艺语体中钱钟书的《围城》约 24 万字,“得”字句出现 767 例。由此可以清楚地观察到文艺语体最容易接受“得”字句的出现,公文语体一般排斥“得”字句的出现。如按“得”字在四类语体中出现频率由高到低的次序排列,则是:文艺语体>政论语体>科技语体>公文语体。造成这种现象的原因在于“得”字句的描写性比较强,适宜于描写场景,塑造人物形象。[7](P275)

汉语的时体范畴在不同语体里的表现也不一样。比如:一般认为静态动词“有”一般不能后附动态助词“着”,应该说这种看法在口语体中是正确的,但在书面语体中就不是如此了。我们考察了 1995 年第一季度的《人民日报》,发现“有”后附着动态助词“着”的例句有 341 例,可见比例并不算小。李熙宗、霍四通(1998)考察叙述体的时间范畴时发现,现场叙事、回忆叙事和虚构叙事在时间范畴的运用上也有着明显的差异。[8](P176)可见,区别语体进行语法研究是非常必要的。

上面，我们只是大致地讨论了不同语体中的一些语法差异，当然，这种差异不只是文章中讨论的这些现象，恐怕还有很多。我们的目的不是要讨论不同语体中不同的语法现象，而是主要想说明在语法研究中区别语体的重要性。科学的语法研究应该能够准确、严密地揭示语言结构和功能的规律，要做到准确、严密，严格区别不同的语体应该是达到这一目标最有效的手段，同时，也是语法研究深入化的有效途径。

四、语体的语法学意义

语法研究的目的是发现、描写和解释语言现象中的规律，用以指导人们更好地学习掌握语言，或为语言工程等服务。从目前的研究来看，如上文所述，语法研究还没有做到在严格区分语体的基础上开展研究，而是口语、书面语混而杂之，总结出来的语法规律大打折扣，很多不必要的争论由此产生。对这种现象，朱德熙(1987)、胡明扬(1993)、张伯江、方梅(1996)、王维贤(1997)、陶红印(1999)等先生给予了充分的关注。他们都主张应该对口语语法和书面语语法分别进行细致地研究，我们完全赞同这种看法。分语体进行语法研究不是出于研究者的好恶，而是由研究对象的特点决定的。

现代汉语语法研究的对象是现代汉语，从广义看，现代汉语既包括普通话，也包括方言；从狭义看，现代汉语指的是普通话。现代汉语语法研究的对象一般指后者，它有两种存在形式，一种是口头上的，一种是书面上的。由于口头和书面交际的不同特点，造成了二者涵盖语法信息不完全相同，如果将二者混合起来研究，所揭示的语法规律就会出现偏颇；分开来分别研究，就会得出可靠、严谨的语法规律来。

中国地域广大，方言分歧严重，同是普通话的基础方言，东北话跟华北话不同，天津话跟北京话不同，那么应该如何选择口语语法研究的对象呢？在这个问题上，我们同意朱德熙(1987)先生的观点，即以北京话作为口语语法研究的对象。因为北京话是普通话基础方言的核心，是活生生的现时使用的语言，其内部基本上是均质的，能够总结出可靠的语法规律来。[9]

由于现代汉语书面语形成的时间较短，加之传统书面语以文言文为主体，又有方言的影响，其稳定性还不够强，还远不是均质的，因此，要注意区别不同层次的语言材料，哪些是文言的，哪些是方言的，哪些是普通话的，要搞清楚，然后选取典范的白话文作为研究对象。在此基础上，要严格区分书面语语体开展语法研究，惟其如此，才不会混淆不同层次的语法现象，找出的语法规律才具有科学性和实用性。

参考文献

[1] 胡裕树　宗廷虎. 修辞学和语体学[A]. 语体论[C]. 合肥：安徽教育出版社，1987.
[2] 王希杰. 修辞学通论[M]. 南京大学出版社，1996.
[3] 黄伯荣　廖序东主编. 现代汉语(下)[M]. 北京：高等教育出版社，2002.
[4] 吕叔湘. 汉语语法分析问题[A]. 吕叔湘. 汉语语法论文集[C]. 北京：商务印书馆，1984.
[5] 范晓. 关于句子的合语法和不合语法的问题[J]. 中国语文，1993，(5).
[6] 胡明扬. 语体和语法[J]. 汉语学习，1993，(2).
[7] 张豫峰. “得”字句和“有”字句[M]. 延吉：延边大学出版社，2002.
[8] 李熙宗　霍四通. 汉语语体研究中引入时间范畴的几点思考[A]. 范晓　李熙宗　戴耀晶编著. 语言研究的新思路[C]. 上海上海教育出版社，1998.
[9] 朱德熙. 现代汉语语法研究的对象是什么？[J]. 中国语文，1987，(5).

(本文原载《南京审计学院学报》2008 年第 3 期。)

句法位置对名词空间性的影响

一、引言

语言是人类认知现实世界的产物，语言范畴在一定程度上与现实世界范畴即认知范畴存在着对应关系，名词大致对应于实体，动词大致对应于活动，形容词大致对应于性质。名词最典型的特征是空间性；动词最典型的特征是时间性；形容词最典型的特征是程度性。以往关注较多的是动词时间性特征和形容词程度性特征以及句法表现。近年来，有学者开始关注名词的空间性特征，但名词空间性特征的句法表现至今没有见到比较深入系统的讨论。本文主要讨论句法位置对名词空间性特征的影响。

二、名词空间性的本质及表现形式

从本质上看，名词的空间性是一种语法意义，指名词在组合和聚合关系中由一定的语法形式所表现出来的关系意义。西方语言往往通过形态表现出来，最常见的是以数的狭义形态表现出来。绝大多数西方语言的名词都有数范畴，有的语言有单、复数之分，有的语言有单数、双数和多数之别。汉语缺少严格意义的形态变化，名词的空间性语法意义不是也无法通过狭义形态表示出来，而是通过词汇形式表示出来，高度发达的量词系统正是体现现代汉语名词空间性语法意义的表现形式。因此，现代汉语名词没有像印欧语言那样的数范畴。跨语言研究的结果证明，数范畴和量词范畴不能同时存在于一个语言系统之中。因此，我们认为，在现代汉语中，量词并不是单纯用于给事物计量，同时也是一种语法手段，是名词的空间性语法意义的外在形式标志。

名词的空间性不是整齐划一的，而是有强弱之分。名词空间性的强弱主要取决于所指称事物离散性的强弱，事物的强离散性表现为名词的强空间性，事物的弱离散性表现为名词弱空间性。根据上述有关事物离散性的讨论，名词空间性强弱等级可以描述如下：

指称内部离散性事物的名词＞指称外部离散性事物的名词

指称能借助于外物分离事物的名词＞指称不能借助于外物分离事物的名词

在现代汉语中，名词空间性的强弱主要是通过不同的量词形式表现出来的。内部离散性的事物表现为内部能够分出一个个单独个体，可以计量，反映在句法层面上就是指称这类事物的名词有自己适用的个体量词。如“人（个、口）、牛（头）、羊（只）、马（匹）、桌子（张）、椅子（张）、汽车（辆）”等。它们具有最强的空间性，绝大部分是个体名词。需要指出的是，专有事物就是一个单独的个体，反映在语言中就是专有名词，专有名词也具有强空间性，由于专有名词含有“只此一个”的语义，数量明确，一般不需要数词限制，所以一般情况下不能前加数量词修饰语，似乎没有自己适用的量词。其实不然，当专有名词在客观世界或说话者主观世界里表示两个以上的个体，即专有名词需要计量时，数量词也可以出现在专有名词的前面。例如：

(1) 有两个李逵，一个是真李逵，一个是假李逵。（转引朱德

熙《语法讲义》)

(2) 中国要是有两条长江,情形就不同了。(同上)

应该说,专有名词也有个体量词,这个个体量词与专有名词所属类名的个体量词相同。如"人"的个体量词是"个","李逵"是"人",自然也可以论"个"。"江"的个体量词是"条","长江"当然也可以论"条"。只不过专有名词一般不需要计数,一般不用或很少使用个体量词罢了。

有些外部离散性的事物不能分离出一个个单独的个体,但可以借助于外部事物对其进行分割,反映在语言中就是指称这类事物的名词没有自己适用的个体量词。如:"布、肉、水、面粉、泥土"等,但这些名词可以选择名词转来的量词、表示度量衡单位的量词和不定量词。例如"一尺布、三斤肉、两杯水、一袋面粉、一点儿泥土"等。这类名词具有较强的空间性,大都是物质名词。

不是现实世界中的物质实体的事物,其内部无法分离出一个个单独的个体,也无法借助于外部事物进行精确地分割,只能进行模糊地分割,表现为模糊离散性。投射到语言中,指称这类事物的名词只适用类别量词"种、类"和不定量词"点儿、些"等。例如"(一种)精神、(一类)事物、(这点)礼貌、(一些)研究"等。类别量词是事物外部离散性在语言中的投射,不定量词是事物内部模糊离散性在语言中的投射。这类名词的空间性较弱,大都是抽象名词。

此外,还有些事物在人的认知里无法把握,因此也不能分离或分割,这类事物没有离散性,指称该类事物的名词空间性最弱或没有空间性,表现在语言上就是这类名词不能前加任何量词。如"电力、大局、年龄、幅度、产量、含量、佳音、温差、心境"等等,它们大都是无量名词。

通过上面的讨论可以看出,名词不是一个均质的类,其成员存在着不同的个体差异性,导致这种差异性的根本原因在于名词所指事物的离散性特征。这种离散性投射到语言中表现为名词的空间性，名词的空间性是通过一定的语法形式表现出来的，在现代汉语中体现为名词有没有适用的量词和适用什么样的量词，下面是量词和名词空间性强弱的关系表：

（量词种类）	个体量词	临时量词/度量量词	类别量词	零量词
	→	→	→	→
（名词空间性）	强	较强	较弱	极弱

根据这个关系表，我们可以大致得到一个名词空间性强弱的等级序列：

个体名词〉物质名词〉抽象名词

处于左端的名词，空间性最强，典型名词的语法特征最丰富地集中在这类名词上；越往右空间性越弱，典型名词的语法特征越少，处在最右端的名词空间性极弱，不能受量词修饰。

就名词和量词的搭配来看，可以用下面的单向蕴含式来表达：

抽象名词→物质名词→个体名词

这个单项蕴含式的含义是：如果前项为真，那么后项也为真，反之则不然。假如一个名词可以适用物质名词适用的量词，那么它一定适用抽象名词适用的量词，但未必适用个体名词适用的量词。

强空间性名词可以适用弱空间性名词适用的量词，弱空间性名词不能适用强空间性名词适用的量词。例如，适用个体量词的个体名词只要语义上能搭配，可以适用所有的量词，比如“苹果”，可以有“一个苹果、一筐苹果、三斤苹果、一种苹果”等。物质名词可以适用临时量词和度量衡词，如“水”可以有“一桶水、一吨水、一种水（海水也是一种水，但这种水不能饮用）”等，但不能适用个体量词，所以没有“一个水、一只水”的说法。

三、句法位置对名词空间性的影响

在现代汉语中，词类与句法成分之间不是简单的一一对应关系，而是一种错综复杂的对应关系。就名词来看，它主要出现在主语、宾语、定语三种句法位置上，不同的句法位置对名词的空间性有不同的影响，有些句法位置能够保持其空间性，而有些句法位置会削弱甚至会消除其空间性。下面以句法位置为纲，考察句法位置对名词空间性的影响。

（一）主语位置对名词空间性的影响

从充当主语的语义角色来看，施事、感事、受事、工具、地点、系事等都可以充任主语，尽管如此，这些语义角色充当主语的能力是不同的。据陈平先生(1994)研究，充当主语的语义角色的优先序列如下：

施事＞感事＞工具＞系事＞地点＞对象＞受事[1]

施事、感事主要是有生命的事物，有生命的事物总是离散的，指称这类事物的名词能够充分地保留其空间性。体现在语法形式上，除专有名词外，这些名词能够最大程度地显示出典型名词的语法特征。如可以受量词修饰、可以前加定语。例如：

(3) 不过，有一点是明显的，这个自幼缺少调教的板儿爷、倒爷，如今完全钻进钱眼里去了。(陈建功、赵大年《皇城根》)

(4) 一位中年妇女匆匆走来，她也是专程来给14号投票的。(《北京日报》)

(5) 第二天的英语课，一个二十出头的男老师拿着一个崭新的教案来，咚咚咚地走进教室。(《北京日报》)

(6) 赵胜天在医院照料了妻子三天，深深感到了自己的浅薄。

（池莉《让梦穿越你的心》）

例(3)的“板儿爷、倒爷”、例(4)的“妇女”、例(5)的“男老师”前面都有个体量词，并且还带有定语。例(6)的主语名词是专有名词。

在实际的言语材料中，很多主语名词前面并没有数量词和其他定语，但这些名词也充分保持着其空间性。例如：

(7) 客人来了。

(8) 猫捉住了一只大老鼠。

例(7)是语言学著作经常举的一个经典例句，尽管主语名词“客人”前面没有典型名词的一些特征，但根据说话的语境可加上相应的量词。如“这位客人来了”“那位客人来了”，“那些客人来了”等等。例(8)的“猫”的前面也可以加上相应的量词。这说明“客人”“猫”是实在的、具体的、个别的，它们充分地保持着其空间性。

需要指出的是，当主语名词为定指信息时，修饰主语名词的量词短语既可以出现，也可以不出现。如果说话人强调数量或进行指别时，量词要伴随数词或指示代词出现，如例(3)；如果说话人不强调数量或不进行指别时，量词短语不出现。如例(7)、(8)。不论出现与否，这里的名词都具有前加量词的能力。当主语名词为不定指信息时，量词要伴随数词出现，否则，要么把主语名词理解为定指信息，如例(4′)；要么句子的可接受度降低，如例(5′)。

(4′) 中年妇女匆匆走来。她也是专程来给14号投票的。

(5′) ？第二天的英语课，二十出头的男老师拿着一个崭新的教案来，咚咚咚地走进教室。

造成这种现象的原因和句子信息传递的方式有关。人类语言信息传递的基本方式是从已知信息到未知信息，符合这种方式的句子是无标记的，反之，则是有标记的。在现代汉语中，主语位置上的名词大都表示已知信息，这种情况下，名词以不加量词为常态，表现为无标记形式，当说话人要凸显事物数量或凸显该事物与其他事物区别时，量词要伴随数词或指代词出现；如果主语位置上的名词传递的是未知信息，就需要有相应的形式标记出来，以便与无标记形式相区别，表现为一种有标记形式，其标记就是在主语前加数量短语，这也许就是现代汉语中无定主语句产生的原因。

据考察，受事充当主语时，大都为已知信息，一般表现为无标记形式。例如：

(10) 桌子搬走了。

(11) 杂院已经清洁，破墙修补好了，垃圾清除尽了，花架子爬满了红的紫的牵牛花。（老舍《龙须沟》）

如果要强调数量或指别时，量词就会与数词或指代词一起出现。例如：

(12) 那一伙人，都被陈老五赶走了。（鲁迅《狂人日记》）

(13) 那个义演要抓紧。（王朔《编辑部的故事》）

另外，主语位置上的工具名词、系事名词、地点名词都具有强空间性，其语法表现与受事名词大致相同，下面略举三例。

(14) 这把刀切肉。

(15) 这件事老高有办法。

(16) 这地方出产黄金。

Comrie 认为，“典型的主语是施事和话题的重合”。[2](P130)“凡是有离散性特征的单位都有可能进入‘话题’的位置，充当话题；离散性的特征越强，进入‘话题’的位置充当话题的概率就越大”。[3](P456)现代汉语是注重话题的语言，上述有些主语从语用平面上看，同时也是话题，可见主语位置与名词的空间性有一种自然的关联。主语倾向于空间性强的名词充当，或者说主语位置能充分地保持名词的空间性。

（二）宾语位置对名词空间性的影响

宾语是跟述语相对的句法概念，主要由名词性成分充当，宾语位置上名词的空间性与句子所表事件的不同类型有关。史有为先生(1997)认为具备动宾组合的句子表示“核心事件”。事件可分为“事类”和“事例”。“事类”是“一‘类’带概括意义的‘事’,是许许多多同类事件的统称或合称,而不是某一个具体事件。”“事例”“表示的一‘个’具体的‘事’。”[4](P27)一般说来,在表示“事类”的句子中,宾语位置会削弱名词的空间性;在表示“事例”的句子中,宾语位置能够保持名词的空间性。例如:

(17) 我年轻那会儿啊,嗓子嘎巴儿脆,在联欢会上唱歌儿,从来不拿麦克风什么的。(王朔《编辑部的故事》)

(18) 牛大姐,有什么事需要帮忙,您说话啊。(王朔《编辑部的故事》)

(19) 就跟咱们家新买的那个电器一样,插上电之后呢,我再唱两首歌曲,唱完喽,你给我再装进塑料口袋儿装箱给我抬走,怎么样啊?(王朔《编辑部的故事》)

(20) 我不知道你和江导是什么关系、你们怎么认识的,但我插一句话,咱不能老眼光看人,就算是你说的那样儿,那这么些年不见了,也得允许人家进步啊,是不是?(王朔《编辑部的故事》)

例(17)的“唱歌儿”、(18)的“说话”都表示抽象的“事类”。宾语名词“歌儿”“话”失去了典型名词的句法特征,不能前加数量词修饰语。从语义平面来看,它们也不是动作的参与者,只是对动词意义进行补充和限定,并非动词的受事或对象,只是“动词的陪衬,最缺乏信息价值。它只不过跟动词结合在一起表示一般的行为而已。”[5](P439—440)相当于一个复合词。可见,“事类”句的宾语位置会削弱名词的空间性。

例(19)“唱两首歌曲”、例(20)“插一句话”都表示具体的“事例”。宾语名词呈现出典型名词的句法特征,它们前面都有量词短语修饰。可见,“事例”句的宾语位置能够充分地保持名词的空间性。

在现代汉语中,“事例”句的宾语位置倾向于名词呈现出强空间性,有些甚至是强制性的。陆俭明先生(1988)在讨论数量词对语法结构的制约作用时,指出某些句法组合没有数量词就不能成立或是不自由的,他列举的有关宾语的主要事实如下:

(1) 双宾语结构,如果间接宾语是表示位移终点的处所或是表示“给予”的对象,那么直接宾语得带数量词。

盛碗里两条鱼(*盛碗里鱼)|来这儿两个人(*来这儿人)

掉地下五分钱(*掉地下钱)

(2) 在双宾语结构里,如果直接宾语是结果宾语,那么这个结果宾语也一定得带有数量词。

烫了他一个大燎泡(*烫了他大燎泡)|捂了孩子一身痱子(*捂了孩子痱子)

(3) 带结果补语或趋向补语的动补结构后面带上名词性宾语(包括施事宾语)形成的动宾结构,宾语得带数量词。

*打破玻璃(打破玻璃的人找到了吗?)打破两块玻璃

*飞进来苍蝇(飞进来苍蝇就打)飞进来一个苍蝇

(4) “动词+了+名词”这种动宾结构,作宾语的名词得带数量词。

*吃了苹果(吃了苹果又吃梨)吃了一个苹果[6]

沈家煊(1995)从认知语言学的角度对这种现象进行了解释。他认为,“数量词对句法结构的制约作用实际上体现了人类认知上‘有界’(bounded)‘无界’(unbounded)这样一种基本对立。人们感知和认识事物,事物在空间有‘有界’和‘无界’的对立;人们感知和认识动作,动作在时间上有‘有界’和‘无界’的对立;人们感知和认识性状,性状在‘量’或程度上也有‘有界’和‘无界’的对立。”“有界名词的本质是它所指事物的个体性和可数性”。可见有界名词都是强空间性名词。他还认为“事物的有界和动作的有界是相通的，两者‘存在着清晰的对应关系’”。也就是说，有界动词要与有界名词搭配，有界动词和无界名词，无界动词和有界名词不能搭配或搭配受限制。[7]石毓智(2000)通过古今汉语的对比研究认为，与古代汉语相比，现代汉语谓语结构普遍有界化。有界化的手段主要包括(1)结果补语，(2)体标记，(3)数量词，(4)介词短语，(5)重叠式，(6)时间词，(7)动量词。[8](P149—161)从石文列出的这些语法手段可以发现，其中(1)(2)(4)(5)(7)的语法手段与中心动词构成一个直接成分，(3)(6)的语法手段与动词后的名词构成一个直接成分。受数量词或时量词修饰的名词无疑具有强空间性；由于有界的动作要与有界的事物才能搭配，如果排除像“吃饭”“说话”“看书”“下雨”等“事类”句，可以认为在现代汉语中宾语位置能够充分保持名词的空间性。

（三）定语位置对名词空间性的影响

充当定语是名词的主要句法功能之一，它修饰的中心语主要有两种：一种是名词性的，其句法结构式可表述为：N_1(＋的)＋N_2；另一种是谓词性的，其句法结构式可表述为 N(＋的)＋V。下面分别讨论。

1. N_1(＋的)＋N_2

据考察，N_1(＋的)＋N_2 大致可以构成两种不同语义关系的定心短语：领属关系的定心短语和属性关系的定心短语。

1) N_1(＋的)＋N_2 表示领属关系。

一般情况下，“的”倾向于出现，当这种结构被包含在更大的结构中时，“的”可以不出现。语义上 N_1 领有 N_2，N_2 从属于 N_1。例如：

老师的书房　父亲的哥哥　海鲜的味道　姑娘的头发　学校的财产

这种语义关系的定心短语的定语位置可以充分地保持名词的空间性，体现在句法形式上，这些作定语的名词前面都还可以跟量词组合或有定语。例如：

这位老师的书房　他父亲的哥哥　这种海鲜的味道　那个姑娘的头发　这所学校的财产

2) N_1（＋的）＋N_2 表示属性关系

一般情况下，"的"倾向于不出现。语义上 N_1 表示 N_2 的质料、类型、式样、来源、喻体等。[9] 例如：

木头房子　学院风格　儿童服装　绍兴黄酒　钢铁意志

"木头"是"房子"的质料，"学院"是"风格"的类型，"儿童"是"服装"的式样，"绍兴"是"黄酒"的来源，"钢铁"是"意志"的喻体。

这种语义关系的定心短语的定语位置会极大地削弱名词的空间性，体现在句法形式上就是这类定语名词不能再与量词组合。如果在其前头加上量词短语，要么改变了 N_1 和 N_2 的关系，要么加上的量词不是修饰 N_1 的，而是修饰 N_2 的。例如：

这所学院的风格　这个儿童的服装　这所木头房子　那瓶绍兴黄酒　那种钢铁意志

前两个例子 N_1 和 N_2 不再是属性关系，而是领属关系，后三个例子的量词短语不是修饰 N_1 的，而是修饰 N_2 的。

名词作属性定语几近于区别词，凸显的是属性义，在表义上与区别词非常接近。例如：

{木头家具 {英语词典 {女人服装
{木质家具 {英汉词典 {女式服装

上述各组例子中，前一个的定语是名词，后一个的定语是区别词。如第一组，"木头"是名词，"木质"是区别词，但在意义上二者都表示一种分类标准。这里的名词不再指称实体，而是表示实体的属性，因此这类名词不再具有空间性。

2. N（＋的）＋V

根据 N 和 V 之间有没有"的"可分为两种类型，一种是 N＋的＋V 类，一种是 N＋V 类。

1）N＋的＋V 例如：

这本书的出版 计划的制订 影响的扩大 中国的支持 老师的称赞

从语义平面来看，这类短语主要表示施受关系，其中前三个短语的N和V之间是受动关系，后两个是施动关系。从句法平面来看，这类短语是粘着短语，不能自由使用，只能出现在更大的组合中，主要作主语和宾语。语义上陈述义转化为指称义，表示“事件”，[10]名词是“事件”的参与者，这里的名词仍然具有空间性，体现在句法上，这些定语名词前有的本来就有量词修饰，如“这本书的出版”，或者可前加数量短语等定语修饰。例如：

那项计划的制订 这种影响的扩大 我们中国的支持 这位老师的称赞

2）N＋V 例如：

汉语学习 方言调查 古籍整理 课文分析

民俗考察 往事回忆 钟表修理 肺病治疗 水稻栽培

从句法平面来看，这类结构是定心结构，N是定语，V是中心语，属于粘合性偏正结构，[11](P148—149)N和V之间一般不能插入“的”；从语义平面来看，N是受事，V是动作；在音律上，N和V都是双音节的。从表义功能上看，这类短语主要用于表示固定的语义，即术语义，有些可以作为杂志或书籍的名称。如“汉语学习、古籍整理、水稻栽培”等。其中的定语名词，主要用于分类，其作用接近于区别词。如有“汉语学习”，还可以有“英语学习”“法语学习”“日语学习”等。有“水稻栽培”，还可以有“小麦栽培”、“玉米栽培”等。这里的定语名词前面不能再加量词，也不能再加其他定语修饰。这些事实说明，这里的名词不再具有空间性。

这类短语经常出现在书面语体中，口语体中不太常见。由于其中的定语名词主要用于表示分类，因此常用于对事物的命名。例如：

水果批发站　汽车制造厂　节目主持人　自行车修理处　石油输出国

跟上述短语语义上等值的下列短语不能成立。

批发水果站　制造汽车厂　主持节目人　修理自行车处　输出石油国

造成这种现象的原因跟N位置的变化有关，N在V前还是在V后，具有不同的表义功能，N在V前，N主要表示分类，而事物命名的原因很大程度上在于分类，便于与有关的事物进行区别。N在V后，N不表示分类，因此也不能用于对事物命名，故后一种用于命名的短语不能成立。可见，定语名词在这里凸显的不是空间性，而是属性义。

四、结语

综上所述，不同的句法位置对名词空间性的影响各不相同，主语位置能够保持或增强名词的空间性。宾语位置跟句子所表事件的类型有密切的关系，如果是“事例句”，宾语位置能够保持或增强名词的空间性；如果是“事类句”，宾语位置会削弱名词的空间性。定语位置跟定语的类型有密切的关系，在N_1＋(的)＋N_2结构中，如果N_1表示领属，那么定语位置就能保持名词的空间性；如果N_1表示性质，那么定语位置会削弱或消除名词的空间性。在N＋(的)＋V结构中，如果N与V之间有结构助词“的”，且N与V有施受关系，那么定语位置能够保持名词的空间性；N与V之间没有结构助词“的”，N与V之间是分类关系，那么定语位置会削弱或消除名词的空间性。

参考文献

[1] 陈平. 试论汉语中三种句子成分与语义成分的配位原则[J]. 中国语

文,1994,(3).
[2] Comrie, B. 著、沈家煊译. 语言共性和语言类型[M]. 北京:华夏出版社,1989.
[3] 徐通锵. 语言论[M]. 长春:东北师范大学出版社,1997.
[4] 史有为. 数量词在动宾组合中的作用[A]. 中国语言学报 8[C]. 北京:北京语言文化大学出版社,1997.
[5] 大河内康宪. 量词的个体化功能[A]. 大河内康宪. 日本近、现代汉语研究论文选[C]. 北京:北京语言学院出版社,1993.
[6] 陆俭明. 现代汉语中数量词的作用[A]. 语法研究和探索 4[C]. 北京:北京大学出版社,1988.
[7] 沈家煊. "有界"和"无界"[J]. 中国语文,1995,(5)
[8] 石毓智. 语法的认知语义基础[M]. 南昌:江西教育出版社,2000.
[9] 刘顺. 语法和词汇关系的共时与历时透视[J]. 河北大学学报(哲学社会科学版)2004,27(1).
[10] 胡裕树范晓. 动词、形容词的"名物化"和"名词化"[J]. 中国语文,1994,(2).
[11] 朱德熙. 语法讲义[M]. 北京:商务印书馆,1982.

(本文与潘文合作,原载《华中科技大学学报(社会科学版)》2007 年第 1 期。)

普通名词的时间性研究

一、引言

名词具有空间性，动词具有时间性，这是人类语言的普遍共性。名词的语法特征所表现出来的种种语法意义一般与空间有关，动词的语法特征所表现出来的种种语法意义一般与时间有关。但是，有少部分名词也具有时间性。如“明天、立春、元旦、星期日”等时间名词明显具有时间性；“事件、水灾、台风、晚餐、晚饭、晚会、宴会、葬礼、展览会、战争、假期、教授、博士、军长、上海”等普通名词也能体现出时间性特征。在普通名词成员中，具有时间性特征的名词只是极小的一部分，但这极小的部分却显示了与典型名词不同的语义和句法特点，值得进行系统的研究。时间名词的时间性是显而易见的，这里不予讨论。本文主要讨论部分普通名词的时间性问题。

部分普通名词的时间性特征体现为内在时间性和外在时间性两个方面。内在时间性是指名词所表示的事物具有可以随时间而展开的可能的内部过程，这个过程包含起点、续段、终点三个要素；外在时间性指事物在外部世界的时间流逝过程中的时间表现。换句话说，内在时间性考虑的是名词所指事物的内部过程，外部时间性考虑的是名词所指事物与外部时间过程的关系。内在时间性名词的时间性体现在其词义结构中,外部时间性名词的时间性不是体现在它的词义结构中,而是体现在外部世界的时间流程中,通过外部世界的时间流逝而表现出时间性。因此对两种不同时间性的名词应分别进行研究。

二、内在时间性名词的语义、句法特点

2.1 内在时间性名词的语义结构

从名词的内部语义来看,绝大部分名词只具备空间性,不具备时间性。如"书、桌子、电脑、面粉、道德、观念、恩情"等,在人们的认知结构中,这些词所表示的概念没有时间因素,也就是说人们把这些概念表示的事物看成是静止不变的,其内部结构无法随时间流程而展开,它们不具备时间点,也不占据时间段。图示如下:

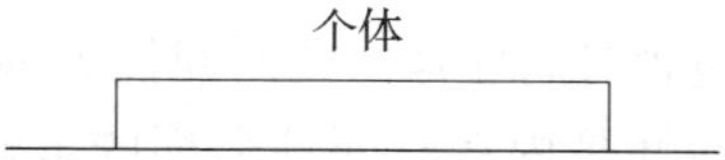

另外有一些普通名词,内部包含着一个时间结构,这个时间结构由起点、续段和终点组成。如"会议、事件、火灾、车祸、假期"等总是包含着开始、持续和结束三个不同的阶段,开始和结束体现为时点特征,持续体现为时段特征。图示如下:

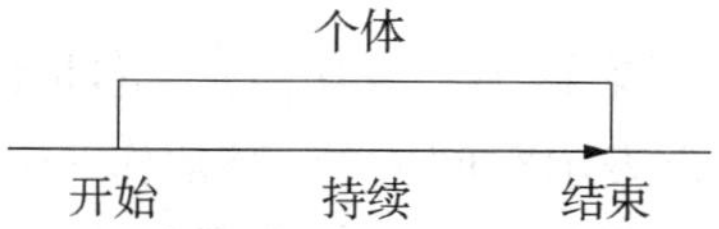

内在时间性名词的数量在名词成员中数量不大,常见的有以下这些:

会、大会、会议、全会、晚会、舞会、展览会、博览会、讨论会、现场会、交流会、年会、酒会、例会、宣判会、碰头会、宴会、茶话会、假、寒假、暑假、婚假、事假、病假、假期、会期、婚期、刑期、汛期、孕期、产卵期、发情期、排卵期、青春期、成熟期、危险期、枯水期、潜伏期、预备期、事、事变、事故、事件、婚事、丧事、喜事、政变、叛乱、动乱、量变、质变、课、高考、口试、笔试、惨案、血案、仪式、婚礼、葬礼、典礼、开幕式、闭幕式、雨、雪、霜、风暴、地震、台风、火灾、旱灾、狂风、雷雨、梅雨、寒流、霜冻、闪电、暴风雨、灾、灾害、灾荒、水灾、火灾、天灾、灾祸、车祸、横祸、大难、空难、海难、危难、病、大便、斗争、饭、早饭、早茶、午饭、晚饭、夜宵、感冒、高潮、高烧、革命、工作、疾病、讲座、纠纷、手术、危机、演出、战役、战争、败仗、掌声、争端

从语义类别上来看，上述名词大致可区分为四种类型：表示事件的，表示人类的活动、行为的，表示自然现象的，表示时间的。

2.2 内在时间性名词的句法特点

语义结构中包含时间性是内在时间性名词与典型名词的重要语义区别。时间性是内在时间性名词的范畴义素，它在一定程度上决定和制约着这类名词的句法功能，换句话说，就是内在时间性名词的时间性必有其对应的句法形式来体现，语法研究的重要任务就是找出语法意义和语法形式之间的对应关系，我们以典型名词的句法功能为参照，来考察内在时间性名词的句法功能。

典型名词主要具有以下句法功能：与名量词结合对事物进行计量，与方位词结合表示空间方位，经常作主宾语等。通过考察发现，内在时间性名词也可以跟方位词和数量词组合，但这种组合与典型名词有明显的不同；也经常充当主宾语，但对谓语动词有特殊的选择要求，下面分别论述。

2.2.1 与方位词的组合情况

方位词是后置词，其语法作用主要是附在名词性成分后面表示空间方位，但也有几个附在动词性成分或名词性成分后面表示时间方位，还有一些方位词既可以表示空间方位，也可以表示时间方位。按照方位词是表示空间方位还是时间方位或者二者兼表可将方位词分为三组：

第一组：外、旁、左、右、东、西、南、北、上边、下边、前边、后边、里边、外边、旁边、左边、右边、东边、西边、南边、北边、上面、前面、后面、外面、左面、右面、东面、西面、南面、北面、上头、下头、外头、东头、西头、南头、北头、以上、以下、面前、背后、底下。

第二组：以前、以后、之前、之后

第三组：前、后、中、上、下、前头、后头、里、里头、里面、中间、当中、之中、中间。

第一组表示空间方位，第二组表示时间方位，第三组既可以表示空间方位，也可以表示时间方位。

典型名词具有空间性，不具有时间性，能与第一组和第三组方位词组合表示空间方位，一般不与第二组组合。例如汉语中有下面的组合：

房子外、桌子上边、报纸旁边、旅馆西边、机器上头、电脑左边、录音机底下、小张背后

但没有下面的组合：

房子之前、桌子之后、报纸以前、旅馆以后、机器以后

时间性名词由于其语义结构中包含时间性范畴义素，因此，一般不能与第一组组合表示空间方位。比如汉语中没有下列组合：

大会外、寒假旁、会期南、婚期上边、事变左面、喜事上头、政变以上、叛乱外头、仪式东边、婚礼底下、雨东、雪西、饭北、早饭背后、早茶南头

可以和第二组组合表示时间方位。比如：

现场会之前、纠纷之前、青春期之后、交易之后、典礼以前、水灾以前、早饭以后、战争以后、车祸以后、暑假之前、地震之前

第三组方位词既可以和典型名词组合，也可以和时间性名词组合，但表示的语法意义不同，前者表示空间方位，后者表示时间方位，比较下列组合：

桌子前、台灯后、房子中、衣柜里、电视机前头、沙发后头、窗户当中

战争前、空难后、宴会中、假期里、暴雨前头、台风后头、暑假当中

前一行是方位词跟典型名词的组合，表示空间方位；后一行是方位词与内在时间性名词的组合，表示时间方位。

2.2.2 与量词的组合情况

从语法性质上看，量词大致可区分为名量词和动量词。名量词用于对事物计量，动量词用于对动作计量。典型名词的语义基础是事物，而不是动作，因此它不能与动量词结合，只能与名量词结合，对事物进行计量。例如：一本书、两台电脑、三个苹果、四只箱子、五条鱼、六扇门、七位老师、八匹马、九座桥等等。

除表示时间类的内在时间性名词之外，表示事件、表示人类的活动、表示自然现象的内在时间性名词都含有“动作”义素。如“会议、招待会、事变、婚事、车祸、火灾、战争、霜冻、台风”等。需要指出的是某些单音节的名词如：“雨、饭”等似乎没有“动作”义素，其实不然。这些词有不少在古代汉语中本来就是动词。如“饭”，《说文解字》：“饭，食也。”段玉裁注为“然则云食也者，谓食之也。此饭之本义也，引申之所食为饭。”例如：“舜之饭糗茹草也，若将终身焉。”(《孟子·尽心下》)。“有一母见信饥，饭信。”(《史记·淮阴侯列传》)。这两例中的“饭”都是动词用法。尽管在现代汉语中已变成名词，但当后面有表示时间方位的词时，就

会体现出“动作”义来。“雨”也是如此。《说文解字》:“雨,水从云下也。”例如:“今我来思,雨雪霏霏。”(《诗经·小雅·采薇》)。其中的“雨”显然是动词,尽管在现代汉语中变成了名词,但当它出现在一定的句法环境中,仍然可以体现出“动作”义素来,成为具有内在时间性的名词。

正是因为上述原因,这类名词可以与动量词结合。例如:一场雨、一场战争、两场病、一次会议、两次台风、一顿饭等。

需要指出的是,有些内在时间性名词也具有较强的空间性,这些词不仅适用动量词,也可以适用名量词,主要是适用性较强的“个”。如:

一滴雨	一个事故	一个高潮	一个战役	两个会议
一场雨	一次事故	一次高潮	一次战役	两次会议

上述现象说明,内在时间性名词本质上还是名词,当然可以跟名量词组合,由于其语义结构中的时间性义素,使之也可以跟动量词组合。但是典型名词由于其内部语义结构中不具有时间性义素,它只能跟名量词组合,不能动量词组合。

2.2.3 充当主宾语时与谓语动词的选择关系

与典型名词一样,内在时间性名词也经常充当主语和宾语,由于其语义结构中含有时间性范畴义素,使得这类词在对谓语动词的选择上与典型名词有着明显的不同。典型名词与动词的选择面较宽,而内在时间性名词与动词的选择面相对较窄,相当一部分比较固定。据考察,能与内在时间性名词搭配的主要有“开始、进行、结束、出现、消失、增加、减少、举行”等语义类动词。例如:

(1) 当然,运用各种艺术形式宣传孔繁森的活动才刚刚开始,我们还要不断地挖掘孔繁森的事迹,探索研究孔繁森精神的内涵和时代精神,创作出更好的传播英雄事迹、弘扬时代精神的具有生命力的艺术精品。(1995 年《人民日

报》)

(2) 大会继续庄严隆重地进行,宝康代表获奖作家发言,他很激动,很感慨,喜悦的心情使他几乎语无伦次。(王朔《玩主》)

(3) 新华社北京1月10日电据外电报道,格拉纳达-达喀尔汽车拉力赛9日结束了第八赛段的比赛。(1995年《人民日报》)

(4) 今后,各级人民政府都要尽可能地减少会议,进一步降低行政开支。(1995年《人民日报》)

例(1)"活动"充任主语,与之搭配的谓语动词都是"开始",例(2)"大会"充当主语,与之搭配的谓语动词都是"进行";例(3)"比赛"充当宾语,与之搭配的谓语动词是"结束",例(4)"会议"充当宾语,与之搭配的谓语动词是"减少"。

语法形式与语法意义是相互对应的,上述内在时间性名词的句法表现再一次证明了这一原则。在上文中,我们指出内在时间性名词语义中包含着一个时间结构,这个时间结构大致包含着开始、续段和结束三个不同的阶段。图示如下:

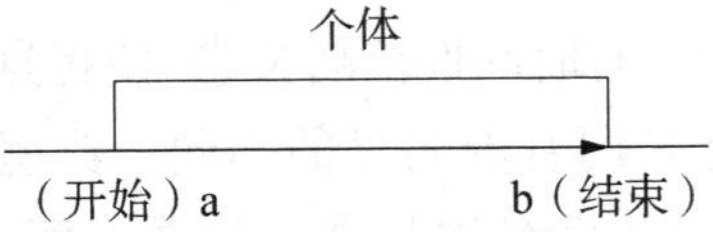

需要指出的是,内在时间性名词的时间结构是相对静止的,只有在外部世界时间的促动下,才能展示其内部的时间性。在外部时间流程中,人们可以从不同的角度观察这些名词所表示的事件或时间。如果以a、b为界,a左边就是事件或时间以前,b右边就是事件或时间以后,a、b之间就是事件或时间中间或期间。与此语义相对应,这些词可以后附方位词"前、之前、后、之后、中间、期间"等表示时间方位。如果从整体上把握这些事件,可以把它们看作一个个独立的个体,表现在句法上就是这些词能够受数量短语的限制。当然说话人也可以从 a 点、b 点或 a、b 之间的时间段来观察,从 a 点观察就是"开始",从 b 点观察就是"结束",从 a、b 之间的时间段观察就是"进行",这就是这类名词对动词选择的语义基础。我们就是通过上述句法组合上的这些特点,鉴别出具有内部时间性的名词。

三、外在时间性名词考察

有些名词语义结构中不包含时间性,但在外部世界的时间流程中,可以临时获得时间性,具有这种功能的名词,我们称之为外在时间性名词。例如:

(5) 老宗真不简单,已经教授了。

(6) 过了苏州,下一站上海了。

(7) 人家都楼房了,你还平房呢。

(8) 王老师家的小丽,都大姑娘了。

(9) 唐太宗时期,有个敢于直谏的大臣叫魏征。

例(5)的"教授"、(6)的"上海"、(7)的"楼房、平房"、(8)的"大姑娘"在外部世界时间流程中获得了时间性,因此可以充当谓语,具有陈述功能。(9)的"唐太宗"标示历史上的一段时间,也具有时间性。当然,并不是所有的名词都能在外部世界时间的流程中获得时间性,只有顺序义或临时获得顺序义的名词才有这种表义功能,下面分别论述。

3.1 顺序义名词

顺序义名词是马庆株先生(1991)提出来的,主要分为三类:绝对时间词、衔位名词和绝对处所词。绝对时间词无疑具有时间性,不在我们讨论的范围内,我们要讨论的是衔位名词和绝对处所词。

3.1.1 衔位名词

据马庆株先生(1991)研究,衔位名词主要有以下一些类型:

(1) 表示学位的词,例如:

博士、硕士、学士

(2) 表示军衔、学衔和其他专业技术职称的词,例如:

元帅、将官(大将、上将、中将、少将)、校官(大校、上校、中校、少校)、尉官(大尉、上尉、中尉、少尉、准尉)、士兵(上士、中士、下士)、兵(上等兵、列兵)

教授、副教授、讲师、助教

主任医师、副主任医师、主治医师、医师、医士

特级记者、高级记者、记者、助理记者

高级经济师、经济师、助理经济师、经济员

…………

(3) 表示官职的词

司令员、军长、师长、旅长、团长、营长、连长、排长、班长

部长、司长、局长、处长、科长

省长、市长(专员)、县长、乡长、村长

…………

上述衔位名词并不是在任何情况下都能获得时间性,如果不把它们放在外部世界时间流程中去观察,就不会具有时间性,只具备空间性,用于指称。例如:

(10) 随后又报告和于参议谈判的情况说,高处长叫报告军长,看样子敌人并不是真要增加优待条件,而是找借口拖延时间,观望形势。(《邓友梅文集》)

例(10)的"处长、军长"都是衔位名词,但这些词在上述例句中都有所指,明显地具有空间性,不具有时间性。

只有把衔位名词放在外部世界时间流程中去考察,它们才具

有时间性。例如：

(11) 上次抗洪救灾，由于张红表现突出，被提拔重用，已经科长了。

(12) 这次职称评定，老宗终于通过了，已经教授了。

例(11)的“科长”、(12)的“教授”已不再具有空间性，没有指称功能；在这里，这些名词具备了时间性，具有陈述功能。其中时间词“已经”和表示变化实现的助词“了”，显示了外部时间性。

衔位名词所表示的事物大都是成系列的，每个词所表示的事物分别处于系列中不同的位置，形成不同的等级，这种等级在外部世界时间流程中是可演变的，其演变方向一般由低等级到高等级，可以说，高等级都是由低等级演变而来的，这种演变是在外部时间流程中实现的，如果离开了外部世界时间的参照，人们无法观察这种演变过程和演变结果。因此这种名词的时间性体现在外部世界时间的流程中，或者说是外部世界的时间流动使这些词获得了时间性。表现在句法上，就是这些名词可以充当谓语，可受“已经”“早”等时间词修饰，后面可有表示变化实现的助词“了”。

3.1.2 绝对处所词

绝对处所词是所指固定的处所词，如“上海、北京、天津、重庆、广州”等，它们所指的地理位置不会发生变化。应该说绝对处所词是最具有空间性的名词，但在外部世界的时间流程中，这些词也可以获得时间性。如果将这些词所表示的概念作有序排列时，人们可以通过时间的变化来感知空间的位移，也可以通过空间的位移来感知时间的变化。例如：在交通线上，处所的变换总是伴随着时间的推移，随着时间的推移处所也总是在不断的变化，从而使这些表示处所的词获得时间性，具有陈述功能。例如：

(13) 天津一过，就快北京了。

(14) 现在都北海了，马上故宫了，过了美术馆就王府井了。

（引马庆株 1991 例）

例(13)中的“天津、北京”、(14)中的“北海、故宫、王府井”都有陈述功能，这些词的时间性是在外部世界时间流程中获得的。

3.2 语境顺序义名词

衔位名词和绝对处所词的顺序义是其词义的构成要素，也可以说是一种语义特征，这种语义特征影响词的语法功能表现，因此是一种范畴性的语法意义。还有一些名词词义中不含有顺序义，但在具体语境中临时获得顺序义。例如：

(15) 你都专家了，这么简单的问题还解答不了吗？

(16) 小王进步真快啊，都党员了。

(17) 怎么不说话，都哑巴啦。(引张伯江 1996 例)

(15)的“专家”、(16)的“党员”、(17)的“哑巴”词义中都不具有顺序义，但在语境中都获得了临时的顺序义。与这些名词构成顺序系列的元素隐含在这些名词之中，可以推断出来，往往是它的否定概念。如与“专家”构成顺序序列的是“非专家”，与“党员”构成顺序序列的是“非党员”，与“哑巴”构成顺序序列的是“非哑巴”。

这些名词所表示的概念都是由顺序序列中的否定概念在外部世界时间流程中演变的结果。如(15)的“你”原来是“非专家”，随着时间的推移，“你”变成了“专家”，因此这些名词自然就获得了时间性，具有了陈述功能。例(16)、(17)的名词可作相同的解释。

还有些名词词义中没有顺序义，但可以通过前加定语的方式在语境中获得临时顺序义。例如：

(18) 转眼之间小花已十八岁，大姑娘了。

(19) 快过来，一个部队的老战友了，还用我介绍么！(《昆仑》

1983年第1期）

(20) 快六十岁的人了，看上去却只有五十岁左右，……（《芙蓉》1983年第2期）

例(18)的“姑娘”、(19)的“战友”、(20)的“人”等名词分别通过前加定语“大”、“老”、“六十岁”获得了顺序义。一般说来，这类定语是能形成极性对立关系的形容词或数量短语，极性对立关系的形容词是成序列的。如“大”就是处于“大、小”这个序列中，“老”处于“老、新”这个序列中，因此它们是有顺序义的，名词以这些词为定语，自然也就有了顺序义，带上“了”意味着名词表示的概念由小到大、由新到老、由低级到高级的变化。如“大姑娘了”（小姑娘→大姑娘），“老战友了”（新战友→老战友）等，因而这些短语就具有了时间性。邢福义先生(1984)把这种形式称为“NP了”句式，认为其中的NP具有推移性，这是很有见地的。推移性本质上就是时间上的推移，这也充分说明了这些名词的时间性。数量词本身就具有顺序义，当它作名词修饰语形成数量名短语时，这类短语自然也有顺序义，体现出时间性。

3.3　标记性顺序义名词

空间和时间是人类认知世界的两种基本方式。研究结果证明，人类对空间的理解和把握相对容易。由于时间比较抽象，理解和把握起来比较困难，人类往往借助于空间或其他容易把握的方式来理解和把握时间。例如表示空间方位的“前”“后”“中”等常用来表示时间方位。除此之外，人类还借助于表人或物的名词来表示时间，从而使这些名词获得时间性。例如：

(21) 真格的，谁来继承他的这副古典的，南宋时期的，楠木的馄饨担子呢？（《邓友梅文集》）

(22) 自袁伟民以后，女排教练的位置走马灯似的换了一茬又一茬，而女排状态却每况愈下，好不令人心焦。（《人民

日报》1995 年 12 月)

(23)《四库全书》以后的著作,数量很多,可分为刊印书和稿本两种类型,包括明清二代的官廷档案和近代出土的古代重要典籍以及原《四库全书》编纂者所轻视的戏曲、小说。(《人民日报》1995 年 12 月)

(24)《风情馆》从远古的恐龙时代到近代边境何时划界、何时归属,从矿产资源到历史事件……翔实的历史资料,各类动植物标本,艺术的布局,精美的解说,参观一次《风情馆》犹如进了一所系统的边防学校,使人增加许多知识。(《人民日报》1995 年 1 月)

(25) 新经济正改变着世界,改变着人们的观念,创造着"信息时代"。(《人民日报》1995 年 1 月)

(26) 这就是黄祖洽教授在学生时代显露出的才华(《人民日报》1995 年 1 月)

从上述例句中可以看出,能够表示时间的名词主要有:(一)表示朝代的名称,如例(21)的"南宋";(二)表示著名人物的名称,如例(22)的"袁伟民";(三)表示作品的名称,如例(23)的"《四库全书》";(四)表示自然物的名称,如例(24)的"恐龙",例(25)的"信息";(五)表示人的身份,如例(26)的"学生"。

时间的流逝是无声无息的,人类社会就是在无声无息的时间流程中不断地向前发展,不同的时间段有不同的统治者及其建立的不同朝代,这些不同的统治者及其所建立的不同的朝代就构成了一个有序的序列,这个序列中的每一个统治者及其朝代的名称自然就成为人们观照社会发展的参照点,人们以此为标志来认知和把握时间,因此,这些表示朝代及其统治者的名词就自然获得了时间性。同时在历史长河中有重大影响的人物和作品也可以构成一个序列,不过这个序列不如统治者及其所建立的朝代有序性强,有些只是标志一个特殊的时点或时段,如例(22)的"袁伟民”,(23)的“《四库全书》”,但这些人物或作品也能成为人们认知和把握时间的方式,表示这些人物和作品的名词也可以获得时间性。一般说来,只有那些表示在历史进程中影响重大的人物或作品的名词才可能有这种用法,表示普通人物或作品名称的名词难得有这样的用法,因为影响重大的人物或作品往往是历史或专门史的分期标志。

人类在历史发展过程中不断创造着物质文明,不同的历史阶段有不同的代表物作为标志,这些代表物的出现是有序的,不同的时代往往有不同的代表物,这些代表物自然就成为一个序列,这些作为标志的代表物的名称就可能成为不同时代的标记,从而使表示这些代表物名称的名词获得时间性。如例(24)、(25),这些名词所表示的时间往往都是科学家给历史进程的某个阶段进行的命名,有些具有很强的专业性,如例(24)的“恐龙时代”。有些已成为普遍用法,如例(25)的“信息时代”。需要指出的是,除了科学家的科学分类以外,话语使用者也可以根据表达的需要,主观地使用某个事物来表示时间,这种用法未必都有科学上的分类标准。

同样,人的成长和发展也是一个时间过程,每一个过程都被社会赋予不同的身份,如童年时是“儿童”,读书时是“学生”等等,“儿童”“学生”这些词就可以参与记录一个人成长和发展的历史,也是有序的,由此而获得时间性。

从语义上看,标记性名词都是表示人和物的名词,它们能够参与记录时间完全是人们赋予的,是人们在对历史进行分期时,提取出来作为分期标记的,这些词的时间性是人为的,外加的,临时性的,不具有经常性。因此,这些词单独不能表示时间,必须后面附有“时代”“时期”“以前”“以后”等明确表示时间方位的词才可以表示时间。其中“时代”“时期”表示的是时间段,“以前”“以后”表示的是时间点。

四、名词的时间性在时间系统中的表现

根据陈平先生(1988)的研究,现代汉语的时间系统是一个三元结构,由句子的时相结构、时制结构和时态结构组成。句子的时相结构,体现句子纯命题意义内在的时间特征,主要由谓语动词的词汇意义所决定,其他句子成分的词汇意义也起着重要的选择和制约作用。句子的时制结构,指示情状发生的时间,表现为该时间与说话时间或另一参照时间在时轴上的相对位置。句子的时态结构,表现情状在某一时刻所处的特定状态。应该说任何一个句子都可以分析出它的时相结构、时态结构和时制结构。下面我们讨论时间性名词在上述诸结构中的作用和表现。

4.1 时间性名词在句子时相结构中的作用

在动词谓语句中,句子的时相结构主要是由谓语动词的词汇意义决定的。顺序义名词和语境顺序义名词也可以充任句子的谓语,如上文的例(11)——(20)。那么如何看待这些以名词为谓语构成的句子的时相结构呢?下面以例(11)为例来分析一下这个问题。先录下这个句子:

(11) 这次抗洪救灾,由于张红表现突出,被提拔重用,已经科长了。

这句话表述的事实是张红由"非科长变成了科长",涉及状态的变化,即从一种状态变为另一种状态,开始的状态是变化的起点,结束的状态是变化的终点,从起点到终点显然需要一个过程,并且这个过程是渐变的,自起点开始以后不停地向终点演进,每一时点的状态都是异质的,最后到达终点。显然具有[+动态]、[+完成]和[-持续]的语义特征,其时相结构可图示如下:

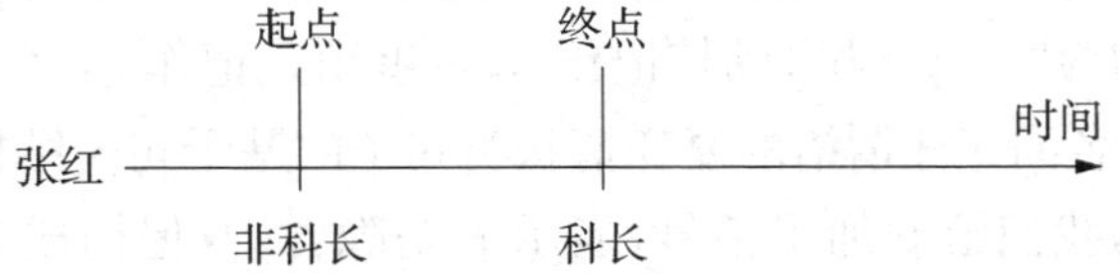

这种句子的情状类型符合陈平先生(1988)论述的“复变”类。他在论述这种情状类型相对应的语法特点时说“表现复变类情状的动词可以用在‘V+(了)+时量短语+了’之中,时量短语指的是复变动作结束后结果状态的持续时间。”由于例(11)类的句子没有动词,我们无法应用这个格式来进行检验,但我们可以把时量短语直接放在演进的结果状态后面,时量短语也表示结果状态的持续时间。请看下面的例子:

(27) 张红都科长两年了,你居然还不知道。

(28) 小王进步真快啊,都党员三个月了。

陈平(1988)指出,“复变类情状的时相结构,限定了人们在观察角度方面的可选范围。可以把这类情状表现为一个正在进行之中的过程,但不能表现为相对稳定的持续状态。”在动词谓语句中表现为动词后不能带表示持续状态的“着”。我们发现,例(18)类的句子也具有这个语法特点。请看下面的例子:

(27′) *张红都科长着。

(28′) *小王进步真快啊,都党员着。

可见,不论是时相结构特点,还是情状类型的语法表现,由顺序义名词和语境顺序义名词充当谓语的句子都应该归为复变情状类型,那么这类句子与由动词充当谓语的复变情状类型句子的联系和区别是什么呢?

句子是句法、语义和语用的结合体,下面从句法、语义和语用三个平面上来看一下二者的联系和区别。

从句法平面来看,这两类句子中,充任谓语的成分性质不同,一个是名词性成分,一个是动词性成分,句法上有着明显的不同。

从语义平面来看，由动词充任谓语的复变情状类句子的基干句模结构为“a＋p＋b”（动核记作 p，主事动元记作 a，客事动元记作 b），由名词充任谓语的复变情状类句子的基干句模结构为“a＋(p)＋b”，我们给 p 加了括号，表示 p 是隐含的；但构成句模的基底结构是动核结构，其中动核处于句子核心的、主导的地位，一般说来，一个句子都应该有其动核，尽管它在句型结构和句模结构中是隐含的，但在动核结构中是可以找出来的，否则这个句子是不可能生成的。因此，我们认为由名词充任谓语的复变情状类句子的动核与由动词充任谓语的复变情状类的句子的动核的语义类别大致是相同的。根据陈平先生(1988)的研究，这类动核经常由以下两类动词充任：

一、表示变化的单个动词，例如：

变为、变成、变作、成为、化为、改良、好转、恶化、减少

二、动补结构，主要有以下两类

A 动趋结构，例如：

跑来、奔去、走进、提出、爬上、飞过、送回、拿出、解开

B 动形结构，例如：

长大、拉长、缩短、展宽、放松、理顺、变好

我们发现由名词充任谓语的复变类句子可以加上上述有关的动词，而基本意思不变。如例(11)

(11′) 这次抗洪救灾，由于张红表现突出，被提拔重用，已经成为科长了。

上述例(12)—(20)也可以像例(11)一样，加上相应的有关动词，而基本意思不变。

可见，在语义平面上，这类句子跟动词谓语复变类句子有着相同的动核结构，都是“p＋ab”，不同的是，动核在名词谓语句的句模结构中是隐含的，在动词谓语句中是显现的。

从语用平面看，动词谓语句既强调演变过程，也强调演变结

果;名词谓语句不注重演变过程,只强调演变结果。这类句子由于谓语部分没有动词,作谓语的名词更加凸显,它不仅是句子的自然焦点,也是句子的对比焦点,在口语中带有对比重音。请比较下面的句子:

{a 小王已经成为科长了。 {a 小花都长成大姑娘了。
{b 小王已经科长了。 {b 小花都大姑娘了。

通过比较能够明显感觉到 a、b 两句的不同,至此就可以明白为什么同样的意思要用不同的句法形式来表达了,这完全是语用的需要。诚如陈平先生(1988)所言"从本质上说,语言的语法特征凝聚了语言的交际功能特征。"正是这种交际功能,使名词谓语句成为现代汉语中一个很有特色的句子类别。

4.2 时间性名词在句子时态结构中的作用

时态结构也叫时态,有人也称为体,是语言学界讨论比较多的一个非常重要的问题。从现有的研究成果看,人们对时态的看法还不太一致。概而言之,有两种主要观点:一种观点认为时态是由动词体现出来的语法范畴。如吕叔湘先生(1942)把时态叫动相,他认为动相指"一个动作的过程中的各种阶段",就动相而言,"时间观念已经融化在动作观念里。"王力先生(1944)认为:"在语言里,对于动作的表现,不着重在过去现在或将来,而又和时间性有关系者,叫做情貌"。高名凯先生(1948)认为"'态'则着重于动作或历程在绵延的段落中是如何的状态,不论这绵延的段落是现在,过去或将来"。李临定先生(1990)认为:"'体'是动词体现的另一种重要语法范畴。它通常是指,在语流中,动词所显示的动作行为在进程中所处的不同阶段的状态。"另一种观点认为时态是句子体现出来的语法范畴。如陈平先生(1988)认为:"句子的时态结构,表现情状在某一时刻所处的特定状态。"龚千炎先生(1995)认为:"句子的时态结构——它表现事件(句子)处于某一阶段的特定的状态，是深入过程内部观察其各个发展阶段的情况的结果。”戴耀晶先生（1997）认为：“体是观察时间进程中的事件构成的方式。”并且明确指出：“动词是体意义的集中体现者，研究动词对于体的研究有特殊重要的作用，但是，动词并不是体意义的惟一体现者，甚至也不是体意义的承载单位。体意义的承载单位是句子”。我们倾向于第二种观点。因为我们考察的由顺序义和语境顺序义名词作谓语构成的句子中，根本就没有动词，但是这些句子显然是表示事件的，事件总是在时间进程中发生、持续和完结的，当然可以深入事件内部观察时间进程中事件的构成，即观察事件在某一特定时刻的特定状态。如果把时态认为只是动词的语法范畴，对这类句子的时态结构就无法作出解释。

时态表现的是观察事件的种种方式，它与句子的时相结构有着密切的关系，但句子的时相结构只是提供了某些可能性，具体实现为哪一种时态，还取决于人们对事件的观察角度。由顺序义和语境顺序义名词作谓语构成的句子的时相结构是复变情状类型，具有[＋动态]、[－持续]、[＋完成]的语义特征。正如上文所指出的，这种类型的句子强调的是事件演变结束后形成的结果状态，人们的观察点集中在事件的结束点上。请看下面的示意图：

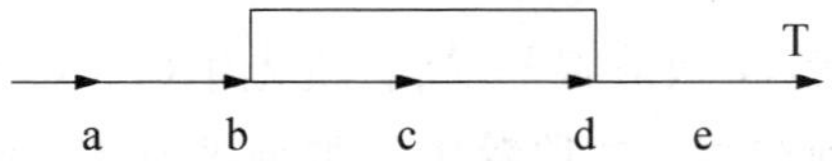

时轴上的字母代表事件的各个发展阶段，其中 b 和 d 分别为事件的开始点和结束点。发话人首先把这个事件看成一个完整事件，即 b→d，而且着眼点不在 b 点及 b→d 的连续各点上，而是在 d 点上，因此该事件是一个已经实现了的现实事件，体现在语法形式上，就是句末要用“了”。《现代汉语八百词》认为这个“了”的语法意义是“肯定事态出现了变化或即将出现变化”，即一般所谓的"了$_2$"，"了$_2$"是一个用来表示时态的语气词。

4.3 时间性名词在句子时制结构中的作用

时制结构由说话时间和事件发生时间、另一参照时间与事件发生时间纵横交错所构成。在现代汉语时制结构系统中，时制不是通过形态形式表现出来的，而是通过词汇形式或短语形式表现出来的，最明显的是另一参照时间。至于事件发生时间和说话时间由于语言环境或上下文的作用，汉语里有时不须说出来，也就是不用词汇形式或短语形式表示。

一般说来，除时间名词外，普通名词不能显示事件的参照时间。但内在时间性名词和标记性顺序义名词可以通过与时间方位词组合显示事件的参照时间。因为内在时间性名词表示的是事件，语义结构中含有时间性，与时间方位词组合自然能显示时间；标记性顺序义名词处于一个有时间先后的序列中，与时间方位词组合也自然能显示时间。例如：

(29) 饭前要洗手。

(30) 会后，大家要按会议的部署制定和落实实施方案。

(31) 郎平之后，中国女排再也没有培养出世界一流的扣球手。

(32) 国民党时期，中国曾组团参加过奥运会，但每次都与金牌无缘。

例(29)的"饭"，(30)的"会"是内在时间性名词，可以直接与"前、后"组合显示事件的参照时间。例(31)的"郎平"，(32)的"国民党"是标记性顺序义名词，分别与"之后""时期"组合，显示事件的参照时间。

参考文献

陈　平 1988　论现代汉语时间系统的三元结构，《中国语文》第6期。

储泽祥 2000　名词的时间适应性情况考察，载陆俭明主编《面向新世纪挑战的现代汉语语法研究》，山东教育出版社。
戴耀晶 1997　《现代汉语时体系统研究》，浙江教育出版社。
段玉裁　《说文解字注》，上海古籍出版社，1988 年。
范　晓 1995　句型、句模和句类，载《语法研究和探索》(7)，商务印书馆。
高名凯 1948　《汉语语法论》，商务印书馆，1986 年新版。
龚千炎 1995　《汉语的时相时制时态》，商务印书馆。
郭　锐 1997　过程和非过程——汉语谓词性成分的两种外在时间类型，《中国语文》第 3 期。
李临定 1990　《现代汉语动词》，中国社会科学出版社。
吕叔湘 1942　《中国文法要略》，商务印书馆，1982 年新版。
吕叔湘主编 1984　《现代汉语八百词》，商务印书馆。
马庆株 1991　顺序义对体词语法功能的影响，《中国语言学报》第 4 期。
石安石、詹人凤 1983　反义词聚的共性、类别及不均衡性，《语言学论丛》第十辑，商务印书馆。
邢福义 1984　说“NP 了”句式，《语文研究》第 3 期。

（本文原载《语言教学与研究》2004 年第 4 期。）

“程度副词＋名词”结构中的名词意义分析

一、引言

“程度副词＋名词”结构已引起了不少学者的关注。储泽祥、刘街生(1997)、张谊生(1996、1997)、施春宏(2001)等先生著文讨论了该结构中名词的意义基础。储泽祥、刘街生认为名词和副词组合的基础是在形成名词概念义时被概括掉的细节的重新显现;张谊生认为部分名词及名词短语的语义中包含着或蕴涵着一定幅度的量度义,有些名词可以性状化是名词接受程度副词限制的语义基础;施春宏将这种组合的可能性归结为名词的描述性语义特征。上述这些研究使我们对这种结构中名词的意义有了进一步的认识,但是有些问题还得不到较好的解释。例如:

(1) 爸爸妈妈嫌我不够淑女,所以整天唠叨,他们终于商量出一套“淑女培训计划”。(《齐鲁晚报》2001 年 8 月 16 日)

(2) 林蓓瞅着宝康嘀嘀笑:“挺式样儿的。”(王朔《顽主》)

例(1)的“不够淑女”是“程度副词＋名词”组合。《现代汉语词典》(第 5 版)对“淑女”的释义是:“美好的女子”。其词义结构中含有与副词组合的形容词性义素“美好”,它在组合中起到了关键作用，而这种义素是词义结构中的区别性语义特征，是词义结构的重要组成部分，显然不是省略掉的语义细节。例(2)的“挺式样儿”是“程度副词＋名词”组合。《现代汉语词典》对“式样”的释义是：“人造的物体的性状”，其词义结构中根本没有描述性语义特征。同时，我们还发现有些名词的词义结构中明显具有描述性语义特征，但却不能接受副词的修饰。如：“暴雨(大而急的雨)、狂风(猛烈的风)、怒气(愤怒的情绪)、高才生(成绩优异的学生)”等词。因此，对这个问题有必要作进一步的探讨。

二、名词的意义类别

词义具有复杂的结构，根据不同的研究目的，可以分析出不同的层次。为了更好地说明“程度副词＋名词”结构中名词的语义特点，我们把词义分为概念意义、内涵意义和联想意义。

2.1　概念意义

概念意义是词的本质意义，是词的逻辑的、认知的或指示的内容。在语言交际中处于核心位置，其语义特征是固定的，非开放的，表现为词典中的释义。名词的概念意义体现了名词的名物义。例如：

感情：①对外界刺激的比较强烈的心理反映。②对人或事物的关切、喜爱的心情。

知音：表示了解自己特长的人。

珍品：珍贵的物品。

2.2　内涵意义

内涵意义是词的概念意义中起区别作用的意义。它包含在词义结构中，是词义的一部分。例如：

热门：吸引许多人的事物。
垃圾：脏土或扔掉的破烂东西。
宝贝：珍奇的东西。

上述这些词的词义下面加着重号的部分就是内涵意义，它是词的区别性语义特征，是重要的义素项。

2.3 联想意义

联想意义是词所表达的由它所指对象产生的概念意义以外的附加意义。例如"妇女"本是成年女子的通称，当人们使用或听到这个词时，可能会联想起这个词所指对象的一些特征。如"长头发的、体力差的、穿裙子的、管家务的、易动感情的、意志脆弱的、富于同情心的"等等。"小市民"本是"城市中占有少量生产资料或财产的居民"，这个词会使人们联想起其所指的那类人含有"格调不高、喜欢斤斤计较"的特征。同样，"油"也会使人们联想起"油"所指的那类事物含有"滑"的性质等等。

需要指出的是，联想意义不包含在词义结构中，不是词义的组成部分，它是词的所指对象使人们所联想到的"真实世界"中的经验，是一种附加意义。因此，与概念意义和内涵意义相比，联想意义是不明确的、开放的、不稳定的。因为人们主观上或客观上认识到的所指事物的任何特点，都对表示该所指事物的那个词的联想意义有一定的作用，人们在"真实世界"中可以经验所指事物的任何特点。如"山东"这个词，"地理位置、气候、该区域人的外观形象、性格特征、语言"等特点都可以成为其联想意义，不同的人在使用这个词时既可以产生相同的联想意义，也可以产生不同的联想意义。可见，联想意义与个人的经验有相当大的关系。尽管如此，联想意义并不是漫无边际、飘忽不定、难以捉摸的东西，它仍然以词的概念意义为基础，与概念意义有密切的联系，有些词的联想意义用多了、用久了，也可能转换为词的概念意义或内涵意义，单独成为词的一个义项。在词典中可以看到不少这样的词。例如《现代汉语词典》对“鬼”和“科学”的释义：

鬼：①迷信的人所说的人死后的灵魂。②机灵。

科学：①反映自然、社会、思维等的客观规律的分科的知识体系。②合乎科学的。

很明显，上述两个词的义项②是义项①的某种性质，义项②很可能是人们长期使用义项①而产生的联想意义固化的结果。词义是词的语法功能的基础，新的义项可能使词的句法功能增殖，而成为兼类词。比如，上述的“鬼”和“科学”，很多语法著作就将它们处理为名词兼形容词。当然，相当多的词并没有将其联想意义固化为词的一个义项，成为词的概念意义，而是将其联想意义转换为词的内涵意义，成为词概念意义的一部分。例如：“市侩”本指“买卖的中间人”，后来指“唯利是图的奸商，也泛指贪图私利的人”。这样，“市侩”的联想意义“惟利是图”“贪图私利”就转成了这个词的内涵意义。类似的词不少，如“学究、小市民”等等。虽然相当多的词并没有成为词的一个义项或变成词的内涵意义，但是有概念意义作为基础，词的联想意义是不难理解的。

三、“程度副词＋名词”结构中名词的意义

从掌握的材料来看，在“程度副词＋名词”句法组合中，名词体现的都不是它的概念意义，有些体现的是内涵意义，有些体现的是联想意义。下面分别讨论。

3.1　“程度副词＋名词”组合中，名词体现内涵意义

名词所指的事物有各种各样的特点，有些特点是区别性的，它体现一个名物与另一个名物的本质区别；有些特点是非区别性的，它不能反映名物的本质特征。一般说来，只有名物的区别性

特征才能进入到词义结构中去，成为词的内涵意义。符淮青先生(1996)对表示名物的词的意义进行了分析，指出表名物词的释义模式绝大多数都是归类、限定型，即利用词语表示的概念的上下位系统关系，将被解释的词放入适当的上位概念中，再加以修饰限制。其形式可归纳为：m＝tL(m代表被解释的词，t代表种差，L代表类词语)。其中的t，即种差就是体现词的内涵意义的部分。他把种差分为12类，分别是：表领属、表种类、表形态、表结构、表功用、表产生、表时间、表空间、表数量、表评价、表内容、表其他。按照这种分类，我们发现能够在“程度副词＋名词”组合中出现的名词的种差类型大致有两类：一类是表评价的，一类是表空间的，下面分别讨论。

3.1.1 种差表评价的名词意义分析。

符淮青先生所说的评价也就是名物的性质。请看他举出的例子：“名产：著名的物产；珍品：珍贵的物品”。其中的种差分别为“著名、珍贵”，它们显然是性质。为更好地说明问题，下面我们称为性质。这种性质就是名词的内涵意义，它或体现在词构成的语素中，人们根据这些语素就能作出判断；或隐藏在词义结构中，从对词义结构的分析中可以分离出来。先讨论第一种情况，看下面的例句：

(3) 而且也不知出于什么，对这个沉默寡言身材修长的小伙子很好感。(莫怀戚《陪都就事》)

(4) 你屋里人太不懂礼，太野性，往后说不定要给咱们家闯出什么祸来。(浩然《新媳妇》)

(5) 歌颂那些日日夜夜守卫世界最高原边防线的战士。(《中国青年报》1985年10月)

上述例句的“好感、野性、高原”前一语素显然都是形容词性的，表示名物的性质。在我们收集到的语料中，可以接受程度副词修饰的含有形容词性语素的名词还有：凶气、暴力、背运、危机、喜剧、新派、深处、热门、诚意、偏见、专业、优势、美味、奸臣、忠臣、野心等等。

再看第二种情况，名词的性质义隐藏在词义结构中，从对词义结构的分析中可以分离出这种意义。看下面的例句：

(6) "当时还挺宝贝，时髦，现在大概只有小姑娘才戴这种便宜东西。(王朔《无人喝彩》)

(7) 她依然是那么风采，那么水灵，依然那么妩媚地笑。(《当代》1986年第3期)

上述例句中的"宝贝、风采"体现出来的都是名词的性质义。《现代汉语词典》对这两个词的释义为：

宝贝：珍奇的东西。

风采：人的美好的仪表举止。

从这两个词的词义结构中可以分离出表示性质的种差，即性质义，一旦这种性质义用得多了，就有可能固定下来，成为词的一个义项，从而导致词的语法功能增殖，使这些名词变成名形兼类词。例如：

(8) 除了两亿多元欠款，还有三千多工人转产后的再就业问题呐，还有四千多退休工人的劳保福利问题呢，还有工人子女的就读问题呢！"三二三"厂是企业社会化的一个典型。(梁晓声《钳工王》)

(9) 日本是我们这个地球上最典型的"男权中心"主宰国家之一。(梁晓声《感觉日本》)

例(8)、(9)的"典型"是名形兼类词。《现代汉语词典》对其性质义单独立了义项：

典型：①具有代表性的人物或事件。②具有代表性的。

义项①表示名物，是名词；义项②表示性质，是形容词。比较义项①②可以看出，义项②显然是从义项①发展而来的。这里可以得到一个启示：词的功能增殖既与其词义结构有关，也与其经常出现的句法位置有关，词义是功能增殖的内部基础，句法位置是功能增殖的外部条件，当这两个条件都具备的时候，一个词就可能成为兼类词。这类词还有：标准、道德、规范、规则、规律、概念、原则、矛盾、秘密、民主、卫生、文明、幸福、系统、形象、传统、自由、自然、策略、概念、经典、艺术、专业、模范等。

从名词的角度来看，这些词都是抽象名词，是人们对抽象事物性质的概括。如果把名物和性质看作语义的两极，一个事物的名物义强，性质义就弱；名物义弱，性质义就强。与具体名词相比，抽象名词所指的不是有形的实体事物，不能跟有形的实体事物挂上钩，显然名物义弱，性质义强，这样的词义结构非常有利于向形容词转化，当它经常出现在典型形容词出现的句法位置时，成为名形兼类词就不足为怪了。如果是具体名词，即使它出现在典型形容词出现的位置，也难以成为名形兼类词，如“朋友、淑女”等，根本原因就在于这些词所指的是有形实体，内部名物义强，性质义弱。

需要指出的是，内涵意义表示性质只是名词能接受程度副词修饰的一个必要条件，但不是充分条件。如上文所指出的“暴雨、狂风、怒气、高才生”，其内涵意义无疑也表示名物的性质，但这些词并不能接受程度副词的修饰。可见，这种语法现象的背后还有更深层次的原因。

石毓智先生(2001)指出：“形容词的量主要表现在程度的高低，可以用能否加一系列程度副词的方法来鉴别它们的定量和非定量性。如果选用‘有点、很、最’这一系列副词来考察，可以把形容词分为两类：(一)能够用该程度词序列分别加以修饰的叫非定量形容词，……。(二)不能用该程度词序列分别加以修饰的叫定量形容词，……”。如果把形容词的程度量看成是一个连续不断的线段，那么可用下面这个示意图来刻画非定量形容词和定量形容词的程度量特征：

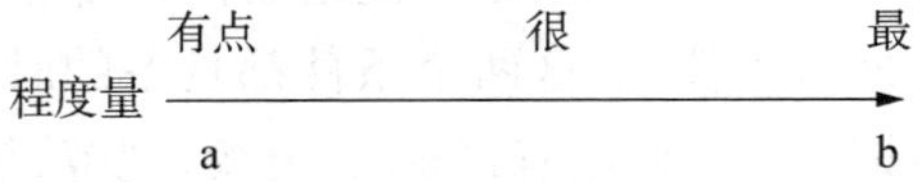

非定量形容词的程度量体现为 a→b 这样一个区间，并且这个区间是连续的，具有延展性。除 a、b 两点之外，不能精确计量，只能模糊计量。而除“最”之外，“有点、相当、很、挺、特、非常、十分”等程度副词的最大特点是它们语义上的模糊性，这个程度和那个程度之间边界交叉，没有明确的界限和起讫点，而这种性质正好适应于对非定量形容词进行计量，这也是这类形容词接受程度副词修饰的语义原因。

定量形容词程度量不是体现为 a→b 的连续区间，而是分布在 a→b 之间的点，既然是点，那么它的量就是固定的，或者说是明确的，因此这类词不可能再接受程度副词的修饰。如：鼎盛、巨大、崭新、通红、喷香、飞快等。

再回过头来看能接受程度副词修饰的名词。当这类名词在“程度副词＋名词”组合中，它们在意义上体现出来的是性质义，在功能上体现出来的是非定量形容词的特点，可以接受“有点、比较、相当、很、十分、最”的修饰。如：有点专业、比较专业、相当专业、很专业、十分专业、最专业，比较淑女、很淑女、十分淑女、最淑女等等。从量特征来看，这类词无疑是非定量的，非定量的语义特征是这类名词能够接受程度副词修饰的一个重要条件。

至此就可以解释“暴雨、狂风、怒气、高才生”等名词为什么不能接受程度副词修饰的原因了。这些名词尽管内涵意义表示性质，但其性质的程度量不是连续量，而是固定量，当然不能受程度副词的修饰。可见，“程度副词＋名词”组合中，名词必须具备两个条件：一是名词词义结构中要含有性质义，二是其性质要有连续量特征。

需要注意的是，有些名词词义结构中没有性质义，当然也无所谓程度量了，但也可以接受程度副词的修饰，例如：“个性、式样、经验、情调、情感、格局、本事、风度”等。看下面的例句：

(10) 婚后生活我不想多说，我只说她很个性。我想她的个性以前就有，甚至在中学时代她的任性就极为出名。(牛伯成《水杯，就在床上》)

(11) 马锐又拿了个苹果削皮，边削边笑着说，“我就觉得铁军家干净，布置得特情调，像人往的地方。(王朔《无人喝彩》)

先看《现代汉语词典》对“个性、情调”的释义：

个性：在一定的社会条件和教育影响下形成的一个人比较固定的特性。

情调：思想感情所表现出来的格调。

从词典的释义中可以看出：上述两个词的词义结构中不含有性质义，但它们都可以接受程度副词的限制，那么其性质义是如何获得的呢？我们认为这些词的性质义是在特定的句法格式中发生词义偏移的结果。邹韶华(1986)指出能够使名词词义偏移的四种格式：1、有/没(有)＋N；2、是/不是＋N；3、象/不象＋N；4、够/不够＋N。我们发现格式1是造成这类名词获得性质义的主要格式。如例(30)的“很个性”可以换成“很有个性”，二者表达的意义大致相同。这样，“很个性”中的“个性”大致等于“很有个性”中的“有个性”。“有个性”的意思大致是“个性比较强”。这里的“有＋N”格式不只表示具有或确认，还表示程度，具有明显的性质义。如果“有＋N”前有程度副词时，“有”就可能不出现，在这种情况下，“N”就继承了“有＋N”的全部意义和功能，自然就获得了性质义。在我们收集到的例句中更多的是出现“有”的例句。如：

(12) 你马上反唇相讥，你说西方的艺术是想着如何把真实表达得更美更具有个性，我们大陆人还仅仅停留在争取把真实表现出来的阶段。(张贤亮《习惯死亡》)

(13) 诶，牛大姐在这方面儿很有经验。你们可以和她一起去嘛。（王朔《编辑部的故事》）

(14) 政府代表听了，又问他："有人说他挺有本事，你看咱们用他好不用他好？（《邓友梅选集》）

如果把程度副词记作"F"，那么"F+N"可能来源于"F+有+N"。在现代汉语中，"F+有+N"是更为常见的形式。如例(10)、(11)中的"F+N"都可以变换成"F+有+N"，基本意思不变；而大部分"F+有+N"不能变换成"F+N"。"F+N"有其独特的语法功能，有一些名词很可能就是通过这一格式变成形名兼类词的，特别是词义结构中具有性质义的名词更有可能完成这种转变。例如："威风、理智、礼貌、热情"等词可能就是这样。我们猜测这些词开始的时候采取"F+有+N"形式，后来变成"F+N"形式，"F+N"形式中的"N"就获得了形容词的功能。因为在现代汉语中既有"很有威风、很有理智、很有礼貌、很有热情"的说法，也有"很威风、很理智、很礼貌、很热情"的说法，这两种说法意思差不多。同时我们也注意到"很有个性、挺有式样、特有情调、最有经验"比"很个性、挺式样、特情调、最经验"要通畅得多，这说明前者是更普通的说法，而后者是新出现的说法。一旦后者用得多了，时间久了，也可能象"威风"等词一样，而成为兼类词。

3.1.2 种差表空间的名词

名词的前一语素由"前、后、上、下、顶、底、低、中"等方位语素充当，有些虽然不是方位词，但整个词义中，含有方位义。例如：

(15) 他目不旁视，径直走到电梯门口："上！到最顶层。"（航鹰《地毯》）

(16) 他们认为你在北京，来到北京理应该你招待，全不知小林在北京也是社会的最低层，也整天清早排队买豆腐，只是客人来了，才多加两个菜。（刘震云《一地鸡毛》）

在我们收集的语料中，发现能够修饰由方位语素构成的名词的副词主要是“最”，没有发现其他程度副词。同时也注意到，由方位语素构成的名词主要用来表示空间位置，如上述例句的“顶层、前线、低层、前列、基础”等。空间位置显然是一个固定点，这个固定点不是一个孤立的点，而是处于一系列的固定点之中，在这个固定点系列中处于极端位置，如例(15)的“顶层”显然是一栋多层高楼的最高一层。而“最”的语法意义是“表示极端，胜过其余”。因此可以限制这类名词。

3.2 “程度副词＋名词”组合中，名词体现联想意义

名词是人们对现实世界中的人或事物进行语言范畴化的产物，它舍弃了人或事物的许多具体特点，具有高度的概括性。人们在运用语言进行交际的时候，在具体语境的作用下，可能会对名词所指人或事物的某些特点产生联想，由此产生的意义就是联想意义。当人或事物的性质特点成为联想意义时，那么指称该人或该事物的名词就有可能进入到“程度副词＋名词”句法组合中去。有些名词所指人或事物的性质义较强，为人们广泛熟知，进入“程度副词＋名词”组合非常容易，语感上也很自然；有些名词所指人或事物的性质义较弱，不为大多数人所熟知，要进入“程度副词＋名词”组合则需要一定的条件。从认知层面上看，在现实世界中人与事物相比，人们对人性质的关注远远超过对事物性质的关注，反映在语言上就是指人名词的性质义一般要强于指物名词，下面分别论述。

3.2.1 指物名词的性质义分析

一般说来，名词所指的事物都具有一定的属性，也就是说指物名词都含有一定的性质义。但这种性质义不是均等的，有程度上的差别。较强性质义名词的性质明确，而且为人们所熟知。例如：“油”的性质是“滑”。有些名词的性质义是通过其引申义或比喻义实现的。如“土”的事物义是“土壤、泥土”，性质义是“本地

的、地方性的”和“不合潮流、不开通”，性质义显然是由事物义引申而来的；“皮毛”事物义是“带毛的兽皮的总称”，性质义是“表面、肤浅”，性质义是由其比喻义实现的。当交际者需要表达这种性质时，可以借助于具有该性质的名词。请看下面例句：

(17) 你这设计师是一定挺油的，社会经验丰富。（王朔《编辑部的故事》）

(18) 有一种用秫秸为骨扎的大灯，有鱼、有荷花等造形，最为美观，极富民间艺术品味。但那时也有新潮一族，我的一位亲戚就是。认为这种灯太土，偏要为我买一种玻璃丝灯。（《邓友梅选集》）

(19) 说实在的，你们对现代派文学的认识是非常皮毛的。（王朔《顽主》）

上述例句中的“油、土、皮毛”表示的都是该事物所具有的性质义。具有这种用法的词在现代汉语中数量很少，除上面的三个，常见的还有“机械、火、面、土、沙、花、肉、柴、皮、板、铁”等少数几个，它们绝大部分是单音节的，表示的概念与人们的日常生活有着非常密切的关系，人们对其性质的认识比较深刻，看到或听到这些词时能够引起基本相同的联想。如果语言中没有更恰当的语言形式表达这些词所指事物的性质时，人们自然就会借用含有这些性质的名词来表示。如：“工作方法太机械”，“这里的西瓜特别沙”。“机械”表示“（方法）拘泥死板，没有变化”，“沙”“表示（西瓜瓤儿）松散而呈细粒状”。在现代汉语中没有现成的形容词表示这些性质，于是就只好借用含有这些性质的名词“机械”、“沙”来表示，借用总比创新要容易一些。或者尽管语言中有表示这种性质的形容词，但说话人要达到某种特殊的表达效果，也可以借用含有这种性质的事物来表示这种性质。如：“他们两个人关系很铁”，“铁”也可以换成“牢固”或“好”等形容词，但它们的表达效果显然与“铁”不同。

按照认知语言学的理论，语言并不是“独立自足”的系统，人的语言能力是人的一般认知和思维能力的一部分，二者密不可分。用事物来表示该事物的性质是人类转喻思维模式的体现。“事物——性质”是人类认识世界的主要认知框架，它是基于人的经验建立起来的概念与概念之间的相对固定的关联模式。在这个认知框架中，如果事物的性质非常鲜明，为人们所深刻认识，成为一种固定的关联，人们就可能用事物转喻其性质。因为事物是具体的，性质是抽象的，具体的事物比抽象的性质更容易识别、处理和记忆，因此具体的事物与抽象的性质相比，显著度要高得多，正因为如此，激活了事物，其性质也随之被激活。如一提到“油”，人们立即就会联想到“滑”这一性质，因此用事物转指其性质是非常自然的。一旦这种转指用法成为经常性的用法，词义就会发展，增加新的表示性质的义项，词的功能就会增殖而变成兼类词。如上面列出的那些词，《现代汉语词典》都明确地标示其性质义，显然已成为名形兼类词。这类名形兼类词很少，因为指物名词首先使人想到的是有形的实体事物，而不是实体的性质，要想使人很容易地联想到实体的性质，那么这种性质特点必须非常鲜明而又为人所熟知，但是符合这些条件的实体事物非常少，因此这类词也就非常少。同时，我们也注意到一些性质特点并不特别鲜明的事物名词也可以有上述用法，但是人们看到或听到这些词并不能固定地联想到它的某一个性质义，因此表义比较概括、模糊，对这些词很难作出精确的理解，只能进行大致的、倾向性的理解，而且要依靠交际者的世界知识，或者由说话人创造出促使听话人理解的语境，语感上远不如名形兼类词自然，是一种“临时活用”。例如：

(20) 毕业时，她已经变得非常城市了。（引储泽祥例）

(21) 玩双目对著的游戏，玩谁磕瓜子吐瓜子皮快等，但都属于很朦胧，很小儿科一类的。（胡晓梦《热情已被你耗

尽》

要理解(20)的“城市”表示的意义，交际者必须了解城市的特点以及城市和农村的区别；理解(30)的“小儿科”必须对“小儿科”的功能有所了解。

3.2.2 体现性质义的指人名词

人既是自然的产物，也是社会的产物，在现实世界中人们往往更关注人的社会性。比如按照一定的社会角色标准和价值标准等将人分为不同的类别：绅士、学者、平民、官僚、军阀等。不同类别的人具有不同的属性，这些不同的属性成为不同类人的区别性特征，它们是一类人之所以成为该类人的性质标志，人们一听到或看到表示该类人的词就自然联想到该类人的性质。如一听到或看到“绅士”这个词，马上会联想到“有风度、高雅”等性质；一听到或看到“学者”这个词，马上会联想到“有学问、温文尔雅”等性质。因此，这种表人的名词具有较强的性质义，出现在“程度副词＋名词”句法组合中比较容易。例如：

(22) “你小子还挺鬼，合着这得罪人的事全推给我们了。(王朔《无人喝采》)

(23) 您对种树挺行家啊！(《现代汉语词典》用例)

(24) 外表上似乎相当绅士，给人温和亲切的感觉，但个性却相当任性。(《文摘报》1989年6月)

(25) 小上海急了，他还是挺汉子的，属于那种宁穿朋友衣不占朋友妻的人。(阿成《空中的老费》)

例(22)、(23)中的“鬼、行家”经常出现在“程度副词＋名词”的组合中，在语感上与典型形容词没有什么区别，这些词已成为名形兼类词。《现代汉语词典》中，除了列有名词的义项以外，还列有形容词的义项：

鬼：①迷信的人所说的人死后的灵魂。⑥机灵。

行家：①内行人。②在行。

例(24)、(25)的"绅士、汉子"等词出现在"程度副词＋名词"句法组合中的频率远不如"鬼、行家"等词高，因此，在语感上显得不太自然，《现代汉语词典》中也只有名词义项，没有形容词义项。但由于这些词能够引起人们对其所指物性质的联想，仍然很容易理解。除上面列出的，这类词还有一些："滑头、市侩、流氓、农民、老外、饭桶、废物、傻瓜、草包、笨蛋、混蛋、瘪三、女人、男人、贵族、大众、小市民、男子汉、贱骨头、书呆子"等。

有些表人的专有名词也具有性质义，例如：

(26) 张科长把分到手的房子让给了刚调来的小王，真够雷锋的。

(27) 刚说你两句就掉眼泪，你也太林黛玉了。

能够进入"程度副词＋名词"的句法组合的表人专有名词的所指必须具有很高的知名度，人们对其性质有比较深入的了解。如雷峰的助人为乐，林黛玉的经常掉眼泪等是人们广泛理解的，这些特点已成为交际者共知的前提语境，人们对这些名词性质义的理解基本上具有同一性。如果表人的专有名词不具有知名度，它就很难进入"程度副词＋名词"句法组合中，因为人们无法分解出其性质义，或者说，人们无法理解其性质义，更不要说理解的同一性了。如"很张三"、"太李四"等的说法令人不知所云。要想使不知名的表人专有名词进入"程度副词＋名词"句法组合中去，说话者必须创造出使听话人能够进行理解的适当语境。

(28) 你经常说王四海为人奸诈，不讲义气，你看看你做的这些事，更王四海！

例(28)的"王四海"所指虽然没有知名度，但说话人指出了"王四海"的性格特征，也就是说，说话人为听话人创造出了准确理解"更王四海"的上下文语境，"更王四海"就是"更奸诈、更不讲义气"的意思。

四、结语

“程度副词＋名词”结构中名词体现出来的意义或是内涵意义，或是联想意义，这些意义都是名词的性质意义。显性的在构成语素上就能体现出来，隐性的可以从词义结构中分析出来，有些名词的性质义是在特定句法结构中语义偏移的结果，它们都具有不定量的语义特点。“程度副词＋名词”结构是某些名词发生功能扩展的句法框架，现代汉语中的部分名形兼类词可能就是经常出现在这一句法框架的结果。

参考文献

[1] 储泽祥、刘街生.“细节显现”与“副＋名”[J]. 语文建设，1997，(6).
[2] 符淮青. 词义的分析和描写[M]. 北京：语文出版社，1996.
[3] 吕叔湘. 现代汉语八百词[M]. 北京：商务印书馆，1984.
[4] 刘顺. 现代汉语名词的多视角研究[M]. 上海：上海学林出版社，2003.
[5] 施春宏. 名词的描述性语义特征与副名组合的可能性[J]. 中国语文，2001，(3).
[6] 沈家煊. 转指和转喻[J]. 当代语言学，1999，(1).
[7] 石毓智. 肯定和否定的对称与不对称(增订本)[M]. 北京：北京语言文化大学，2001.
[8] 谭景春. 名形词类转变的语义基础及相关问题[J]. 中国语文，1998，(5).
[9] 于根元. 副＋名[J]. 语文建设，1991，(1).
[10] 张敏. 认知语言学与汉语名词短语[M]. 北京：中国社会科学出版社，1998.
[11] 张谊生. 名词的语义基础及功能转化与副词修饰名词[J]. 语言教学与研究. 1996，(4)，1997，(1).
[12] 邹韶华. 名词在特定环境中的语义偏移现象[J]. 中国语文，1986，(4).

（本文原载首都师范大学《语言》2005 年刊。）

影响名词谓语句自足的语言形式

1. 引言

1.1 名词谓语句是指谓语由名词性成分构成的主谓句。例如：

(1) 昨天星期天

(2) 十月一日国庆节。

(3) 塞外好风光。

(4) 吴新长头发。

(5) 鲁迅浙江人。

(6) 她，小王的妻子。

(7) 那把椅子三条腿。

(8) 他出门才两天。

(9) 老张不当系主任已经三个月了。

名词谓语句是现代汉语句型体系中一个重要的句型。两个名词性成分靠语序排列起来不需要动词就能构成主谓结构，充分体现了汉语与西方形态语言的区别。如果把充当主语的名词性成分记作 NP_1，充当谓语的名词性成分记作 NP_2，那么这种结构可记作 NP_1+NP_2。

1.2　在实际的言语材料中，我们发现：有些句子的 NP_2 是个名词就可以成句。如例(1)；有些句子要求 NP_2 必须是个复杂形式，或带定语，如例(3)—(7)；或带状语，如例(8)(9)；或带语气词，如例(9)。否则句子不能成立，或者说是不自足的。为什么同是名词谓语句，有些句子的 NP_2 可以是简单形式，有些句子的 NP_2 必须是复杂形式，制约这种语法现象的原因是什么？或者说影响名词谓语句自足的语言形式有哪些？本文打算对这些问题进行探讨。

1.3　关于影响句子自足的语言形式，有些学者已经注意并进行了探讨，但大都集中在动词谓语句方面。实际上，名词谓语句也有着相同或相近的情况。为了讨论的方便，我们把由名词充当 NP_2 的名词谓语句看作名词谓语句的最小自足形式。由于 NP_1 对句子的自足与否影响不大，本文只讨论 NP_2 部分。

对于影响名词谓语句自足的语言形式，可以从两个方面来认定。一是通过添加形式。如果 NP_2 是名词，NP_1+NP_2 不能自足，只需添加一个成分，NP_1+NP_2 便成为自足的句子，那么这个添加成分就是影响句子自足的语言形式。二是通过删除形式。如果一个自足的名词谓语句，如果只删除某一个成分，这个句子便成了一个非自足的句子，那么这个成分就是影响句子自足的语言形式。这两种方法是相通的，可逆的。为了分析起来方便，本文在描述时基本上采用后一种形式。通过删除某一个成分，使自足句转化为非自足句，以此来说明影响名词谓语句自足的语言形式，并且尽量从多个角度给予解释。

2. 影响名词谓语句自足的语言形式

根据作主语的 NP_1 性质的不同，名词谓语句可分为两大类：一类 NP_1 是名词性成分，一类 NP_1 是主谓短语。下面分别讨论。

2.1 NP_1 是名词性成分的名词谓语句，NP_1 与 NP_2 在语义上有一定的选择性。可分为以下几个次类。

2.1.1 NP_1 是表示时间的名词性成分，NP_2 通常表示日期、节令、天气等。例如：

(10) 明天星期六。

(11) 五月一日劳动节。

(12) 后天初一。

(13) 明天星期六了。

(14) 后天初一了。

例(10)—(12)的 NP_2 由名词充当，是名词谓语句的最小自足形式，语用功能表示判断。例(13)(14)如果删除句尾的"了"，就分别与(10)(11)同形，似乎也是最小自足形式。其实不然，(13)(14)在语用上是陈述语气，表示新情况的出现，"了"是这种语气的形式标志。如果删除"了"，句子的语用功能将会发生质的变化，从而变成判断句。或者说，没有"了"，(13)(14)作为陈述句是不能自足的。因此"了"是表陈述语气名词谓语句的必有成分，是影响陈述语气名词谓语句自足的语言形式。

2.1.2 NP_1 表示处所或方位，NP_2 表示地名或事物。例如：

(15) 前面马家沟。

(16) 路北复旦大学。

(17) 窗前一朵玫瑰花。

(18) 南边的天上一片乌云。

(19) 围墙后面一条小河。

这类句子表示某处存在着某事物这一语法意义，可以看作存在句的一个类别。例(15)(16)的 NP_2 是名词，句子是自足的。例(17)(18)(19)的 NP_2 是个"数＋量＋名"形式的定心短语，如果删去名词前面的定语，则成为不自足的句子。例如：

*(17′) 窗前玫瑰花。

*(18′) 南边的天上乌云。

*(19′) 围墙后面小河。

可见,名词前面的作定语的数量短语是影响这类句子自足的语言形式。

有意思的是,同样的句式,表示相同的语法意义,为什么例(15)(16)的 NP_2 仅仅是名词句子就能自足,而(17)——(19)名词前必须加数量定语。如果 *(15)(16)的名词前面加上数量短语,句子反而不通。

*(15′) 前面一个马家沟。

*(16′) 路北一所复旦大学。

同一类的句式在能否自足的问题上出现了两种截然相反的倾向,这可以从认知的角度加以解释。这类句式的 NP_1 是表示处所或方位的名词,处所和方位总是有一定的范围和区域,因而人们在使用这些词语时往往把它们看成是有界名词。当这些词语在名词谓语句中充当主语时,也要求充当谓语的名词性成分也是有界名词,否则主语和谓语是不能匹配的。例(15)的"马家沟"、(16)的"复旦大学"是专名,因而是有界名词,NP_1 和 NP_2 能够匹配。例(17)的"玫瑰花"、(18)的"乌云"、(19)的"小河",都是通指性名词,不指称个体事物,因而是无界名词。数量词能使无界概念变为有界概念,这就是(17)——(19)必须加数量定语的原因。而(15)(16)的名词已是有界名词,再加数量定语已属多余,因此加上数量定语反而成为不合格的句子。

2.1.3 NP_1 是指人名词,NP_2 一般表示人的名字、职务、籍贯等。例如:

(20) 她,张小丽。

(21) 张宏,副教授。

(22) 王宏利,班长。

(23) 鲁迅浙江人。

这类名词谓语句，主语和谓语之间在书面上有时用逗号隔开，有时则没有逗号，但在口语中必须有停顿，否则就不是名词谓语句。如例(20)——(22)的 NP_1 是名词，句子是自足的。(23)的 NP_2 是个定心短语，若删除名词前的定语“浙江”，句子则不能成立，可见定语是影响这类句子自足的语言形式。为什么(20)——(22) NP_2 无定语可自足，而(23)必须有定语才能自足呢？从认知的角度来看，例(20)——(22)的 NP_1 是指人名词，显然是有界名词，它要求 NP_2 也应该是有界名词，如果 NP_2 是无界名词，要把它有界化才能构成自足的句子。例(20)的“张小丽”是人名，是有界的。(21)的“副教授”在“教授、副教授、讲师、助教”这个系列中，也有着明确的界限，因而是有界的。(22)中的“班长”与“普通学生”有着明确的职务上的界限，也是有界名词。(23)中的名词“人”具有通指性，在句中不能指称个体事物，因而是无界名词，前面加上表行政区域的定语，就把“人”定位于一定的范围以内，因而成了有界名词，从而能够与主语的 NP_1 相匹配。

2.1.4 NP_1 是表人的词语，NP_2 表示亲属关系或称谓的词语。例如：

(24) 王海曼，张光华的妻子。

(25) 他，我的大哥。

(26) 内山完造，鲁迅的朋友。

(27) 郑传，小云的丈夫。

(28) 嘉庆皇帝，乾隆皇帝的儿子。

上述诸例中的 NP_2 是个具有领属关系的定心短语，NP_2 中的定语都是句子不可或缺的成分，删除以后，句子不能成立。这种现象可以从两个角度加以解释。从认知来看，NP_1 是有界名词，NP_2 作中心语的名词是通指性成分，是无界名词。前面的定语使其有界化，从而达到与 NP_1 的匹配。从名词配价来看，NP_2 中作中心语的名词是一价名词，它要求配价名词共现，在句子结构中扮演十分重要的角色。NP_2 中作中心语的名词前面的定语正是它的配价成分，这个配价成分成为后面名词的参照点，有了“明确的参照点，才能确定其所指”。像例(24)如果没有定语“张光华”，“妻子”的所指是不确定的，只有知道她是张光华的妻子后，才能确定其所指，从而完成交际任务。

2.1.5 NP_1 是表人的指示代词或一般名词，NP_2 描写 NP_1 所具有的特征或性状。例如：

(29) 张小丽黄头发。

(30) 这个孩子大眼睛。

(31) 那个老太太小骨架。

(32) 她黄黄的头发。

(33) 这个孩子大大的眼睛。

(34) 这个孩子挺大的眼睛。

从语用上看，这类句子都是描写句，NP_2 是个定心短语，作定语的都是形容词，其中(29)——(31)中的定语由性质形容词充当，(32)——(34)中的定语由状态形容词充当。如果删除这些定语，句子就不能成立。可见，定语的有无是这类句子能否自足的关键。同时还可以看到(32)——(34)句中定语后面的助词“的”也不能删除。如：

*(32′) 她黄黄头发。

*(33′) 这个孩子大大眼睛。

*(34′) 这个孩子挺大眼睛。

可见，在由状态形容词充当定语的这类名词谓语句里，定语后面的助词“的”也是影响句子自足的语言形式。

我们认为这类句子中作定语的形容词是句子的语义结构中心，是动核结构的核心，属一价形容词，它要求一个动元与之同现。映现到表层结构上，这种形容词可以充当定语。如例

(29)——(34),也可以充当谓语,这是由语用功能决定的。例如上述诸例均可作以下变换。

张小丽黄头发。 —— 张小丽头发黄。

这个孩子大眼睛。 —— 这个孩子眼睛大。

那个老太太小骨架。 —— 那个老太太骨架小。

她黄黄的头发。 —— 她头发黄黄的。

这个孩子大大的眼睛。—— 这个孩子眼睛大大的。

这个孩子挺大的眼睛。—— 这个孩子眼睛挺大的。

一般情况下,句子的动核是不可或缺的成分,正如吕叔湘先生(1986)指出的:“除特殊情况外,光有名词,没有动词,不能成句;光有动词,没有名词也不能成句”。形容词属广义的动词,在成句方面与动词有着相同的作用,尽管在这类名词谓语句中出现在定语位置上,但其动核的性质是不变的。

例(32)——(34)定语后的助词“的”可以从认知的角度加以解释。沈家煊(1995)认为“状态形容词含有量的特征,代表量幅上的某一段(量度)或某一点(量点)”,“它们表示的性质是有界的。”例(32)——(34)充当定语的都是状态形容词,属有界形容词。而中心语是通名,属无界名词,有界成分不能与无界成分匹配,而助词“的”具有使无界变为有界的功能,因而“的”是不可或缺的。

2.2 NP_1 是主谓短语,表示一个过去或持续的事件,NP_2 说明动作行为的时间。例如:

(35) 小张学日语已经两年了。

(36) 他离开上海快一星期了。

(37) 老陈毕业已经三年了。

(38) 小张学日语刚两年。

(39) 他离开上海才一星期。

(40) 老陈毕业才三年。

(35)(38)中的“学”是持续动词，NP_2 可以说明动作行为持续的时间，也可以说明动作行为结束后经历的时间。(36)(37)(39)(40)中的“离开”“毕业”是瞬间动词，NP_2 说明动作行为结束后经历的时间。从语用功能看，(35)——(37)强调持续或经历的时间长，(38)——(40)判断持续或经历的时间短。语用功能不同，影响句子自足的语言形式也不一样，为了叙述方便，把(35)——(37)记作A组，(38)——(40)记作B组。

先看A组的删除情况：

小张学日语已经两年了。

——小张学日语两年了。

——? 小张学日语已经两年。

他离开上海快一星期了。

——他离开上海一星期了。

——? 他离开上海快一星期。

老陈毕业已经三年了。

——老陈毕业三年了。

——? 老陈毕业已经三年。

可见，“已经”、“快”等状语成分的有无不影响句子自足，“了”是影响句子自足的形式。

再看B组：

小张学日语刚两年。　——? 小张学日语两年。

他离开上海才一星期。　——? 他离开上海一星期。

老陈毕业才三年。　——? 老陈毕业三年。

可见，“刚”、“才”等状语性成分是影响句子自足的语言形式。

上述句子都是事件句，任何事件都是在一定时间上发生的，“缺乏时间因素的句子大都是不自足的”。由于句子的语用表达功能的不同，AB两组句子在时间特征上也表现出差异，从而使影响句子的语言形式也不相同。

A组是陈述语气,“了”用在句末主要用于事件的客观发展和延续。表明事件发生以后,仍在继续发展和延续,它实际上是一种体意义。“已经”是时间副词,在句中主要是强调或凸显时量,它的有无不影响句子的自足,只不过有时间副词的句子比没有时间副词的句子在语用表达上强调时量的意味更重一些。而“了”的体意义是时间副词所不能替代的,它也是使句义与现实联系起来的桥梁,或者说它就是承担或体现句子时间因素的标志,是不可或缺的。

B组是判断语气,“刚”“才”强调的是从事件发生之后到说话时间的时量短,这种句子带有强烈的主观性,凸显主观小量。说话时间是由“刚”“才”这些时间副词体现出来的,它们使句子时量词的意义有了明确的所指,即时量词的意义指事件发生之后到说话时间这段时距。正是这些词体现了句子的时间因素,使这些句子不但具有了意义,而且也有了内容。因此它们会成为影响句子自足的语言形式。

3. 余论

上面我们谈了影响名词谓语句自足的语言形式,有定语、有状语、有虚词等等。一般认为状语、定语在句法结构中属于次要成分,虚词则不能充当句法成分。那它们为什么成为影响句子自足的语言形式呢?这是因为句子不但属于语言单位,也属于动态的言语单位,句法、语义、语用对句子都有制约作用,因为“在一个具体的句子里,句模、句型、句类总是结合在一起的”。因此本文所谈的影响句子自足的语言形式,有句法的,有语义的,也有语用的,只有从语法分析的三个不同的平面去分析句子,才能全面把握句子的本质。

参考文献

沈家煊(1995):《"有界"和"无界"》载《中国语文》第5期
范晓(1996):《三个平面的语法观》北京语言学院出版社
范晓(1998):《汉语的句子类型》书海出版社。
吕叔湘(1986):《句型和动词学术讨论会开幕词》载《句型和动词》语文出版社
张斌(1998):《汉语语法学》上海教育出版社
胡裕树、范晓(1994):《动词形容词的"名物化"和"名词化"》《中国语文》第2期
袁毓林(1994):《一价动词的认知研究》《中国语文》第4期
孔令达(1994):《影响句子自足的语言形式》《中国语文》第6期。
黄南松(1994):《试论短语自足成句所应具备的若干语法范畴》《中国语文》第6期。
贺阳(1994):《汉语完句成分试探》《语言教学与研究》第4期。

(本文原载《汉语学习》2001年第5期。)

一价名词及其名元的句法实现形式考察

一、引言

配价语法是一种结构语法。研究动词的配价，能够更好地认识动词和名词在组成句子时的句法、语义制约条件；研究名词的配价，可以把事物之间各种复杂关系的常识转换成事物的名词之间的句法、语义关系，部分与语言理解相关的常识可以在一定程度上通过语言学的句法、语义刻画的手段来形式化。这无疑会使语言学研究更有实际意义。袁毓林先生(1992、1994)、范晓先生(2003)在这方面进行了很好的研究，我们拟在以往研究的基础上，运用认知语言学的理论，进一步讨论名词的配价性质、分类以及一价名词的语义结构和句法表现形式。

二、名词配价的性质和分类

2.1 名词配价的性质

语言是人类对现实的编码系统。世界上的人或事物反映在语言中就是名词。如“人、牛、树、桌子、电脑、道德、原则、概念、头、腿、尾巴、叶子、颜色、丈夫、老乡、看法、成见、态度"等。这些名词都代表世界中的具体事物或抽象事物。值得注意的是，这些事物在人们的认知世界里有着不同的存在形态。有些事物是独立地存在于世界之中的，如"人、牛、树、桌子、电脑"等；有些事物不是独立地存在于世界上，而是依存于或从属于其他事物而存在于世界上。如"头、腿、尾巴、叶子、颜色、丈夫、老乡、看法、成见、态度"等。比如"头"总是从属于"人"或者"动物"的，是人或动物身上不可分割、不可转移的一部分。"丈夫"也是这样，"丈夫"与"妻子"相对，一个没有"妻子"的人，永远成不了"丈夫"；同样，一个没有"丈夫"的人，也永远成不了"妻子"。因此，这些名词所代表的事物总是要依存于另外一个事物。还有的名词所表示的事物要依存于另外两个事物。"看法"就是这样，它的语义是"（某人）对客观事物所抱的见解"，如果没有"某人"和"客观事物"，"看法"就失去了存身之处，也就是说这个概念就无法形成。

名词是人类对世界中的事物进行语言范畴化的产物。一个事物在人类的认知世界里是独立地存在于世界上，还是依存于其他事物存在于世界上，必然会反映在名词的词义结构中，成为名词的范畴义素，这些不同的范畴义素决定了名词不同的配价能力。正如袁毓林先生（1994）指出的："词语配价关系背后更深刻的原因是认知"。[1](P253) 如果一个事物是独立地存在于世界上的，那么与之相对应的名词就能单独地在交际活动中明确地指称事物。例如："人、牛、电脑"表示的事物都是独立地存在于世界上的，那么这些名词在具体的句子里可以明确地表示指称，也就是说不用借助于其他名词就可以将其所指跟语境中有关的人或事物联系起来。例如，"人来了""牛叫了起来""我昨天买了一台电脑"中的"人、牛、电脑"。如果一个事物不是独立地存在于世界上，而是依存于其他事物存在于世界上的，那么与之相对应的名词在交际活动中就不能明确地指称事物，需要借助于其他成分才能明确地指称事物。例如在“头发都快掉光了”、“对这个问题的看法不太对”这两个句子里,“头发”和“看法”都不能明确地表示所指,必须借助于其他成分才能表示明确的所指。如要说成“张伟的头发都快掉光了”、“老汪对这个问题的看法不太对”才可以,借助于“张伟”,才能确定“头发”的所指,借助于“老汪”,才能确定“看法”的所指,造成这种现象的原因显然跟名词所指事物的存在形态有关,事物不同的存在形态直接导致了名词语义结构的不同。体现在句法层面上,有些名词不需要别的成分的帮助就能明确地指称事物,意义自足;而有些名词必须借助于别的成分才能明确地指称事物,否则,意义不自足。前者就是零价名词,后者就是有价名词。体现在句法上,前者没有也不强制性地要求其他名词在语句中与之共现,后者作为支配性名词强制性地要求在语义上受其支配的从属名词在语句中与之共现。一个名词是零价名词,还是有价名词,可以从其词义结构中推导出来,或者说名词的词义结构中包含着配价信息。比如“腿、邻居、同学、成见”等名词的词义结构中明显地蕴涵着与自身有必然联系的其他语义成分,这从词典的释义中就可以看出来。例如“腿”,《现代汉语词典》的释义是“人或动物用来支持身体和行走的部分。”其中的“人或动物”就是与“腿”这个词有必然联系的语义成分。当人们在交际中接受了一个有配价要求的名词,比如“腿”、“邻居”之后必定要进一步追问:这“腿”是谁(什么动物)的“腿”?这“邻居”是谁的“邻居”?“谁(什么动物)”就是这类名词的配价成分。语法有三个平面:句法平面、语义平面和语用平面。名词的配价属于语义平面,是语义平面的语法范畴,应放在语义平面进行研究。

2.2 名词的价分类

语义平面的基本结构有两种:一种是动核结构,一种是名核结构。动核结构由动词和其联系着的语义成分组成,这些语义成分可以分为动元和状元，一个动词所结合的动元的总和，就是这个动词的配价。名核结构是由名词和它们联系着的某些语义成分组成。在名核结构里，表示名物的作为核心的语义成分称作“名核”，依存于名核的、名核所联系着的强制性语义成分称作“名元”，名核联系着的非强制性语义成分称作“定元”。[2](P209)例如：“小王的爸爸”“厂长对这个问题的意见”这两个语法结构体里，就存在着名核结构。在名核结构“小王的爸爸”里，“爸爸”是名核，“小王”是名核“爸爸”所联系的强制性语义成分，是名元；在名核结构“厂长对这个问题的意见”里，“意见”是名核，“厂长、这个问题”是名核“意见”所联系的强制性语义成分，也是名元。又如在“小王的电脑”这个语法结构体里，也存在着一个名核结构，其中“电脑”是名核，“小王”是名核“电脑”所联系的非强制性语义成分，是定元。一个名词所结合的名元的总和，称为这个名词的配价。名词的价分类，取决于名元的数目。不需要名元组配的名词是零价名词；需要一个名元组配的名词是一价名词；需要两个名元组配的名词是二价名词。在名核结构中，名核所联系的强制性语义成分主要有两种：一种是领事，一种是当事。例如上文“小王的爸爸”中的“小王”和“厂长对这个问题的意见”的“厂长”就是领事，“厂长对这个问题的意见”中的“这个问题”是当事。名核所联系的非强制性语义成分比较广泛。

三、一价名词的语义特点

3.1 一价名词的语义特点

一价名词是需要一个名元成分与之组配的名词，这类名词在表示某种事物的同时，还隐含着该事物与另外事物的依存关系，这种依存关系是必然的、稳定的。因此也可以说，一价名词都是关系名词。据袁毓林先生(1994)研究，一价名词在语义上可以分为三类：

（一）表示亲属称谓的名词。例如：

(a) 父亲(爸爸)、母亲(妈妈)、孩子、儿子、女儿、哥哥、弟弟、姐姐、妹妹、叔叔、伯父、上级、下级、师傅、徒弟、丈夫、妻子

(b) 朋友、老乡、同学、同事、仇人、亲戚、邻居、对手、亲家、战友、情人、政敌

上述两组虽然都是一价名词，但它们在语义上不完全一致。(a)组的一价名词所表示的事物与其隐含着的另一事物之间的关系是单向的，也就是不可逆的。例如："小王的父亲是老王"这句话，"小王"是一价名词"父亲"的名元，"小王"与"老王"的父子关系是单向的，从这句话中不能推导出"老王的父亲是小王"这个意思来。(b)组的一价名词表示的事物与其隐含着的另一事物之间的关系是双向的，也就是可逆的。例如："小王的同学是小李"这句话，"小王"是一价名词"同学"的名元，"小王"与"小李"的同学关系是双向的，通过这句话能够推导出"小李的同学是小王"这个意思来。

我们发现，(a)组名词大都存在着与之所表概念相对的名词，这些词也是一价名词。例如：

父亲—儿子　妈妈—女儿　哥哥—弟弟　上级—下级　师傅—徒弟

由于(a)组名词语义上与其名元语义上存在着单向依存关系，下面横线两边的句子有推导关系。

(1) 老张是小张的爸爸——小张是老张的儿子

(2) 姜昆是马季的徒弟——马季是姜昆的师傅

(3) 这两个人是小王的哥哥——小王是这两个人的弟弟

(4) 他们都是村长的儿子——村长是他们的爸爸

从上述推导关系中可以看出，推导形式成立的条件是更换语义相对的一价名词，可见，具有依存关系的两个事物具有不对等

关系。比如，老张对小张来说是父与子的关系，小张对老张来说是子与父的关系。

由于(b)组名词语义上与其名元语义上存在着双向依存关系，它们形成下面句子的推导形式。

(5) 小李是小张的同学——小张是小李的同学——小李和小张是同学

(6) 老赵是老王的亲戚——老王是老赵的亲戚——老赵和老王是亲戚

(7) 张明是刘利的战友——刘利是张明的战友——张明和刘利是战友

(8) 老徐是小程的老乡——小程是老徐的老乡——老徐和小程是老乡

从上述推导形式中可以看出，具有依存关系的两个事物具有对等关系。比如，无论小李对小张，还是小张对小李都是同学关系。同时，我们还发现，这类一价名词表示的概念要包含两个以上的元素，惟其如此，才能形成这种关系。因此，这类名词可以表示集合概念。如果这些词在句子中单独作表语时，要求主语必须是具有复数意义的名词性成分。如上述(5)—(8)最后一行推导形式。不能是单数意义的名词性成分。例如：

(9) *小王是同学

(10) *老徐是老乡

（二）表示隶属于整体的一个部件的名词。例如：

头、脸、手、腿、脚、心、胆、脑袋、眼睛、鼻子、耳朵、头发、眼泪、屁股、翅膀、牙齿、爪子、根、壳儿、皮儿、黄儿、叶子、尾巴

这类名词大都是表示身体部位的名词，也有少部分是表示事物部位的名词。按照认知语言学的理论，人类自身的身体经验是人类认知世界的基础，是认知的出发点，也是认知的工具。人类把通过身体获得的经验通过隐喻等认知图式推广到其认知世界

中去,形成概念系统。[3](P41)身体部位与身体的关系是人类最早认知到的经验,也是人类最熟悉的认知经验,而“整体—部分”关系又是人类最为重要的认知图式之一。因此,在语言系统中,部件名词以身体部位名词为多就不足为怪了。

在人类的认知经验中,部件名词表示的事物与其主体事物是一种不可分离的关系,部件依赖于主体而存在。这种关系映射到语言系统中,就是部件名词在语句中出现的时候,句法上和语义上都要求其主体名词与之共现。

(三)表示事物属性的名词。例如:

脾气、性格、弹性、红色、绿色、味道、气质、志气、深度、神色、缺陷、缺点、优点、毒性、短处、高潮、怒火、规模、个性、共性、浓度、高度、格式、景色、格局、棕色、命运、劲头、良心、质量、实质、威风、气氛、尊严

上述这些名词表示事物的某种抽象的性质,它总是依存于实体,语义上近于性质形容词。比如“脾气”是某个人的心理方面的性质,“红色”是某种事物在颜色方面的性质。因此,这些词在语义上是不自足的,当它们在语句中出现的时候,语义上和句法上都要求其依附的实体名词与之共现。

四、名元在句子中显现情况考察

名词的配价是语义平面的语法现象,它要通过句法平面表现出来。由一价名词构成的名核结构在句法平面通常表现为定心短语,名元显现为定语,名核显现为中心语。比如“张三的妻子”、“李四的手”“馒头的味道”等。当一价名词出现在句子中,名元主要显现为定语和主语。从我们掌握的语料来看,名元可以在很多不同的句子中显现为主语,情况比较复杂。下面,对名元在句子中的显现情况作一考察。

4.1 名元显现为定语

名元出现在定语位置上是最常见的情形。按照认知语言学的理论，语言成分之间的距离反映了所表达概念的成分之间的距离。在由一价名词构成的名核结构里，名核和名元所表示的事物在人的认知世界里是不可分离的，而不可分离的概念具有最近的距离。[3](P222—223) 因此，名元常常编码为名核的定语是不难理解的。为了叙述方便，我们把表示名元的成分记作 N_1（用着重号标出），把表示名核的成分记作 N_2（用下划线标出）。名元显现为定语，其句法形式为 N_1+N_2。看下面的例子：

(9) 王冕的父亲死了。

(10) 小王的眼睛近视快十年了。

(11) 上海房子的价格太高了。

(12) 初次跟异性讨论恋爱问题，羞得她的脸红得象个苹果。

(13) 这两天太冷了，冻得我的手都肿起来了。

(14) 我知道小王的腿不好。

(15) 小张不太喜欢她弟弟。

(16) 你了解小黄的性格吗？

上述例句中下面加点的名词性成分都是 N_1，即一价名词的名元，在句法平面上是定语。

4.2 名元显现为主语

这里所说的主语，不仅指主谓句的主语，也指主谓短语的主语。可分为以下类型。

4.2.1 N_1+N_2+V（V 表示谓词或谓词性词语）。例如：

(17) 她身体不太好。

(18) 那个老师性格古怪。

(19) 小张性格非常开朗。

(20) 这种汽车性能好，样子美观，价格便宜。

上述句子一般称为主谓谓语句，其中 N_1 是句子的大主语，N_2 是小主语。也有学者认为 N_1 不是句子的主语，因为 N_1 与 V 没有选择关系，真正的主语是 N_2，N_1 是句子的主题。不论是把 N_1 看作主语，还是主题，有一点是相同的，即 N_1 不是 N_2 的定语。

4.2.2 $V_1+N_1+N_2+V_2$ 例如：

(21) 我讨厌她脾气暴躁。

(22) 老师喜欢张华头脑聪明。

(23) 同学们认为王亮态度不好。

上述句子里，$N_1+N_2+V_2$ 作 V_1 的宾语。有些语法论著把这类句子分析为"兼语句"，把 N_1 分析为"兼语"，把 N_2+V_2 分析为谓语。我们认为，$N_1+N_2+V_2$ 是全句动词 V_1 的宾语。其中，V_1 大都是表示心理、认知活动的动词。

4.2.3 $N_1+N_2+V_1+$地$+V_2+(N_3)$ 例如：

(24) 张明立场鲜明地反对这个意见。

(25) 她精神抖擞地走到讲台上。

(26) 校长和王教授肩并肩地走了。

上面的这些句子中，N_1 和 N_2 不处在一个层次上，N_1 是全句的主语，N_2+V_1 构成主谓短语做状语，N_2 是这个充当状语的主谓短语的主语。

4.2.4 N_1+有$+N_2$ 例如：

(27) 校长有三个孩子。

(28) 小王有一个妹妹。

(29) 这张桌子只有三条腿。

这类句子一般称为"有"字句，"有"指明了 N_1 和 N_2 的依存关系。

4.2.5 N_1+V+N_2 例如：

(30) 小王挺了挺胸脯。

(31) 我每天都要踢踢腿,弯弯腰,活动一下。

(32) 李玲摇了摇头,说不知道。

上述句子中的谓语动词是及物动词。有的可以变成 N_1(的)+N_2+V 的形式,例如,“小王的胸脯挺了挺”,“李玲的头摇了摇”。但 N_1+V+N_2 和 N_1(的)+N_2+V 语用价值不一样,前者的主语具有较强的主观意识性,后者则没有这样的语用价值。

还有一类句子也采取这种形式。例如:

(33) 王冕死了父亲。

(34) 张三掉了两颗门牙。

(35) 她断了一条腿。

上述这类句子一般称为“领主属宾句”,句中的谓语动词是不及物动词。它们都可以变换为 N_1+(的)+N_2+V 的形式,意思基本不变。例如:“王冕的父亲死了”、“张三的两颗门牙掉了”、“她的一条腿断了”。在语用上,N_1+V+N_2 的形式里,N_1 是句子的主题,是事件的受影响者;而 N_1+(的)+N_2+V 的形式,N_1 没有这样的语用意义。

4.2.6　N_1+V_1+V_2+N_2　例如:

(36) 小王哭肿了眼睛。

(37) 老徐扭伤了腰。

(38) 昨天我弄折了一个手指。

上述句子的谓语是动补结构体,一般称为“动结式”。其中 V_1 语义上指向 N_1,V_2 指向 N_2,这类句子能转换为 N_1+(的)N_2+V_1+V_2,例如:“小王的眼睛哭肿了”、“老徐的腰扭伤了”、“昨天我的一个手指弄伤了”。

4.2.7　N_1+把+N_2+V_1+V_2　例如:

(39) 小王把眼睛哭肿了。

(40) 老徐把腰扭伤了。

(41) 昨天我把一个手指弄折了。

这类句子与 4.2.6 的形式有变换关系。

4.2.8 $N+V_1+$**得**$+N_1+N_2+V_2$ **例如**：

(42) 这件事激动得她两手不停地颤抖。

(43) 火车坐得老汪腿都肿起来了。

(44) 一瓶啤酒就喝得老黄脸通红。

这类句子一般称为"得"字句，虽然 N_1 和 N_2 相连，但不是定心关系，因为有些句子可以在 N_2 前加有强调作用的"连"。如例(43)"火车坐得老汪连腿都肿起来了"。如果是定中关系，显然不能加"连"。$N_1+N_2+V_2$ 是主谓谓语短语充当句子的补语。

4.2.9 $N+$**把**$+N_1+V_1+$**得**$+N_2+V_2$ **例如**：

(45) 这件事把她激动得两手不停地颤抖。

(46) 火车把老汪坐得腿都肿起来了。

(47) 一瓶啤酒就把老黄喝得脸通红。

这类句子跟 4.2.8 有变换关系。通过介词"把"将 N_1 提到了 V_1 的前面。

4.2.10 N_1+V_1+**得**$+N_2+V_2$ **例如**：

(48) 她冻得手都僵了。

(49) 小黄忙得手脚不停。

(50) 她哭得眼睛都瞎了。

上述句子也是"得"字句，N_1 和 N_2 没有连在一起，有些句子与 4.2.6 和 4.2.7 的形式有变换关系。例如："她冻僵了手"、"她把手都冻僵了"，"她哭瞎了眼睛"、"她把眼睛都哭瞎了"。也可以变换为 N_1+(的)$+N_2+V_1+V_2$ 的形式，例如："她的手都冻僵了"、"她的眼睛都哭瞎了"。

4.2.11 $N_1+V_1+O+V_1+$**得**$+N_2+V_2$ **例如**：

(51) 她看书看得眼睛都近视了。

(52) 张老师讲课讲得嗓子都哑了。

(53) 我喝酒喝得脸都红了。

这类句子一般称做“重动句”，其中的 V_1 都是及物动词。这种句子可以变换为 N_1+(的)$N_2+V_1+O+V_1+V_2$，例如“她的眼睛看书看得都近视了”、“张老师的嗓子讲课讲得都哑了”、“我的脸喝酒喝得都红了”。

4.2.12 N_1+被$+(N)+V_1(V_2)+N_2$ 例如：

(54) 李四被张三打伤了一条胳膊。

(55) 阿Q被剪去了辫子。

(56) 苹果被削了皮。

(57) 她被揪着头发，按着脖子。

这类句子一般称为“被”字句。其中的 V_1 是及物动词。这种句子可以变换为 N_1+(的)N_2+被$(N)+V_1(V_2)$，例如：“李四的一条胳膊被张三打伤了”、“阿Q的辫子被剪去了”、“她的头发被揪着，脖子被按着”。

4.2.13 N_2+V_1+的$+N_1+V_2$ 例如：

(58) 那个头发黄黄的男孩是中文系的。

(59) 腿有点瘸的那个人今天又来了。

(60) 封皮撕掉的那本书先放在一边。

上述句子中，N_2 和 V_1 构成主谓短语作 N_1 的定语，N_1 是全句的主语。

4.2.14 N_1+N_2 例如：

(61) 这个小伙子高个子、方脸庞、粗眉毛、大眼睛。

(62) 这张桌子，三条腿。

(63) 这床被子缎子面儿。

上面的句子一般称做“名词谓语句”，其中，N_2 前一定要有定语，否则句子不能成立。因为在这类句子里，定语是句子传递的新信息，是句子的焦点，体现了句子的交际价值。

五、结语

名词的价存在于语义平面，一个名词所结合的名元数量的总和，称为这个名词的配价。不需要名元组配的名词是零价名词，需要一个名元组配的名词是一价名词，需要两个名元组配的名词是二价名词。根据语义特点，一价名词可以分为三类：一类表示亲属称谓的名词；一类是表示隶属于整体的一个部件的名词；一类是表示事物属性的名词。我们从语义的角度分析了不同类别一价名词的特点，并从认知上进行了解释。一价名词的名元在表层句法结构中主要显现为定语和主语，从而形成不同的句型，有些句型之间有着密切的转换关系。

参考文献

[1] 袁毓林. 一价名词的认知研究[J]. 中国语文，1994，(4).
[2] 范晓　张豫峰等. 语法理论纲要[M]. 上海：上海译文出版社，2003.
[3] 张敏. 认知语言学与汉语名词短语[M]. 北京：中国社会科学出版社，1998.

（本文原载《语言与翻译》2005 年第 2 期。）

“一＋N_1＋N_2”的句法、语义、语用分析

0. 引言

“一＋N_1＋N_2”指的是“一＋名词$_1$＋名词$_2$”这种线性序列，可以分为以下三组：

A组：

一碗饭、一口袋面、一筐菠菜、一坛子酒

一杯茶、一池子水、一桶水、一桶汽油

一瓶醋、一盆洗澡水、一盘儿点心

B组：

一腿泥、一桌子土、一院子树叶、一脸麻子

一肚子学问、一身雪、一头白发、一鼻子灰

一房顶霜、一嘴粗话

C组：

一床被子、一屋子书、一铁锨泥、一架子报纸

不少学者把A、B、C三组均看作名词性偏正短语。其中“一＋N_1”是数量短语，作N_2修饰语，N_2是中心语，N_1是名词临时借用为量词。很明显，A、B、C三组的“一”有着不同的意义，A组的

“一”只能理解为基数词，B 组的“一”显然不能理解为基数词，它的意思相当于“满”或“全”，C 组的“一”在没有具体语境的情况下，既可以按 A 组理解，也可以按 B 组理解。A、B、C 三组同是“一＋N_1＋N_2”。传统上认为结构也相同，为什么“一”表现出来的意义不同呢？这不同情况是由什么因素决定的？这正是本文所要探讨的。我们依照三个平面的理论，探讨这一格式的句法结构、语义制约以及语用价值。

1. “一＋N_1＋N_2”的句法结构分析

1.1　A 组是以名词为中心的偏正短语，不再赘言。

1.2　B 组是不是与 A 组相同，也是以名词为中心的偏正短语呢？我们认为：B 组虽然与 A 组组成成分的语法形式相同，但语法形式的功能不完全相同，从以下的变换中可以看得很清楚。

一腿泥——满腿都是泥

一桌子土——满桌子都是土

一院子树叶——满院子都是树叶

一脸麻子——满脸都是麻子

一房顶雪——满房顶都是雪

一肚子学问——满肚子都是学问

上面的“一”显然对应“满”，功能上相当于形容词。根据朱德熙(1962)给出的同构条件：一是“层次构造相同”，二是“相对应的语法形式的功能相同”。显然 A、B 中“一”的词性不同，功能也就不相同，因而 A、B 不是相同的结构，这还可以通过加词的方式来证明。

A 组是名词性短语，它的前面可以加上领属性定语。如：

一碗饭——小王的一碗饭

一口袋面——张三的一口袋面

一筐子菠菜——李老板的一筐子菠菜

一坛子酒——赵刚的一坛子酒

如果B组与A组相同，它的前面也应该能够加上领属性定语，但情况并不是这样。如：

一腿泥——＊小王的一腿泥

一嘴粗话——＊张三的一嘴粗话

一身子雪——＊李老板的一身子雪

一裤子脏水——＊赵刚的一裤子脏水

可见A、B两组属于不同的句法结构。

我们倾向于将B组处理为主谓结构。“一＋N_1”是主语，N_2是谓语。其语法意义表示某处存在某事物，因为这种结构在形式上可转化为相应的存现句的形式。例如：

一脸泥——一脸都是泥

一桌子土——一桌子都是土

一院子树叶——一院子都是树叶

一房顶雪——一房顶都是雪

一脸麻子——一脸都是麻子

不过B组很少单独成句出现，它经常嵌入到更大的结构中去，由于结构上的作用，“一＋N_1＋N_2”之间隐含的谓词一般不出现，但在表层结构中也不是完全不能出现，如果与提示语构成主谓句的话，“是”也可以出现。例如：

张三一身泥——张三一身都是泥

高花一脸麻子——高花一脸都是麻子

我们家一房顶雪——我们家一房顶都是雪

王教授一肚子学问——王教授一肚子都是学问

由于“一”是“满”或“全”的意思，具有全量义，因此，由“一＋N_1＋N_2”构成的主谓句具有周遍句的特点。陆俭明(1986)认为周遍句有三个很重要的共同特点。一是“句子的自然重音都在主语上，而且一般都在主语的第一音节上。”二是“只能在主语前加‘是不是’，不能在主语后加‘是不是’，以形成反复问句。”三是“当作为分句时，如要加连词，只能加在主语之前，不能加在主语之后。”“一＋N_1＋N_2”构成的主谓句完全符合陆先生所谓周遍句的特点：

从重音位置上看：

张三′一身泥。

高花′一脸麻子。

张教授′一肚子学问。

我们家′一房顶雪。

从形成反复问句的形式上看：

张三一身泥。——张三是不是一身泥？

*张三一身是不是泥？

高花一脸麻子。——高花是不是一脸麻子？

*高花一脸是不是麻子？

张教授一肚子学问。——张教授是不是一肚子学问？

*张教授一肚子是不是学问？

我家一房顶雪。——我家是不是一房顶雪？

*我家一房顶是不是雪？

从加连词的情况看：

张三一身泥——张三如果一身泥……

*张三一身如果泥……

高花一脸麻子——高花如果一脸麻子……

*高花一脸如果麻子……

张教授一肚子学问——张教授如果一肚子学问……

*张教授一肚子如果学问

我家一房顶雪——我家如果一房顶雪……

*我家一房顶如果雪

通过以上讨论，可以看出 A、B 两组属于不同的句法结构，A

组是名词性偏正短语，B组比较接近于主谓短语。

1.3 在具体语境明确的情况下，C组有时是A组，有时是B组。因此，C组可能是名词性偏正短语，也可能接近于主谓短语。

2. “一＋N_1＋N_2”的语义分析

2.1 在上文中我们分析了A、B、C三组结构上的差异，在语义上A、B、C三组也有着明显的不同。考察A组可以发现，N_1是N_2的容器，N_2的多少可以通过N_1来量度，相应地就会有以下度量表示法：

一碗饭——两碗饭——三碗饭……

一口袋面——两口袋面——三口袋面……

一筐子菠菜——两筐子菠菜——三筐子菠菜……

一盆洗澡水——两盆洗澡水——三盆洗澡水……

一纸蒌废纸——两纸篓废纸——三纸篓废纸……

一杯茶——两杯茶——三杯茶……

同时这种形式还可以通过重叠表示遍指。

一碗饭——一碗一碗的饭

一口袋面——一口袋一口袋的面

一筐菠菜——一筐一筐的菠菜

一盆洗澡水——一盆一盆的洗澡水

一纸篓废纸——一纸篓一纸篓的废纸

一杯茶——一杯一杯的茶

由此，可以说N_1在语义上具有量度的特征，可记为[＋量度]。在这一点上N_1与典型的专用量词的作用是相同的。

2.2 在B组中N_1不是N_2的容器，N_2的多少不能用N_1来量度，比如“泥”的多少不论“腿”，“土”的多少不论“桌子”，“学问”的多少也不论“肚子”等等。因此这一组也没有A组相应的度量表示。如：

一头白发——＊两头白发——＊三头白发

一肚子学问——＊两肚子学问——＊三肚子学问

一鼻子灰——＊两鼻子灰——＊三鼻子灰

同时也不能通过重叠形式表示遍指。如：

一头白发——＊一头一头的白发

一肚子学问——＊一肚子一肚子的学问

一鼻子灰——＊一鼻子一鼻子的灰

但这一组可以变换为“一＋N_1＋都是＋N_2”和“满＋N_1＋都是＋N_2”两种格式。如：

一腿泥——一腿都是泥——满腿都是泥

一肚子学问——一肚子都是学问——满肚子都是学问

一房顶霜——一房顶都是霜——满房顶都是霜

一桌子土——一桌子都是土——满桌子都是土

一身子雪——一身子都是雪——满身子都是雪

一嘴粗话——一嘴都是粗话——满嘴都是粗话

通过变换，可以看出 N_1 是 N_2 存在的处所，在 N_1 的处所内存在的都是 N_2，N_1 的语义特征可以记为[＋处所]。

通过以上讨论，可以把 A 组中 N_1 的语义特征记为[＋量度][－处所]，将 B 组中 N_1 的语义特征记为[－量度][＋处所]。

2.3 下面讨论 C 组，从实际的言语材料来看，C 组的数量比较少，常见的是上文列出的那几个。

首先可以看到，这一组有歧义，相应地可以作 A、B 两种变换。

一床被子——两床被子——三床被子……

一架子报纸——二架子报纸——三架子报纸……

一屋子书——两屋子书——三屋子书……

一铁锹泥——两铁锹泥——三铁锹泥……

一床被子——一床一床的被子

一架子报纸——一架子一架子的报纸
一屋子书——一屋子一屋子的书
一铁锨泥——一铁锨一铁锨的泥

在上述变换中，N_1 是 N_2 的量度单位，在这种意义上“一”显然体现基数词的意义。特征为[＋量度]。同时也可以作以下变换；

一床被子——一床都是被子——满床都是被子
一架子报纸——一架子都是报纸——满架子都是报纸
一屋子书——一屋子都是书——满屋子都是书
一铁锨泥——一铁锨都是泥——全铁锨都是泥

在这种变换中，N_1 是 N_2 的处所，“一”体现出“全”“满”的意义。N_1 的语义特征为[＋处所]。这样可以把C组的语义特征记为[＋量度]或[＋处所]

由此可以看出，在“一＋N_1＋N_2”格式中“一”的意义与 N_1 的语义特征是相互影响、相互制约的。“一”为数词时，N_1 的语义特征为[＋量度]；N_1 语义特征为[＋量度]时，“一”是数词。“一”相当于形容词时，N_1 的语义特征是[＋处所]；N_1 的语义特征是[＋处所]时，“一”相当于形容词。当“一”既可以是数词，也可以相当于形容词时，N_1 的语义特征可以是[＋量度]，也可以是[＋处所]，反之亦然，这也是C组具有歧义的原因。当然“一”不可能同时既是量词，又相当于形容词，N_1 表现[＋量度]或[＋处所]的语义特征只能是互补的。

3. “一＋N_1＋N_2”的语用价值

A、B两组各自有着不同的语用价值。A组语法学界讨论得很多了，C组有时体现A组，有时体现B组。因此，我们将重点讨论B组在句子表达方面的一些特点。

B组“一＋N_1＋N_2”在句子中最常出现在两个位置上，一是在提示语的后面，与提示语共同构成主谓句，二是在兼语句中做补语。例如：

(1) 小王一嘴脏话。

(2) 黄教授一头白发。

(3) 李辉的责任田里一地杂草。

(4) 出租车溅了我一裤子脏水。

(5) 王大妈吐了她儿媳一脸唾沫。

(6) 汽车蹭了他一身油。

(1)(2)(3)是主谓句，(4)(5)(6)是兼语句。

“一＋N_1＋N_2”在句子中表示主观大量，具有夸张的意味。强调在 N_1 的范围内，存在的都是 N_2，没有例外。例如：例(3)“李辉的责任田一地杂草”。既然是责任田，就是用来种植农作物的，责任田不可能全是杂草，没有一点农作物，说话人的真实意思是说杂草多，或者是表示需要马上清除杂草，或者表示李辉太懒惰等等。运用了“一＋N_1＋N_2”这种格式，进一步凸显了在 N_1 这个处所里都是 N_2，即在责任田里都是杂草，明显地具有夸张的功能，表示主观大量。再如：例(4)“出租车溅了我一裤子脏水。”强调脏水之多，进行主观夸张。

参考文献

[1] 陈建民. 论兼语式和一些有关句子分析法的问题[J]. 中国语文，1960，(3).

[2] 丁声树等. 现代汉语语法讲话[M]. 北京：商务印书馆，1979.

[3] 范晓. 三个平面的语法观[M]. 北京：北京语言文化大学出版社，1996.

[4] 范晓. 汉语的句子类型[M]. 太原：书海出版社，1998.

[5] 方梅. 汉语对比焦点的句法表现手段[J]. 中国语文，1995，(4).

[6] 李临定. 双宾语类型分析[A]. 语法研究与探索(二)[C]. 北京：北京大学出版社，1984.

[7] 赵元任. 汉语口语语法[M]. 北京：商务印书馆，1979.
[8] 陆俭明. 周遍性主语及其他}MI. 中国语文，1986，(3).
[9] 张伯江. 名词的指称性质对动词配价的影响[A]. 袁毓林、郭锐主编. 现代汉语配价语法研究（第二辑）[C]. 北京：北京大学出版社，1998.
[10] 朱德熙. 语法讲义[M]. 北京：商务印书馆，1982.
[11] 朱德熙. 现代汉语语法研究[M]. 北京：商务印书馆，1980.

（本文原载《汉语学习》2002 年第 6 期。）

汉语名词和量词组合的认知研究

一、引言

名词所指是现实世界中的事物，事物在现实世界中总是要占据一定的空间，因此名词具有空间性（spatiality），它作为一种语法意义，在不同的语言中有不同的表现形式。英语等西方语言主要表现为名词有“数”的变化，可数和不可数、单数和复数等形式体现了名词不同的空间性特征。而汉语主要表现为量词的使用。普遍的语言调查也证明，“数”范畴和量词是互补的。凡是有“数”的语言一般不需要量词，凡是有量词的语言一般不需要“数”。量词和“数”范畴都是不同性质名词的语法表现。翻开有“数”范畴语言的语法学著作，“数”范畴无疑都是一个重要的内容。而汉语的量词作为标示名词空间性的一个语法范畴，不同的量词体现了名词不同的空间性，量词跟名词的选择有一定的认知理据。以往的研究，没有看到这一点，认为什么名词用什么量词是约定俗成的，这显然不利于正确认识二者的关系。鉴于此，本文从认知的角度探讨现代汉语量词的认知基础及其跟名词的选择理据。

二、名词计量方式的认知基础

名词是现实世界中实体范畴在语言系统中的投射，不同的实体在语言中体现为不同特性的名词。实体的计量方式跟实体的离散性有密切的关系，一般说来，离散性强的事物，计量性也强，离散性弱的事物，计量性也弱，有些甚至不能计量。下面分别讨论。

2.1 名词所指不能计量的事物

名词所指不能计量的事物大致有两种：一种是该名词所指事物具有明确的数量内涵，不需要计量，自然也就不再接受数量词的修饰。这类名词主要是专有名词和部分包含明确数量的一般名词。例如：

个人、五岳、五官、一生、倍数、宇宙、四季、四声、四呼、四肢、三军、孔子、鲁迅、茅盾、二线、大海、苍天、大众、海洋、海量、海外、脑海……

在汉民族的认知世界里，专有名词的所指固然是“唯一”的，“大海”、“个人”等名词的所指也是“唯一的”，它们无需计量。

一种是所表示的事物没有离散性或离散性极弱，在人们的认知世界里不能或难以计量，体现在语法形式上，它们一般不能接受数量词的修饰。可分为以下两类：

（一）表示的事物近于某种性质、类别的。例如：

边防、常规、当代、党籍、风力、高压、个位、风水、高价、皇室、户口、劣势、毛重、逆境、民意、女权、内政、平价、贞洁、贞操、阴性、阳性、文科、理科、蜜月、青春、私人、男方、女方、肉眼、人品等。

（二）人体中某些不可分离的部分。例如：

腹部、肚皮、嘴唇、面部、腰、身板……

在人们的认知世界里，“腹部”等名词所指事物具有不可让渡性，因此没有离散性或离散性极弱，很难像个体事物那样进行计量。

2.2 名词所指可以计量的事物

名词所指可以计量的事物也因其所指事物的不同特点具有不同的计量方式。首先根据名词所指事物是否具有内部时间性分为动态事物和静态事物，前者如“战争、事故、车祸、事件、宴会”等所指事物，这些事物的内部都包含一个时间结构，与之相对应的是事件名词；[1]后者如“苹果、大米、尘土、桌子、成就”等所指事物，这些事物的内部不具备时间结构，与之相对应的是事物名词。根据事物名词所指事物的离散性特点，可将现实世界中的事物分为内部离散性事物和外部离散性事物，内部离散性事物是指内部成员之间具有明确边界的事物，这类事物能够分离出一个个单独的个体，如“面包”“桌子”，与之相对应的名词是个体名词和群量名词；外部离散性事物是无法分出内部成员的事物，也就是不能分离出单独个体来的事物，如“水”、“精神”等，与之相对应的名词是物质名词和抽象名词。外部离散性的事物又可以分为借助于外物能够分割的事物和无法借助于外物进行分割的事物，前者如“水”，可以借助于“瓶、杯、桶、缸、碗”等容器进行分割，而有“一瓶水、一杯水、一桶水、一缸水、一碗水”的形式，与这些事物相对应的名词是物质名词。后者像“精神、观念、含量”等，这些大都是抽象事物概念，它们既不能分离出个体成员，也无法借助于外物进行分割，如果要计量的话，只能计量模糊量，或类别计量，不能精确计量，如只能说“一点精神”“一种精神”等，其离散性主要表现在事物外部，体现为事物类别的离散。

就事物的离散性来看，具有内部离散性的事物最强，能够借助于外物分割的事物次之，借助于外物也无法分割的事物最弱。事物的离散性跟名词的空间性具有自然关联，离散性强的事物，其对应名词的空间性也强，离散性弱的事物，其对应名词的空间性也弱。在这里，可以得出事物名词空间性强弱的等级序列：

个体名词＞群量名词＞物质名词＞抽象名词

在现代汉语中，名词空间性的强弱是通过不同形式的量词体现出来的，因此，一个名词究竟使用什么样的量词，决定于该名词空间性的强弱，而名词空间性的强弱又决定于名词所指事物离散性的强弱，可以说，量词的认知基础就是事物的离散性，研究事物的离散性，对于弄清名词和量词的搭配关系具有非常重要的意义。

三、名词和量词的句法选择关系

按照量特征，名词首先可以分为非量名词和可量名词，只有可量名词才存在跟量词的选择问题。可量名词跟量词的选择不是单项选择，而是双向选择。[2]即什么样的名词选择什么样的量词，什么样的量词选择什么样的名词。当然，在选择过程中，二者并不是对等的，而是有主次之分的，名词是主，量词是次，名词处于选择过程的主导地位，量词处于从属地位。尽管如此，量词并不是完全被动的，在一定条件下，对名词的选择也会起到制约作用，只有辩证地看待这种关系，才能对名词和量词的选择有一个全面的认识。

3.1　名词和量词的选择关系

依据量特征，可量名词的分类层次如下：

- 可量名词
  - 事物名词
    - 具体名词
      - 单量名词
        - 个体名词
        - 物质名词
      - 群量名词
    - 抽象名词
  - 事件名词

量词的分类层次如下：

- 量词
  - 物量词
    - 专用量词
      - 天然量词
        - 个体量词
        - 群体量词
      - 度量量词
        - 标准量词
        - 不定量词
      - 部分量词
      - 种类量词
    - 借用量词
  - 动量词

由于本文对量词的分类跟传统的量词分类不完全一致，有必要对上述部分量词的含义进行解释。

专用量词是专门用于计量事物单位的词。如：个、张、本、间、公斤、顿、点儿、种等。

借用量词指借用于名词的量词。如：瓶、杯、篓子、盆、壶、轮、钩、弯、锅、柜子等。这些词本来大都是名词，被临时借用为量词。如“一瓶酒、两杯水”等。

天然量词是指原始形成的体现事物特征的量词，包括个体量词和群体量词。个体量词是指表示可以一个一个数的事物的量词。如：个、张、本、间、条、结、口、颗、粒、首、篇等；群体量词是指表示包含两个以上事物的量词。如：副、对、双、套、帮、群、班等。天然量词是汉藏系语言，尤其是汉语所特有的。

度量量词指衡量事物多少的计算单位。标准量词指度量衡的计算单位，如：克、斤、公斤、吨、厘米、分米、米、公里、升、斗、公升、亩、顷等。不定量词就是表示不定数量的量词，有两个：些、点儿。

部分量词是整体之中所包含部分的计量单位。例如：

段——一段文章	截——一截棍子	节——一节竹子
瓣——一瓣蒜	片——一片面包	块——一块蛋糕

股—— 一股热气　　层—— 一层楼

名词和量词的选择关系可以描述如下：

事件名词选择动量词，事物名词选择物量词。

在事物名词里，个体名词选择个体量词、借用量词、部分量词、标准量词、不定量词、种类量词；物质名词选择借用量词、部分量词、标准量词、不定量词、种类量词；群量名词选择群体量词、不定量词、种类量词；抽象名词选择种类量词和不定量词。为直观起见，图示如下：

	个体量词	群体量词	借用量词	部分量词	标准量词	不定量词	种类量词
个体名词	+	+	+	+/−	+/−	+	+
物质名词	−	+	+	−	+	+	+
群量名词	−	+	−	−	−	+	+
抽象名词	−	−	−	−	−	+	+

（“+”表示可以组合，“−”表示不可以组合）

从上面描述的事物名词和量词的选择关系中，可以看出，个体名词的选择面最宽，物质名词次之，群量名词又次之，抽象名词的选择面最窄。需要说明的是，我们描述的这种选择关系只是句法平面的，或者说只是一种句法组合的可能性。一个名词和一个量词能否组合不仅要看句法上有没有组合的可能性，还要看语义和语用上是否有组合的可能性，一般来讲，当句法、语义、语用三个平面的条件都能满足时，这种可能性就会变成现实性。

四、名词和量词选择的认知理据

4.1　事件名词跟动量词选择的认知理据

事件名词是指表示的事物具有随时间而展开的内部过程的名词，其内部过程一般包含起点、续段、终点三个要素，它们表示的都是现实世界中发生的事件，具有离散性，如果将事件名词的时间性跟动词的时间性相比，二者具有本质的不同，事件名词的时间性是封闭的，动词的时间性是开放的。以事件名词“球赛”和动作动词“打”为例来说明二者不同的时间结构。看下面的图示：

事件名词的时间性：

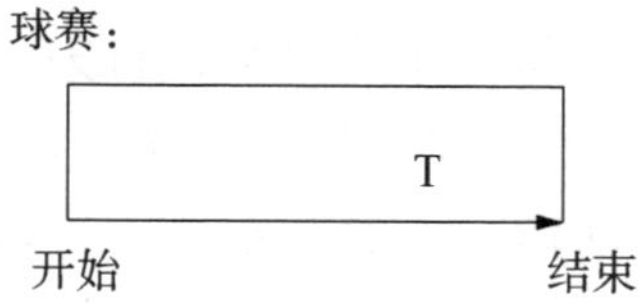

动词的时间性：

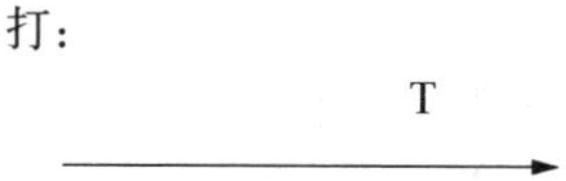

从上面的图示可以看出，事件名词的时间性是封闭的，整个事件体现出来的是离散性；动词的时间结构是开放的，体现出来的是动作的连续性。因此，事件名词尽管具有封闭的时间性，但本质上体现的是空间性，而动词本质上体现的是开放的时间性。

事件名词大致可以分为纯粹的事件名词和兼有动词功能的事件名词两类。

A 纯粹的事件名词。常见的有下面一些：

会、大会、会议、全会、晚会、舞会、展览会、博览会、讨论会、现场会、交流会、年会、酒会、例会、宣判会、碰头会、宴会、茶话会、事变、事故、惨案、血案、婚礼、葬礼、典礼、雨、雪、风、霜、雾、雷、风暴、台风、狂风、雷雨、梅雨、寒流、霜冻、暴风雨、灾、旱灾、灾害、灾荒、水灾、火灾、天灾、灾祸、车祸、横祸、大难、空难、海难、危难、病、斗争、笑声、掌声、饭、早饭、早茶、午饭、晚饭、夜宵、高潮、高烧、疾病、讲座、电影、球赛、交易、纠纷、危机、战役、战争、败仗、掌声、争端……

B兼有动词功能的事件名词。常见的有下面一些：

报告、汇报、掌声、考试、冒险、政变、叛乱、动乱、地震、感冒、革命、手术、战斗、演出……

能够跟事件名词组合的动量词主要有以下几个：

次、回、场、阵、顿

需要说明的是，动量词主要是动作行为的计量单位，由于事件名词具有内部时间性特征，在一定程度上具备动词的一些特点，因此也能够适用动作行为的计量单位，这只是问题的一个方面；另一方面，事件名词本质上是名词，因此相当多的事件名词还可适用事物的计量单位，主要是通用名量词“个”。看下面的例子：

一次活动	三次报告	这场官司	那次讨论
一个活动	三个报告	这个官司	那个讨论

在动量词系统中，“次、回、场、阵、顿”既是动作行为的计量单位，也是事件的计量单位。如果它们出现在动词和事件名词之间时，就会出现两种切分形式。[3]例如：

听了一次报告 → 听了一次｜报告 → 听了｜一次报告
进行了一场讨论 → 进行了一场｜讨论 → 进行了｜一场讨论
发了一阵牢骚 → 发了一阵｜牢骚 → 发了｜一阵牢骚
看了一场演出 → 看了一场｜演出 → 看了｜一场演出
吃了两顿饭 → 吃了两顿｜饭 → 吃了｜两顿饭

如果它们出现在动词和事物名词之间时，就只能有一种切分形式。例如：

去了一次北京 → 去了一次｜北京

洗了两次头 → 洗了两次｜头

4.2 事物名词和名量词选择的认知理据

4.2.1 个体名词和量词选择的认知理据

个体名词跟个体量词组合是一种双向选择关系，其中个体名词总是处于主导地位，它的存在决定了对量词的选择，但量词也不是完全被动的，它在一定程度上也制约名词的选择。

A. 个体名词和个体量词的选择理据

个体量词的形成是一个历时的过程。据王力先生(1980)研究，“原始的天然单位的表示方法是在数词后面再加同样的一个名词”。例如甲骨文中可以见到“羌白羌”，西周金文中可以见到“玉十玉”等结构方式。[4](P236)这些重复名词的作用是为了记忆的需要，这时候，它们还停留在临时量词的水平上，这些临时量词正是个体量词的原型(prototype)。随着量词在语义功能上专指特性的日益增强，有些临时量词为专职量词所替代，如“夫”替代“人”一样，有些转化为专职量词，如“枚、匹”等，汉语的个体量词就逐步发展完善起来。[5]由此可见，量词主要是由名词演变而来的，量词的语法意义就是从名词意义引申而来的。例如“条”，《说文解字》释为“小枝也”，“小枝”大都是细长形的，后来细长的东西以“条”计量，其间的意义联系是显而易见的。正因为这样一个发展过程，使得个体量词跟名词具有密切的联系，当个体量词的意义形成以后，它往往跟固定的一个或一类名词搭配。跟固定的一个名词搭配的是专有个体量词，如“匹”只用于“马”，“封”只用于“书信”等，应该说，这类搭配也有理据，比如“封”作为“书信”的计量单位，显然跟书信写好后要“封”起来这个动作有关。“马”论“匹”，在现代汉语共时平面上，很难看出理据，据游顺钊(1988)研究，它很可能来源于“匹配”的意义[5]。大部分个体量词是跟一类名词搭配，这些量词都有其固定的意义。例如：

条：用于长条形状的东西。如：一条带子、一条路、一条河

颗：用于小而圆的东西。如：一颗珍珠、一颗心、一颗星

块：用于有一定厚度的物体。如：一块面包、一块砖头、一块糖

头：用于头部特征比较明显的动物。如：一头牛、一头猪、两头骡子

邵敬敏先生(1993)将名量词分为外形特征类、非外形特征类和附容处所类。[2]就个体量词来看，本文只分为外形特征类和非外形特征类两类。

外形特征类可以分为以下两类：

一是形状类

这类量词能够呈现事物的外观形状。如：

点儿、粒、颗、滴、条、枝、杆、根、支、道、眼

二是动状类

这类量词来源于动词，其着眼点在于该动作所导致的结果状态。如：

串、担、挑、封、截、捆、束、卷

外形特征类量词主要是凸显事物的外形特征，一般说来，具有与该类量词所指事物外形特征相似的事物名词才可以适用该量词。比如“条”所指事物外形特征是“长条状”，“带子、路、河”的外形特征跟“条”的外形特征相似，它们能跟“条”组合，而“面包、书、国旗”的外形特征跟“条”的外形特征没有相似点，故而也不能跟“条”组合，在这里，量词“条”的作用是凸显名词所指的外形特征。这类组合在现代汉语中比较普遍：

轮——一轮红日　粒——一粒沙子　串——一串葡萄

捆——一捆柴　团——一团毛线　道——一道闪电

朵——一朵花　　丸——一丸药

非外形特征类可以分为以下三类：

一是替代类

这类量词是用事物最有代表性的部分来显示其整体。如：

口、头、尾、把、顶、角

二是凭借类

这类量词表示动作或物体所凭借的工具、处所、时间等。如：

幕、刀、床、期、包、门、面、笔

三是通用型

个

非外形特征量词选取事物代表性的部分或有关的工具、处所、时间作为该事物的计量单位，利用的是事物的相关性。如"一头牛"，以与"牛"整体相关的"牛头"作为"牛"的计量单位。再如，"一床被子"，以"被子"经常出现的处所"床"作为其计量单位。

选取事物的部分或有关事物作为该事物的计量单位，该部分或相关事物应是该事物最富特征、最有代表性、形态最为鲜明的部分，或与该事物联系最为密切的事物，它们能够凸显该类事物的特征。如"牛头"之于"牛"，"床"之于"被子"，在这里，事物的某些部分或相关事物在人们的相关认知域中最为凸显，它们作为计量单位具有心理现实性。这类组合在现代汉语中也比较普遍。例如：

峰——一峰骆驼　顶——一顶轿子　节——一节车厢

孔——一孔桥　　面——一面鼓　　尾——一尾鱼

幕——一幕戏　　把——一把菜刀

需要说明的是，个体名词跟个体量词的组合理据是指组合开始形成时的理据，这种组合关系一旦形成，则具有约定俗成的性质。如"牛"可以论"头"，"马、羊、兔子、人"等则不能论"头"。

通用型量词"个"，量词化程度最高，已经失却了与事物的相似性或相关性联系，而成为一个标志性符号(symbol)，组合面最宽。

从上面的论述可以看出，个体名词和个体量词的组合理据是基于事物的相似性或相关性关系，人们用联想的方式建立起事物之间的联系，语言系统中个体名词跟个体量词的组合关系体现了现实世界中名词所指事物跟量词所指事物之间的联系，是汉语的临摹性(iconicity)的表现。

B. 个体名词和群体量词选择的认知理据

群体量词可以分为定量群体量词和不定量群体量词。定量群体量词表示两个以上的固定量，如“对、双、副、打”等；不定量群体量词表示两个以上的不定量，如“群、帮、伙、窝、批、组、班、套、队、系列”等。

定量群体量词“对、双、副”包含的固定量是两个，用于成对的个体事物，因此只有表示成对出现的个体事物的名词，才能跟这类量词组合，反之，不能组合。例如：

A	B
一对酒窝	*一对人
一双鞋	*一双书
一副手套	*一副茶杯

个体名词跟不定量群体量词只要语义上能够搭配，二者就能组合。因为个体名词表示的事物既可以单独计量，也可以集体计量。需要指出的是，群体量词的附加色彩义有时会制约这种选择关系。例如：“群、帮、伙、拨”都是表人的群体量词，理性意义基本相同，不同的是附加的色彩意义。“群”是中性色彩，“帮、伙”具有贬义色彩，“拨”则是口语色彩。说话人选择哪一个取决于说话者对于这些人的主观评价。

4.2.2 物质名词和量词选择的认知理据

物质名词属于无界名词(unbounded nouns)，所指事物不能分出一个个个体来，但可以借助于外物进行分割，反映在语言层面上，物质名词不能跟个体量词组合，可以跟借用量词、部分量词组合。借用量词主要来源于名词，主要有以下两类：

A. 容器：如：杯、壶、碗、盆、桶、兜、柜、篮、屋子……

B. 运载工具：如：车、船、轿……

其中借用A的量词数量是相当多的、借用B的则相对较少。应该说，这些词单独使用时都是名词，其量词意义是在运用中实现的，或者说是在语境中实现的，也就是说，在其前面加上数词或代词时，它们就会体现出量词意义。例如：

一杯水　两桶油　三碗饭　这盆衣服　那瓶酒　那车西瓜

由于物质名词表示无界的事物，它们不具备整体形象，无法分成部分，体现在语言层面上，就是物质名词不能跟部分量词组合。物质名词表示的事物可以按照法定计量单位计量，也可以模糊计量，因此，物质名词可以跟度量量词组合。尽管物质名词所表示的事物不能分出个体来，不具备内部离散性，但具备外部离散性，因此物质名词可以跟种类量词组合。

4.3　群量名词、抽象名词和量词选择的认知理据

群量名词表示两个以上的事物，如“车辆、书本、树木、河流、物质”等，它们显然不能跟个体量词组合；群量名词主要表示类概念、具有一定程度的抽象性，而借用量词、部分量词和标准量词主要用于计量具体事物，因此群量名词一般也不能跟这些量词组合；不定量词既可以跟具体事物名词组合，也可以跟抽象事物名词组合，群量名词可以跟不定量词组合。抽象名词具有最强的抽象性，因此，它只能跟不定量词和种类量词组合。

五、结语

在现代汉语中，量词是标示名词空间性的一种语法范畴，量

词的认知基础是事物的离散性，量词和名词之间的选择关系不是任意的，而是有一定认知理据的。离散性强的事物，投射到语言中，相应名词的空间性也强；离散性弱的事物，投射到语言中，相应名词的空间性也弱。这些特性可以通过量词形式表现出来。强空间性名词几乎适应所有量词，弱空间性名词只能适应部分量词，有些甚至不能与量词组合。因此，从认知的角度探讨名词和量词的选择关系及其理据，对于更好地认识名词跟量词的关系以及对外汉语教学具有非常重要的意义。

参考文献

[1] 刘顺.普通名词的时间性研究[J].语言教学与研究，2004，(4)
[2] 邵敬敏.量词的语义分析及与名词的双向选择[J].中国语文，1993，(3).
[3] 邵敬敏.动量词的语义分析及其与动词的选择关系[J].中国语文，1996，(2).
[4] 王力.汉语史稿[M].北京：中华书局，1980.
[5] 游顺钊.从认知的角度探讨上古汉语名量词的起源[J].中国语文，1988，(5).

（本文与刘雪芹合作，原载《南京师范大学文学院学报》2010年第2期。）

现代汉语动词的零形式名词化

一、引言

在现代汉语里，动词可以通过一定的语法手段转化为名词，这种语法现象可称为动词的名词化。关于名词化的手段和方法，朱德熙(1983)从历时的角度做过深入的研究。陈宁萍(1987)、张伯江(1994)等也从不同的角度探讨过这个问题，胡裕树、范晓(1994)运用三个平面的语法理论赋予“名物化”和“名词化”新的意义内涵，并且论述了现代汉语动词、形容词名词化的形式标志。本文的旨趣在于探讨现代汉语动词零形式名词化的进程和动词与其相应的名词化名词的句法、语义特征及其联系。

动词的零形式名词化是指一个本是动词的词不需要任何形式标志就能转化为名词的现象。朱德熙(1983)认为汉语里“凡是真正的名词化都有实在的形式标记。所谓‘零形式名词化’，对于汉语来说，只是人为的虚构。”[1]我们觉得朱先生的这个看法值得商榷，因为它无法解释“经验、思想、通知、报告、翻译、活动”这些词作为名词的来源。很显然，这些词都是从动词演变来的，而且没有任何形式上的标记，有理由认为它们是动词零形式名词化的产物。

语法现象和语言使用是不可分离的。词类活用、兼类、转类是语言使用过程中产生的语法现象，是语言历时层面演变的不同阶段在共时层面上的反映。动词零形式化的名词大都经历了一个或短或长的历时过程。因此，必须从历时的角度观照动词零形式的名词化现象。

二、动词零形式名词化的进程

任何事物的发展变化都是由量变到质变的过程，量变积累到一定程度就会发生质变，动词零形式的名词化就充分体现了这一规律。从历时层面来看，共时平面上的不少名词是由动词发展而来的，这些词的动词性已消失殆尽，变成了名词；也有一些词既有典型动词的用法，也有典型名词的用法；还有一些动词具有很强的名词性。如果把这种语法现象看作一个过程的话，上述几种情况分别处于这个过程的不同阶段上，反映了动词名词化的不同进程，下面我们分别论述。

（一）由动词演变为名词

一个本是动词的词在现代汉语中已完全丧失了动词的语法功能，演变为名词。例如：

（1）念著破春衫，当时送别，灯下裁缝。（宋·戴复古《木兰花慢》）

（2）虽住了两三天，日子却不多，把古往今来没见过的，没吃过的，没听见过的，都经验了。（清·朝曹雪芹《红楼梦》第四十二回）

（3）夫妻二人，半世只生此女，一旦失落，岂不思想，因此昼夜啼哭，几乎不曾寻死。（清·曹雪芹《红楼梦》第一回）

上述例句中的"裁缝、经验、思想"都是地地道道的动词，在现代汉语中，它们已经失去了动词的功能，变成了名词，表现在句法上，这类词可以接受名量词或不定量词的修饰。如："一位裁缝、一点经验、一些思想"等。这类词还有如下一些："教练、设备、设施、笔记、主席、总统、总理、经理、先驱、填房、信用、司机、司仪、司令、司炉、知己、裁缝、残余、动乱、挫折"等。显而易见，这些名词是由动词演变而来的，在现代汉语中，它们已经完全放弃了动词功能变成了名词，也可以说，这些词已经完全名词化了。

（二）由动词分化出名词的语法功能

这种情况指一个本是动词的词在现代汉语中继续保持动词语法功能的同时，又分化出名词的语法功能。例如：

(4) a 老师让我们把这段外文翻译成汉语。

b 他的理想是成为一名出色的翻译。

(5) a 主席台上摆设着很多鲜花。

b 他虽然很有钱，但房子不大，房间里几乎没有什么摆设。

(6) a 今天的报纸报道了昨天在南京路上发生的那件事。

b 这篇报道在青年学生中产生了很大的反响。

(7) a 你们先活动一下，然后进行百米比赛。

b 这次活动得到了学校的大力支持。

上述例句中的"翻译、摆设、报道、活动"在 a 句中是动词，可以带宾语和体标记；在 b 句中是名词，可以接受名量词或动量词的修饰。b 句中的名词用法显然来源于 a 句中的动词用法，或者说，这种名词是由相应的动词派生而来的，语义上也有明显的联系。如名词"翻译"指称动词"翻译"的施事，名词"摆设"指称动词"摆设"的受事，名词"报道"指称动词"报道"的结果，名词"活动"指称动词"活动"本身。这类词还有很多，据对《HSK 汉语 8000 词词典》的调查，共有 115 个，大约占全部动词的 5%。列举如下：

爱好、保证、报道、摆设、报告、比赛、编辑、编制、变化、标志、补贴、补助、裁判、参谋、倡议、称呼、传说、答复、打算、导演、导游、雕塑、调度、发明、发现、翻译、负担、工作、贡献、顾虑、规定、号召、花费、幻想、会话、汇报、活动、记录、纪念、检讨、简称、鉴定、距离、建议、建筑、奖、教训、结、解释、经历、决定、决策、决算、考验、可能、例外、联系、练习、领导、梦想、尿、判断、批示、评介、评论、启发、签证、倾向、请求、认识、设计、设想、声明、胜利、实验、收获、收入、说明、损失、提议、体会、通报、通告、通知、妄想、吻、误会、象征、协议、行动、需要、选择、演说、要求、邀请、影响、预见、预言、运动、遭遇、证明、支出、指挥、主编、主管、主张、注解、注释、装备、装饰、装置、总结、组织

对于这些词的功能归属，语法学界大致有三种意见：一种意见是把它们当作兼类词，即动词兼名词；一种意见是把它们算做两个词，即分属于动词和名词；一种意见认为上述两种处理办法都可以。不同的处理方法反映了人们对词同一性的不同看法。目前，对词的同一性的判定还没有找到形式上的标志，还不得不依赖意义。正如朱德熙（1982）指出的："兼类跟我们如何分析词义有关系。"[2](P38)在这个问题上主要有两种意见：一种意见认为，在不同的句法环境中出现的两个词，在语音形式相同的条件下，即使意义不同，但只要人们能够感到不同的意义之间的联系，即一个词义是从另一个词义中引申出来的，那么它们就具有同一性，是同一个词；反之，如果两个词的意义之间毫无联系，就不具有同一性，是两个同音同形词。一种意见认为，在不同的句法环境中出现的两个词，只有在同音同义的条件下，才具有同一性，是同一个词；只要意义有区别，即使两个词义之间有联系，也要认为是两个不同的词。我们倾向于后一种意见。因为词类划分属于共时平面的语法问题，判断出现在不同句法位置上的词是不是同一个词，不仅要求语音形式相同，而且也要求意义相同，所谓意义相同指的是在语言共时平面上意义相同，不是指两个词意义上有

联系，语义上有无联系是历时平面的问题，不是共时平面的问题。

（三）具有名词性的动词

具有名词性的动词，是指带有明显名词性的双音节动词，朱德熙（1980）称为名动词。[2](P60)如：调查、研究、斗争、教育、观察、合作、交涉、说明、解释、干涉、改造、解决、控制、支持、帮助、奖励、考虑、表扬、安排、保障、答复、照顾、准备、贡献等。这些词与典型动词在句法功能上有显著的不同，主要表现在以下几个方面：（1）可以直接修饰名词；（2）可以直接接受名词修饰；（3）有些可以接受数量词的修饰；（4）可以作“有”的宾语。上述四项都是典型名词所具有的句法功能，可是这些动词也具备这些功能，可见，它们具有很强的名词性。

据陈宁萍（1987）的研究，现代汉语的名词类正在不断扩大，使汉语的类型由普遍动词型向普遍名词型漂移。[3]动词零形式的名词化正是促使这一变化的重要因素之一。动词的名词化因程度不同而形成一个序列，上述第一种情况名词化程度最高，是彻底的名词化，第二种情况次之，第三种情况名词化最低，可以说正处于名词化的过程中。从功能转变的角度看，第一种情况是功能变异，第二种情况是功能分化，第三种情况是功能增殖。三种情况既有区别，也有联系，功能增殖是功能分化和功能变异的基础条件，当功能增殖到一定程度，就有可能发生功能分化或功能变异。

三、动词跟零形式名词化名词的语义关系

从动词名词化的进程来看，动词功能分化现象是考察动词跟其零形式名词化名词语义关系的最好途径，因为在现代汉语共时平面上这些词在继续保持动词功能的同时，又分化出名词的功能。可以同时考察它作为动词和名词的特点，进而发现不同功能

上的语义联系。这些词也就是一般所谓的动名兼类词。北京语言文化大学汉语水平考试中心编的《HSK汉语8000词词典》对词性进行了标注，该词典标注出的动名兼类词318个，去掉一些明显不是词的动名兼类语素，共有动名兼类词271个，下面将以这些词为对象考察动词和零形式名词化名词的语义关系以及这些动词的特点。

（三）动词和零形式名词化名词的语义关系

通过对271个动名兼类词的考察，发现名词的意义与动词的意义有密切的联系，这种联系体现在两个方面，一是名词的意义是同形动词所联系的某种语义成分的意义；一是名词的意义是同形动词自身"名物化"或"指称化"的意义。

1. 名词的意义是同形动词所联系的某种语义成分的意义

在现代汉语中，名词和动词组成的基本句法结构形式是"主语＋述语＋宾语"，其中"主语和宾语"一般由名词充当，"述语"一般由动词充当。从语义平面分析，这种句法结构形式对应于一个基本的动核结构，动核由动词充当，动元由名词充当。其句模是"主事＋动核＋客事"。由此可见，动核（动词）所联系的最基本的语义角色是主事和客事。在动词谓语句中，主事主要是施事，客事主要是受事和结果。我们发现，动词零形式名词化名词的意义主要是该动词所蕴涵的施事和结果意义，受事意义很少见。此外，有些动作所凭借的工具或方式意义也可以成为其名词化名词的意义，不过这种情形也不多，因为这些语义角色不是动词所蕴涵的基本对象，下面分别论述。

（1）名词意义是同形动词所联系的施事意义

例如"领导"，是动词，名词化为名词后，意思是"领导者"，名词"领导"可以看作由动词"领导"作动核的施事动元，是动核指称施事动元的产物。这一类的还有："编辑、调度、指挥、裁判、翻译、参谋、导演、导游、主管、指挥"等。

(2) 名词意义是同形动词所联系的结果意义

例如“报道”,是动词,名词化为名词后,意思是“用书面或广播的形式发表的新闻稿”,名词“报道”可以看作由动词“报道”所孳生的事物,是动核指称结果动元的产物。这一类还有“报道、报告、预报、练习、记录、编制、标志、部署、倡议、称呼、打算、雕塑、顾虑、号召、检讨、鉴定、建筑、教导、启发、设计、命令、体会、提议、希望、影响、主张、指望、汇报、证明、指示、总结、组织”等。

(3) 名词意义是同形动词所凭借的工具或方式意义

例如“装备”,是动词,意思是“根据需要分配(武器、军装、器材、技术力量等)”。零形式名词化名词,意思是“配备的武器、军装、器材、技术力量等”。名词“装备”可以看作动词“装备”所依据的工具,是动核指称其所凭借工具的产物。这一类还有“装饰、装置、支出、依据、依靠、根据、补助、赞助”等。

动词的动作意义与其名词化名词的事物意义之间往往在心理上有一种自然的联系。比如说到“编辑”这个动作自然就会联想到从事这种工作的人,说到“报告”这个动作自然就会联想到报告的内容等等,因此这类动词零形式名词化为名词,指称事物时并不难理解。

2. *名词的意义是同形动词自身“名物化”或“指称化”的意义*

动词表示动作、行为、变化,如果把动词表示的动作、行为、变化当作“事物”看待,那么这些动词就丧失了“述谓”义,从而获得了“指称”义,指称该动词表示的动作、行为、变化。例如“活动”,是动词,意思是“为达到某种目的而采取行动”,零形式名词化为名词,意思是“为达到某种目的而采取的行动”。这类词还有“辩论、表演、测试、工作、调查、辅导、改革、鼓舞、回答、交流、交际、教育、解放、竞争、决战、抗议、联系、批评、起义、实践、实验、学习、娱乐、运动、运输、比赛、预赛、展览、战斗”等。这类动词与其零形式名词化名词的所指相同,也就是朱德熙所谓的自指,目前,人们对这些词的功能归属还存在着分歧。如《HSK 汉语 8000 词词典》处理为兼类词,而朱德熙(1982)将其中的不少词处理为名动词。造成这种分歧的原因是由于汉语缺少严格意义的形态变化,这类动词是否分化出了名词功能没有任何形式上的标志,并且它们作为动词和作为名词的意义没有明显的变化,只能依据其语法特点的改变,语法特点"改变到什么程度就该认为词类已经转变,颇难决定。"[4](P516)对此就难免见仁见智。

(四)能够零形式名词化动词的特点

在现代汉语中,并不是所有的动词都可以通过零形式名词化转换为名词或分化出名词功能,也就是说,能够进行零形式名词化的动词具有自己的特点。通过考察,发现这些动词具有以下一些特点。

1. 动词大都是双音节形式

在确定的 271 个动名兼类词中,270 个是双音节形式,只发现一个"奖"是例外,同时,发现词典中有一个与这个"奖"意义和功能完全相同的双音节形式"奖励"。

为什么能够零形式名词化的动词绝大多数是双音节形式,而极少为单音节形式呢?主要原因在于双音节动词和单音节动词具有不同的动词性和名词性。动词性是指一个词具有典型动词语法功能的性质,不同动词因动词性强弱不同而形成一个系列;名词性是指一个词具有典型名词语法功能的性质,不同名词因名词性的强弱不同也形成一个系列。名词性和动词性是互相对立的,但对立之中又有联系,表现在名词性和动词性在一定条件下可以互相转化,这是人类语言中一种带有普遍意义的现象。这样,可以把动词性强弱系列和名词性强弱系列看成是一个相衔接的连续统,动词性和名词性在这个连续统的两端。典型动词与动词性相联系,典型名词与名词性相联系。连续统的中间部分是过渡带,处于过渡带上的词既有动词性,也有名词性,动词性和名词性的强弱成反比关系，动词性越强，名词性越弱；反之，名词性越强，动词性越弱。如下图所示：

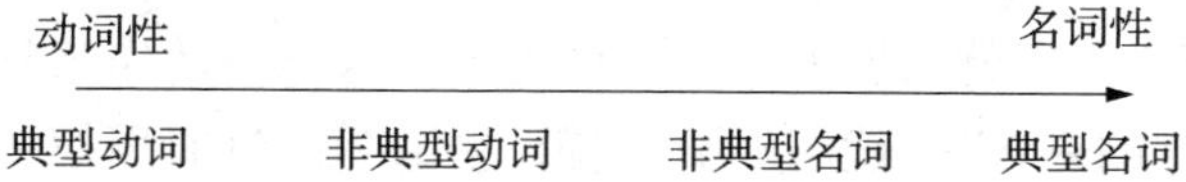

就动词而言，名词性的强弱与多种因素有关，单、双音节是一个非常重要的因素。据张国宪（1989）的研究，单音节动作动词（$V_{\text{单}}$）和双音节动作动词（$V_{\text{双}}$）在功能上存在着较大的差异：$V_{\text{双}}$可以直接充当定语组成偏正短语，而 $V_{\text{单}}$ 则不能，而且，双音节动词作主宾语的限制条件远远少于单音节动词。[5]可见双音节动词的名词性主要是由它们的分布环境造成的，因为它们可以分布在典型名词的句法环境中，名词势必会把其功能传递给它们，从而使它们获得名词性。而单音节动词不能出现在典型名词分布的环境中，因而也无从获得名词性。

陈宁萍（1987）曾用“施事名词或动者（mover）名词＋的＋动词”这个名词短语来测试动作动词名词性的强弱，在其收集的材料中，发现出现在该框架的动作动词全部是双音节的，单音节的一例也没有。由此得出结论：汉语典型动词具有单音节性，动词性最强，而双音节动词动词性弱于单音节动词，并且正在向名词漂移，汉语的类型也由普遍动词型向普遍名词型漂移。[3]不管汉语的类型是不是像她预测的那样，双音节动词比单音节动词具有更强的名词性则是无疑的。

2. 绝大部分是自主动词

在 271 个动名兼类词中，自主动词 249 个，约占 92%。这种现象可以从人类的活动与语言的关系中得到解释。

人类的活动推动了社会的发展，表现在人类总是不断地发现和创造出新事物，这种创造活动不是自发的、被动的，而是积极的、主动的。对于不断创造出的这些新事物就要求为它们定出一个个名称来。给事物命名既可以创造新词,也可以借用与之有关的词。动词零形式名词化就是采用后一种办法。如近代出现了新闻事业,人们就用加工整理资料或作品这样的动作来称代从事这样工作的人,于是就产生了“编辑、主编”等名词;用把新闻或消息告诉人们这样的动作称代由此孳生的新闻稿,于是就产生了“报道”这样的名词。从名词的角度看,这些名词所表示的事物一般都不是自发产生的,而是人们主动创造出来的,也就是说其相应的动作一般“是能表示有意识的或有心的动作行为的。所谓有意识的动作行为指的是能由动作发出者做主,主观决定,自由支配的动作行为。”这种动作行为有可能创造出新事物。与此相反,非自主动词“表示无意识、无心的动作行为,即动作行为发出者不能自由支配的动作行为”。[6]一般说来,这种动作没有创造性,一般也不会孳生出新事物,因此,一般无须借助于动作来命名。

四、动词零形式名词化的原因

动词零形式名词化是历时平面的语言现象。社会的发展、语言的接触和语言系统自身的调整共同促成了这一现象的产生。

(一) 社会的发展

随着社会的发展,新事物、新概念大量出现,特别是十九世纪中叶以来,随着中华民族与西方国家交往的日益频繁,大量的新事物和新概念传到中国来。对这些新事物、新概念既可以采用音译的形式,即用汉语将其语音描摹下来,如沙发、逻辑等,也可以采用意译的形式,即利用汉语已有的语言成分,按照汉语的语法规则新造词语。而汉语更倾向于后一种形式,能意译的尽量采用意译。因为意译简单易懂,容易记忆,容易为人们所接受。除了音译和意译外,还可以借用与形成这些事物、概念有关的动作、行为的词语来称代它们。如“报道”本是“通过媒体把新闻告诉公众”，于是把这种行为孳生的东西命名为“报道”，因为借用总比新造要容易，并且借与之有关的动作、行为来给事物命名，容易产生心理联想。比如，说到“报道”这个动作，自然就会联想起该动作孳生的事物，说到“编辑”这个动作，自然会联想起从事这种工作的人，如果在语言系统中，还没有给这些事物命名，借用动作、行为来称代这些事物是非常自然的事情。现代汉语里，“翻译、导演、报告、记录、通报”等都有两种相互联系而又有区别的意义，分别用于陈述和指称。这种现象是人类隐喻思维的体现，是很多语言里都有的普遍现象。

我们发现在现代汉语里，由动词分化出的名词，大都转指该动词的施事和结果，很少转指该动词的受事。转指施事容易理解，因为通过动作、行为可以自然联想到施行这些动作、行为的人。转指结果很多、转指受事很少似乎难以理解，因为受事和结果都是动作、行为涉及的对象，通过动作、行为自然也能联想到受事和结果，应该是指称功能的词既可以转指陈述功能词的受事，也能转指陈述功能词的结果。其中的原因与受事和结果的语义特征有关。受事的语义特征是“动作或行为直接及于事物。”结果的语义特征是“表示动作产生的结果。”受事是在动作前已经存在的事物，不是新事物，一般在语言系统中已经被命名过，无须命名；结果是在动作行为之前不存在的事物，这个事物在语言系统中可能已被命名过，如“我们今天包饺子”中的“饺子”，也可能没有命名过，如在新闻业产生以前的“报道”，这样就需要命名，人们就有可能用动作、行为来命名其结果。因此指称功能的词转指其相应陈述功能词的结果的可能性就很大，我们掌握的语料也充分证明了这一点。《HSK 汉语 8000 词词典》标出的 271 个动名兼类词中，名词转指同形动词结果的占所有表转指意义的 78%。

（二）语言的接触

随着与西方社会接触的增多，语言之间的接触也越来越多。特别是十九世纪以来，西方先进的自然科学和社会科学知识被介绍到中国来，一些翻译者自觉不自觉的受到了外语的影响。这一时期，不仅出现了大量欧化句式，而且也影响到对词功能的认识。比如“生产”在汉语中本是动词，由于这个词在英语中除了有动词功能（Produce），也有名词功能（production），翻译者在作为名词翻译时，由于汉语没有名词标志，干脆就用动词表示，于是这个动词就有了名词功能。

需要特别指出的是，日语对汉语的影响。在近代史上，日本介绍西方文化在中国之先，当时中国有相当多的学者留学日本，把日本在介绍西方文化用汉字创造的双音节词直接吸收过来。正如王力指出的“现代汉语中的意译的词语，大多数不是汉人自己创译的，而是采用日本人的原译。”[7](P519) 因此，就难免会受到日语对词功能看法的影响，比如，“代表、意识、反映”等词，在日语中既有动词用法，也有名词用法，带上“すゐ”是动词，不带“すゐ”是名词。由于汉语没有类似日语的“すゐ”，当指称该动作行为表示的抽象概念时，就只好用同形的动词。不仅这些日译词，就是那些日本从汉语中借过去的汉语词，如“革命、教育、劳动、运动”等在汉语中原来也只有动词功能，但在日语中也有动词、名词两种功能。受其影响，这些词在现代汉语中也具有了动词、名词两种功能。再加上这些词基本上是双音节的，更容易当名词使用。这些名词基本上都是自指义，并且缺少形式上的标志，是动名划类中难以处理的部分，分歧也最大。它们的使用时间都不长，“多半是在现代汉语中才使用开来的”。[8] 这足以说明外语对它们的影响。

（三）语言系统的自身调整

语言系统的自身调整也是动词零形式名词化的重要原因。

法国语言学家马丁内指出，言语活动中存在着从内部促使语言运动发展的力量，这种力量可以归结为人的交际和表达的需要与人在生理上（体力上）和精神上（智力上）的自然惰性之间的基本冲突。交际和表达的需要始终在发展、变化，促使人们采用更多、更新、更复杂、更具有特定作用的语言单位，而人在各方面表现出来的惰性则要求言语活动中尽可能减少力量的消耗，使用比较熟悉的、习惯的语言单位。这就是著名的经济原则。简言之，就是在不影响交际的前提下，人们总是希望能用有限的形式表达相对丰富的意义。动词零形式的名词化正是经济原则的体现，将表示人们已经熟悉的动作的动词直接用作表示与之有关的事物的名词，不需要增加新的词汇单位，就能表示新的功能，无疑是非常经济的。

参考文献

［1］朱德熙. 自指和转指——汉语名词化标记"的、者、所、之的语法功能和语义功能[J]. 方言，1983，(1).

［2］朱德熙. 语法讲义[M]. 北京：商务印书馆，1982.

［3］陈宁萍. 现代汉语名词类的扩大——现代汉语动词和名词分界线的考察[J]. 中国语文，1987，(5).

［4］吕叔湘. 汉语语法论文集增订本[C]. 北京：商务印书馆，1984.

［5］张国宪."动＋名"结构中单双音节动作动词功能差异初探[J]. 中国语文，1989，(3).

［6］马庆株. 自主动词和非自主动词[C]. 中国语言学报，1988，(3).

［7］王力. 汉语史稿[M]. 北京：中华书局，1980.

［8］马庆株. 指称义动词和陈述义名词[C]. 语法研究和探索(七)，北京：商务印书馆，1995.

（本文原载《山东师范大学学报·人文社会科学版》2003 年第 1 期。）

现代汉语无指的分类、分布及表现形式

名词性成分的指称问题是现代哲学家、逻辑学家和语言学家都非常感兴趣的问题，也是目前国内外学术界研究的热点问题。陈平(1987)、张伯江(1996)等先生从语言学的角度讨论过这个问题，本文打算在现有研究成果的基础上，进一步讨论现代汉语名词性成分无指的分类、分布及表现形式。

一、无指名词性成分的分类

从人类对现实世界的认知来看，名词性成分是现实世界中的事物范畴在语言中的投射，是人类认知抽象化的结果；反过来，人们在运用语言反映现实世界的过程中，话语中的名词性成分表示的概念要与现实世界中的事物建立起某种特定的联系，人们就是通过这种特定的联系来理解和使用话语的。名词性成分的指称就出现在这个过程中，它指的是话语中名词性成分的所指对象与交际语境中存在的事物之间的关系。如果名词性成分的所指对象表现为交际语境中实际存在的事物，它就是有指成分；反之，名词性成分的所指对象不是交际语境中实际存在的事物，仅仅体现为与这个概念有关的一些特点，它就是无指成分。据考查，无指的名词性成分在句法结构中的表现并不完全相同，还可以进行下位分类，而且不同类的无指成分出现的句式、句法位置也存在着差异，有必要进一步进行深入的分类研究。

根据名词性成分在语境中体现出来的特点，无指可以分为不指和非指两个下位类型。不指是一个名词性成分的所指对象不是话语中的某个实体，而是表现为该名词性成分所指实体的内涵属性，比如“木头桌子、很流氓、特朋友”等组合中“木头、流氓、朋友”就表示不指。非指是一个名词性成分的所指不是话语中的某个实体，也不表现为该名词性成分所指实体的内涵属性，它的出现只是动词结构上的需要，这样的名词性成分就表示非指，例如：“吃饭、走路、打仗、吵架、洗澡”等组合中的名词性成分就表示非指。不指和非指虽然都是无指，但二者在是否凸现名词性成分所指事物的内涵属性上存在着对立，据此，我们可以把二者区分开来。

由于汉语缺少严格意义的形态变化，汉语名词性成分的指称意义主要是通过词汇形式表现出来的。陈平先生(1987)曾给出了汉语中与名词指称性质相关的七种主要词汇形式：

A组　人称代词
B组　专有名词
C组　“这/那”(＋量词)＋名词
D组　光杆普通名词(bare noun)
E组　数词(＋量词)＋名词
F组　“一”(＋量词)＋名词
G组　量词＋名词[1]

下面的讨论将以此为基点展开。

二、不指的分布和表现形式

据考察，表示不指义的名词主要分布在宾语、谓语、准领属关系的中心语和定语位置上。请看下面的例句：

(1) 王亮是干部。

(2) 硕士毕业后，你还考博士吗？

(3) 这里的苹果比葡萄还酸。

(4) 卢森，你可真够哥们儿！（陈建功《鬈毛》）

(5) 转眼之间，丽丽都大姑娘了。

(6) 他的老师当得好。

(7) 近年来，青岛啤酒的产量有了很大的提高。

上述例句中，下面加点的名词都是不指用法。其中例(1)、(2)的不指名词是动词的宾语，(3)不指名词是介词的宾语，(4)、(5)的不指名词充当句子的谓语，(6)的不指名词充当中心语，(7)的不指名词充当定语。

需要指出的是，名词性成分不指义的句法分布不只是跟句法位置有关，更重要的是跟特定的句型或句式有关，也就是说，只有在特定的句型或句式中，这些位置上的名词性成分才表现为不指义。因此，仅仅指出名词不指义出现的句法位置是远远不够的，必须结合相关的句型或句式，才能对这一问题有更加全面、深入的认识。

1. 宾语位置上的不指义名词性成分

宾语可分为动词宾语和介词宾语，这两类宾语通常都由名词性成分充当，宾语位置上的不指义名词性成分既有动词的宾语，也有介词的宾语，但二者出现的句型或句式并不相同，下面分别讨论。

1) 动词宾语位置上的不指义名词性成分

动词宾语位置上的不指义名词主要分布在判断句和关系句

中,其表现形式一般为光杆名词。先看判断句宾语位置上的无指义名词性成分。

上文的例(1)中的“干部”处在判断句的宾语位置上,它显然不代表语境中任何某个具体的人,而是指“王亮”的身份或职业,凸显的是“王亮”其人的内涵属性。如果针对(1)设定一个问句的话,应该是“王亮是干什么的?”,不能是“王亮是谁?”或“王亮是哪个人?”。

陈平(1987)指出,判断一个名词性成分是不是无指可以采用代词回指的办法,如果该名词性成分在话语中不能用代词回指,那么它就是无指,否则就是有指[1]。按照这种方法检验,我们发现判断句宾语位置上的名词性成分不能用代词回指,尽管这种句式可以造成代词回指的形式,但代词回指的不是句中的宾语,而是句子中的主语。请看下面的例句:

(8) 王亮是干部,他工作认真,待人热情。

例(8)是以例(1)为基础,造出的代词回指例句,从中可以看出代词“他”回指的是主语“王亮”,而不是宾语“干部”。

判断句中宾语位置上的光杆名词表示内涵属性是很多语言里都有的现象,英语也是如此,例如“He is Chinese”这句话,翻译成汉语就是“他是中国人”,其中的“Chinese”在英语里可以认为是形容词,表示“He”的内涵属性。在汉语里,虽然不能认为“中国人”是形容词,但至少可以说它在这里表现出来的是其所指对象的内涵属性。

陈平先生(1987)在讨论无指的表现形式时,认为从D组至G组都可以表示无指。我们认为只有D组可以表示无指,其他几组不能表示无指意义。因为E、F、G三组的名词前有数词、量词或数量组合,而这些成分正是名词离散性特征的外在形式标志。如大河内康宪先生(1993)指出的,汉语的量词是具有现实化、个体化作用的语言单位。[2](P427)因此,名词前一旦有了数量词,它就很难表示名词所指的内涵属性。而光杆名词表示一种没有被个体化、没有具体轮廓意识的抽象性事物，当它出现在一定的句法位置上时，极容易凸显出事物的内涵属性。

再看关系句中宾语位置上的无指义名词性成分。关系句是指以“当作、看作、成为、成、像、任、担任”等关系动词充当谓语中心构成的句子。这类句子中宾语位置上的名词性成分大都表示不指意义。例如：

(9) 他主动放弃了自己的特权和地位，降低了身份，真正把他当作伙伴、朋友而不是一个无知的小孩来对待。（王朔《无人喝彩》）

(10) 从这一天以后，康伟业与李大夫成了好朋友。再不久，李大夫就为他介绍了段莉娜。（池莉《来来往往》）

(11) 你们这同志平时教育不教育？这哪儿像领导干部，十足一个流氓嘛。（王朔《编辑部的故事》）

上述例句中下面加着重号的名词性成分都是关系动词的宾语，表现出来的都是不指意义。

2) 介词宾语位置上的不指义名词性成分

介词宾语位置上的不指义名词性成分主要出现在比较句中介词“比”的宾语上，需要指出的是这类名词性成分大都是光杆普通名词。例如：

(12) 共产党的恩情比山高，比海深。

(13) 她说话比刀子还快。

上述例句下面加点的名词都是不指成分。如果“比”的宾语是专有名词或有量词短语修饰，那么它就不可能是不指义名词性成分。例如：

(14) 小王比小张高两公分。

(15) 这座山比那座山矮。

上述两个例句中，下面加着重号的名词性成分，虽然也在比较句中充当介词“比”的宾语,但它们都不表示不指义,而表示有指义。可见,比较句表示比较性状和程度的功能和“比”的宾语由光杆普通名词充当这两个因素,才是造成比较句中“比”的宾语表示不指义的原因。

2. 准领属关系中的不指义名词性成分

准领属关系指定语和中心语之间虽然具有领属关系的形式,但没有领属的语义关系。例如:

(16) 他的部长没当成。

(17) 他的主持人做得很出色。

(18) 老王的局长干了已经四年了。

例(16)中的“他”跟“部长”在形式上是领属关系,但在语义上,“他”并不领有“部长”,这种领属关系,我们称为准领属关系。例(17)中的“他”和“主持人”、(18)中的“老王”和“局长”之间的关系也是准领属关系。

在准领属关系中,处于中心语位置上的名词性成分往往表示不指义。如上述例句中“他的部长”、“他的主持人”和“老王的局长”的中心语“部长”、“主持人”和“局长”就是这样,它们不指称语境中的任何具体实体,而表示跟这种实体密切相关的职业或身份性质。在这里,这些名词性成分凸显的不是其外延,而是其内涵。

需要注意的是,准领属关系的定中短语在结构上是不自由的,也就是说,它必须出现在更大的句法结构里,主要充当主语,如上述各例。由准领属关系的定中短语充当主语的句子可作以下变换:

(19) 他当部长没当成。

(20) 他做主持人做得很出色

(21) 老王干局长干了已经快四年了。

上述三例是例(16)、(17)、(18)的变换式。从变换后的句子中可以看出,准领属关系的中心词实际上是句子动词逻辑上的宾语,其中句子动词都是具有"关系义"的动词,如果动词没有"关系义",准领属关系的中心语名词就不表示不指义,而表示其他的指称义,在下面的论述中还要谈到,这里从略。

3. 谓语位置上的不指义名词性成分

在现代汉语中,两个名词性成分不需要谓词性成分的帮助,直接靠语序组合起来就能构成主谓句,这就是名词谓语句,它是现代汉语句型体系中很有特色的一个句型。在名词谓语句中,谓语位置上的名词性成分表示不指义。看下面的例句:

(22) 别看他年龄不大,早博士了。

(23) "不不,他挺老头,在课堂上从来不捣乱,也不和人打架,但心里特别有资产,谁说什么他也不听……(王朔《无人喝采》)

(24) 皮秀英瓜子脸,吊梢眉,相当狐狸。(莫言《三十年前的一次长跑比赛》)

上述例句中下面加着重号的名词性成分都是句子的谓语,表示不指。纵所周知,名词的主要句法功能是在句子中充当主语和宾语;动词主要的句法功能是充当谓语,表示与事件参与者有关的动作、行为和变化等;形容词主要的句法功能是充当谓语和定语,用于对主体进行描记或表示有关事物的属性。如果名词占据了动词形容词的位置,它就会不同程度地获得动词形容词的某些属性,从而失去自身的某些属性。从指称的角度看,这些名词不再表示事物,而是表示与该事物有关的动作、行为、变化、性质等。如例(22)的"博士"指学位系列中一个类别;(23)的"老头"指这个名词所代表的人的性质;(24)的"狐狸"指这个名词所表事物的性质。

4. 定语位置上的不指义名词性成分

名词作定语与中心词可以构成多种语义关系,但最基本的是领属关系和属性关系。属性关系的定心短语中的名词定语往往表示不指。例如：

(1) 木头桌子　水泥地板　柏油马路
　　玻璃窗子　塑料箱包　缎子被面
(2) 酱油瓶子　黑板刷子　墨水瓶儿
　　笔记本儿　皮鞋油　　金鱼缸
(3) 石油工人　数学老师　法学教授
　　体育委员　主任医师　种子选手
(4) 青岛啤酒　烟台苹果　金华火腿
　　瑞士手表　日本电器　高邮咸蛋
(5) 文艺节目　工人阶级　商品经济
　　玩具手枪　古代汉语　英语词典

从语义关系上看，上述定心短语都表示属性关系。其中，(1)组里的定语名词表示中心语的资料；(2)组里的定语名词表示中心语的用途；(3)组里的定语名词表示中心语的职业身份；(4)组里的定语名词表示中心语的产地；(5)组里的语义关系比较驳杂，难以概括为明确的类。这些充当定语的名词都表示不指，它们体现出来的是属性意义，而不表示具体的事物。

上述这些定语位置上的名词的语法功能和意义接近于区别词，表示的是中心语某一方面的性质，充当一种分类标准。定语和中心语结合紧密，在意念上是一个整体，定语和中心语之间一般不能加"的"，有些个别的虽然可加"的"，但语义上也有区别。例如：

木头桌子　　木头的桌子
柏油马路　　柏油的马路
青岛啤酒　　青岛的啤酒
日本电器　　日本的电器

关于上述短语语义上的区别，朱德熙先生(1982)精辟地指出："在不带'的'格式里，定语和中心语联系紧密，在意念上是一个整体；在带‘的’格式里，定语和中心语是一种临时的组合，两部分在意念上保持比较大的独立性。”如“木头桌子”和“木头的桌子”。同时，他又特别指出“如果定语是名词，这两种格式有时表示的意义不一样。”[3](P143)如“青岛啤酒”和“青岛的啤酒”。对于加“的”的名词定语的指称情况要做具体分析，“木头的桌子”中的“木头”仍然表示不指，而“青岛的啤酒”中的“青岛”则表示有指。

三、非指的分布和表现形式

非指主要分布在重动句中重复动词的宾语位置、准领属关系的中心语位置和带有复合词性质的“动—宾”短语的宾语位置上。下面分别论述。

1. 重动句中重复动词宾语位置上的名词性成分

重动句是指重复谓语动词的句子。例如：

(25) 他喝酒喝醉了。

(26) 小王唱歌唱得不错。

(27) 他吃糖吃坏了牙。

(28) 小张的哥哥买房子买贵了，多花了两万多块钱。

重动句句中重复动词的宾语如果由普通名词充当，那么这个名词往往是非指，上述例(25)—(28)句中下面加着重号的名词性成分都表示非指义。

重动句是现代汉语中结构上很有特色的一种句型。这类句子由主语(S)、动宾短语(VO)和动补短语(VC)三个基本部分构成，其线性序列为：S＋VO＋VC。以(25)为例，S是“他”，VO是“喝酒”，VC是“喝醉”。重动句作为动词谓语句，表示的是世界中的事件，其中VO表示的是抽象事件、从属事件，其作用是提供一个抽象的场景，用于对主体事件进行铺排或衬托；VC表示的是具体事件、主体事件，它直接描写事件中人物的动作行为的结果。

从信息构成的角度看，VO 是背景(background)信息，VC 是话语中的前景(foreground)信息，前景信息无疑是话语中的核心内容，因此 VC 是整个句子的核心成分和表达焦点，而 VO 是作为 VC 的衬托出现的，它的信息量很低，其中充当动词宾语(O)的名词并不代表语境中任何一个具体的事物，其作用是和 V 一起构成一个抽象的事件场景，正因为如此，充当宾语 O 的名词大都是光杆名词。

2. 准领属关系中的非指义名词性成分

如果句子的主语由准领属关系的短语充当，谓语动词是动作动词，那么准领属关系的中心语名词表示非指。例如：

(29) 他的篮球打得好。

(30) 你的象棋能下得过他吗？

(31) 小李的太极拳打得还可以。

上述例句中下面加着重号的名词性成分都表示非指意义。同时，我们发现这些句子都可以变换为重动句而句子基本语义不变。

(32) 他打篮球打得好。

(33) 你下象棋能下得过他吗？

(34) 小李打太极拳打得还可以。

上述例(32)—(34)是例(29)—(31)的变换式。从句子的使用情况来考察，可以认为例(29)—(31)不是现代汉语的基本句式，它们是由重动句派生而来的。因此，这些准领属关系中的中心语名词实际上是句中动词逻辑上的宾语，其作用是为语义表达提供背景或衬托，不代表语境中的任何实体，信息量极低。

另外，这类格式有些有时会产生歧义，例如：

(35) 她的鞋子做得好看。

(36) 他的笑话说不完。

(37) 王朔的小说看不完。

例(35)、(36)有两种意思,如(35)一个意思是“她做鞋子做得好看”,在这里,主语是准领属关系,“鞋”是非指义;一个意思是“她拥有的鞋子做得好看”,在这里,主语是真领属关系,“鞋子”不是非指义,而是有指义。例(36)也可做相同分析。例(37)可以分析出两种真领属关系,一种是“王朔写的小说看不完”,一种是“王朔收藏的小说看不完”,在这两种意义上,中心语名词都是有指义;一种准领属关系,“王朔看小说看不完”,在这种意义上,中心语名词是非指义。

需要注意的是,由准领属关系的短语充任主语的句子中,准领属关系的中心语名词也可以表示不指义,如上文例(16)—(18)。准领属关系的中心语名词是表示非指义,还是表示不指义,与所在句子中的动词有密切的关系,如果句中动词是动作动词,它就表示非指义;如果句中动词是关系动词,它就表示不指义。

3. 类似复合词的动宾短语宾语位置上的非指义名词

类似复合词的动宾短语指的是下面这类短语,例如:

吃饭　下雨　走路　唱歌　捕鱼　抽烟

说话　冒烟　闪光　盖房子　骑自行车

上述宾语位置上的名词都不代表语境中的实体,它们是动词语义的延伸部分,是对动词意义的补充和限定。王还(1985)、大河内康宪(1993)对这类短语是不是属于句法平面的动宾组合提出过怀疑,他们认为这些组合更像复合词。[4](P440)张伯江(1996)认为它们整体上相当于一个不及物动词。[5](P197)如果是这样,那么宾语名词就意味着不代表具体的“事物”,也就是不表示语境中的任何实体,显然表示非指义。

史有为(1997)将动宾组合表示的事件类型分为“事类”和“事例”。“事类”不表示某一具体事件,而是许许多多同类事件的统称或合称,它通常由动词和名词直接组合形成的动宾短语表示。

“事例”是具体的事件，它通常由动词跟数量名短语组合形成的动宾短语表示。[6](P27) 如此说来，上述动宾短语显然是表示“事类”，其中的名词宾语只能是虚泛的，不可能表示语境中的具体的实体。

需要说明的是，史文所谓表“事例”的动宾组合中，名词宾语是否表示非指义需要作具体分析。比较下面的组合：

A 吃饭	A 买书
B 吃一碗饭	B 买一本书
C 吃一顿饭	C 买一次书
D 吃一个小时饭	D 买两个小时书

上述四组中，只有 A 组表示“事类”，其他几组都表示“事例”，B 组的动词宾语显然不是非指，而 C、D 两组的宾语名词表示非指。B 组动宾之间的数量词与 C、D 两组的数量词具有不同的语法性质和功能。B 组的数量词是物量词，句法上修饰后面的名词，是名词个体化的标志，代表语境中具体事物；C、D 两组的数量词分别是动量词和时量词，句法上补充说明前面的动词，与后面的名词没有直接的句法关系。从语义上看，这里的动量词和时量词是对动宾组合所表事件的补充说明。这里动宾组合中名词宾语的作用是和动词结合起来，使所表事件明确化，它仍然是动词语义的延伸部分，不能表示语境中的任何具体事物。

四、结语

指称意义是名词性成分在话语中体现出来的重要意义，是正确理解话语意义的前提条件。本文在已有研究成果的基础上，讨论了现代汉语名词性成分无指意义的分类、分布及表现形式。将名词性成分的无指义分为不指义和非指义。不指义是名词性成分在话语中表现出来的与其所指对象密切相关的内涵意义，体现了交际者的话语策略；非指义是名词性成分在话语中既不表示其所指对象，也不体现所指对象的内涵意义，它的出现主要是句法结构的要求。不指和非指各有其分布位置，但这种分布位置大都出现在特定的句型或句式中，只有将特定的句型或句式跟句法位置结合起来，才能准确地找出它们的分布位置，本文在这方面做了有益的尝试。

参考文献

[1] 陈平.释汉语中与名词性成分相关的四组概念[J].中国语文 1987，(2).
[2] 大河内康宪.量词的个体化功能[A].大河内康宪等编.日本近、现代汉语研究论文选[C].北京：北京语言学院出版社，1993.
[3] 朱德熙.语法讲义[M].北京：商务印书馆，1982.
[4] 王还."把"字句中"把"的宾语[J].中国语文，1985，(1)；大河内康宪.(1993)量词的个体化功能[A].大河内康宪等主编.日本近、现代汉语研究论文选[C].北京：北京语言学院出版社。1993.
[5] 张伯江.汉语名词怎样表现无指成分[A].语言研究所四十五周年纪念文集[C].北京：商务印书馆，1996.
[6] 史有为.数量词在动宾组合中的作用[J].中国语言学报 1997，(8).

（本文原载《云南师范大学学报·对外汉语教学版》2004 年第 2 期。）

现代汉语通指的指称地位和分布位置

一、引言

名词性成分的指称问题是现代哲学家和语言学家都非常感兴趣的问题，也是目前国内外学术界研究的热点问题。哲学家的旨趣在于对指称问题本身进行研究，通过分析名词的指称来研究语词的涵义或命题的真假。如“人、虎、桌子、房子”等是现实世界中客观存在的事物，那么这些词表示的是真实概念；而“龙、独角兽、玉皇大帝”等是现实世界中不存在的事物，那么这些词表示的是虚假概念。再如“法国国王是贤明的”这个命题是真的，还是假的，与如何看待法国国王的指称有密切的关系。作为语言学研究，我们关心的不是名词的指称本身，而是它在话语中与现实世界的联系，以及这种联系在语言中的表现方式和基本规律。

二、现代汉语通指的指称地位

从人类对现实世界的认知来看，名词性成分是现实世界中的事物范畴在语言中的投射，是人类认知抽象化的结果；反过来，人们在运用语言反映现实世界的过程中，话语中的名词性成分表示的概念要与现实世界中的事物建立起某种特定的联系，人们就是通过这种特定的联系来理解和使用话语的。名词性成分的指称就出现在这个过程中，它指的是话语中名词性成分的所指对象与交际语境中存在的事物之间的关系。

陈平(1987)解释了汉语中与名词性成分相关的四组概念：即有指和无指，定指和不定指，实指和虚指，通指和单指，并提出了如下的指称分类系统。[1](P81)

- 指称
  - 有指
    - 定指
    - 不定指
      - 实指
      - 虚指
  - 无指

上述分类系统没有通指和单指的位置，当然更看不出它们跟系统中其他指称范畴的关系，而且作者在文章中只是诠释了这组概念，并没有像对系统中的其他三组概念那样展开详细的论述。如此处理这组概念，也许跟作者对这对范畴的看法有关，他认为通指成分“一方面，它并不指称语境中任何以个体形式出现的人或物。从这个角度看，它与无指成分有相同之处。另一方面，通指成分代表语境中一个确定的类。从这个角度看，它与定指成分有相同之处。”[1](P85)因此，既不好归入无指，也不好归入定指。而另一个概念单指跟定指与不定指、实指与虚指也存在着严重的交叉，使得这对范畴既不能归入系统中的其他类，也无法在系统中单独成类，因此，作者只能将其置于系统之外。这样的话，这个指称系统的科学性和系统性就大大降低了，需要进一步进行深入的研究。

我们认为，名词性成分的指称属于经典范畴，经典范畴是根据一组充分必要特征来下定义的，它有以下基本假定：(一)特征是二分的，某一范畴具有或没有某一特征泾渭分明；(二)范畴之间有明确的界线;(三)同一范畴内的成员地位平等。[2](P18) 因此,指称范畴应该是离散的二元范畴,指称范畴中的两个概念构成逻辑上的矛盾关系,如有指和无指、定指和不定指、实指和虚指就是这样。因此,话语中一个具体的名词性成分要么表示指称范畴中的这个概念,要么表示指称范畴中的那个概念,不可能同时表示两个概念,也不可能一个概念也不表示。比如在有指和无指范畴中,一个名词性成分要么是有指,要么是无指,不可能既是有指,又是无指;也不可能既不是有指,也不是无指。如果按照这种理论来审视陈文提出的指称概念和指称系统,我们认为通指和单指不能像其他三对概念那样构成一个范畴,二者不存在逻辑上的矛盾关系。正如作者所指出的那样,"通指成分代表语境中一个确定的类"。[1]P85 既然是"确定的类",在"类"中就是"单独的",也可以说是单指,可见,所谓的通指和单指并不构成二元对立。况且单指跟实指和虚指、定指和不定指存在着严重的交叉,因此,我们认为所谓的"单指"并不是在汉语指称系统中的成员,如果我们的论述是正确的话,那么就要为通指在指称系统中找到它应该处于的位置。

名词性成分的指称系统是一个互相联系、互相制约的统一体,其中一个要素的变化,会引起整个系统的重新调整。我们拟在陈文研究的基础上,按照经典范畴理论重新审视名词的指称系统,进而给通指定位。

我们认为一个名词性成分在话语中首先要么是无指,要么是有指,因此无指和有指是话语中名词性成分指称的最上位分类。无指可以分为不指和非指,不指和非指是两个新概念。不指是一个名词性成分的所指不是话语中的某个实体,而是表现为该名词性成分所指实体的内涵属性。比如我们在话语中常常会听到或看到"木头桌子、雷锋精神、小说研究、歌曲欣赏、很流氓、特朋友、不哥们、多淑女"这样的组合,其中下面加着重号的名词显然没有指称性，表现出来的是这些名词所指实体的内涵属性。非指是名词性成分的所指不是话语中的某个实体，也不表现为该名词性成分所指实体的内涵属性，而是动词的补足成分或延伸部分。例如"吃饭、看书、走路、打仗、吵架、洗澡、告状告穷了、抽烟抽多了"等中的名词。虽然都是无指，不指和非指在是否凸显内涵属性上存在着对立，前者反映了交际者的交际意图，后者则与交际者的交际意图无关，而跟句法结构有关，因此不宜混淆。有指可分为定指和不定指。需要注意的是，这里的定指概念与陈平先生(1987)的定指概念不完全一致，比他的范围要大一些，相当于一般所谓的"有定"，可以定义为：发话人使用某个名词性成分时，如果预料受话人能够将所指对象与语境中某类事物或某个特定的事物等同起来，能够把它与同一语境中可能存在的其他同类事物或特定实体区分开来，该名词性成分是定指成分。定指又可分为通指和特指，这里有必要解释一下通指和特指的涵义，通指指名词性成分在语境中代表一个明确的事物类，因而确定的；特指是指名词性成分的所指对象是语境中的某个或某些特定的事物，如：张三、这个人、那些房子等，这个概念相当于陈平先生(1987)的"定指"。在定指范畴中，一个名词性成分不是通指，就是特指，因此二者构成二元对立。不定指又可分为实指和虚指。这样，名词性成分的指称系统可以图示如下：

- 指称
  - 有指
    - 定指
      - 通指
      - 特指
    - 不定指
      - 实指
      - 虚指
  - 无指
    - 不指
    - 非指

从上述分类系统中，我们可以清楚地看到通指在名词指称系统中的位置以及它跟其他指称范畴的关系。

三、现代汉语通指的分布

通指的名词性成分所指对象是整个一类事物。据考察，通指名词性成分的分布既有句型或句式的分布，也有句法位置的分布，本文拟在找出句型或句式分布的基础上，找出其句法位置分布及其表现形式。

从谓语角度分类，现代汉语的句子可以分为名词谓语句、动词谓语句、形容词谓语句和主谓谓语句四类。考查发现，通指的名词性成分主要分布在动词谓语句和形容词谓语句中，又因句中的主要谓词、语用因素等的不同，显得比较复杂，需要具体分析。

（一）动词谓语句中的通指成分

根据充当谓语主要动词的类别，动词谓语句大致可以分为事件句、判断句和关系句。事件句是由动作动词、心理活动动词充当谓语中心，表示世界中事件的句子；判断句是由判断动词“是”充当谓语中心的句子；关系句是由“有、像、属于”等关系动词充当谓语中心的句子。通指在上述句式中都有分布，下面分别讨论。

1. 事件句中的通指成分

根据事件句所表示的事件类型，可以划分为抽象事件句和具体事件句。抽象事件句不表示某一具体事件，而是许许多多同类事件的统称或合称。具体事件句表示世界中发生的具体事件。例如：

（1）人往高处走，水往低处流。

（2）张向阳正在往山顶上攀登。

例(1)是抽象事件句，不表示现实世界中的某一具体事件，而是对许许多多同类具体事件概括的产物。例(2)是具体事件句，表示现实世界中发生的特定的具体事件。

抽象事件句和具体事件句在句法形式上有很大的不同，由于具体事件是实际上发生的动作行为，这类句子具有时间特性，只要动词允许，可以带上各种与时间信息表达有关的语法标记，如“着、了、过、起来、下去”等体标记，以及一些时间性名词或副词。而抽象事件不是世界上实际发生的个别的具体的事件，它们不具有时间特性，体现在语法形式上，这类句子的动词不带体标记，一般采用动词的基式，表示的事件一般都是规律性的。如例(1)。下面再举几个例子：

(3) 苍蝇不叮无缝的鸡蛋。

(4) 老师喜欢成绩好的学生。

(5) 牡丹五月开花。

通过对抽象事件句和具体事件句的对比考察发现：通指主要出现在抽象事件句的主语位置上，不会出现在具体事件句的主语位置上。这是因为抽象事件句表示的事件是人们在长期的生活实践中对同类具体事件进行抽象的结果，是类事件，只有类事件才可能具有规律性，个别的人或事物的动作行为谈不上规律性，正因为如此，这类句子主语位置上的名词性成分才可能指称一类人或事物。

2. 判断句中的通指成分

判断句是现代汉语中使用频率很高的一个句式，可以表示多种语义关系，常见的有等同、归类、存在、领有和说明等语义关系。例如：

(6) 中国的首都是北京。(表等同)

(7) 牛是反刍动物。(表归类)

(8) 学校门前是一条宽阔的大马路。(表存在)

(9) 南沙群岛是中国的领土。(表领有)

(10) 鲸鱼是哺乳动物。(表说明)

据考察，通指主要分布在表归类和表说明的判断句中，很少分布在其他语义关系的判断句中。这不难理解，因为人类认识世界的过程也是对世界进行范畴化的过程，范畴化的结果是将世界划分为层次不同的各种范畴，不同层次的范畴之间自然会有隶属和被隶属的关系，低层次范畴隶属于高层次范畴。比如“牛”范畴隶属于“动物”范畴，这也是表归类的“是”字句的客观基础。同时，由于语言经济性的作用，人们很少给一个范畴两个以上的命名，因此，在语言系统中就很少存在范畴完全相同而名称不同的两个以上的词，也就是说，在范畴性的类概念中难得建立起等同关系，所以在表示等同语义关系的“是”字句中，很难出现类概念，其中主语位置上的名词也就很难表示通指。能够建立等同关系的事物往往都是具体的，不是成类的，是人们凸显同一事物不同侧面的结果，其中的名词不可能是通指的概念，如上文的例(6)。

表存在和表领有语义关系的判断句主语位置上的名词也不可能是通指的。由于类概念是抽象的，不是具体的，很难设想它能与世界上的其他人或事物发生存在和领有的语义关系；能与其他人或事物发生存在和领有关系的往往是具体的人或事物，而表示这些人或事物的概念往往是具体概念，因此在这两种语义关系的判断句中，主语位置上的名词倾向于特指。

由于类概念的抽象性，往往需要说明解释，而判断句是说明解释类概念的最常用的语言表达方式，因此这类判断句主语位置上的名词可以表示类概念，因而，通常是通指的。

需要说明的是，我们指出的可以出现通指名词的两种语义类型的判断句，是说这两种判断句主语位置上的名词可以表示通指意义，但不是必然表示通指意义，偶而也可以表示非通指意义，表示通指意义是一种强倾向性。

3. 关系句中的通指成分

关系句中的谓语动词主要有“有、属于、像、姓”等几个，最有代表性的是以“有”作为谓语动词形成的“有”字句，“有”字句也是现代汉语使用非常广泛的一个句型。下面我们主要讨论“有”字句中的通指成分。

“有”字句的基本语义特征是“领有”和“存现”。“领有”又可分为“具有”和“领属”,“存现”又可分为“存在”和“发生”。[3](P129)例如:

(11) 植物有根、茎、叶几部分。(表具有)

(12) 张老师有很多书。(表领属)

(13) 图书馆有很多电脑。(表存在)

(14) 这几年,学校有了很大的发展。(表发生)

例(11)主语位置上的名词表示的是通指义,(12)主语位置上的名词是专有名词,是特指。例(13)、(14)主语位置上的名词既可以理解为通指,也可以理解为非通指。如果语境不明确的情况下,有作非通指理解的倾向性。

通过对收集到的语料的分析,通指主要出现在表具有义的“有”字句中,所谓“具有”也可以理解为事物整体和部分的关系,我们很难找出单个普通名词表示这种语义关系的句子,因为在表示这种语义关系的“有”字句中,领有者不可能是虚泛的类事物,只能是具体事物,因此,这类语义关系的“有”字句主语位置上的名词只能是非通指的。

(二) 形容词谓语句中的通指成分

形容词表示事物的性质、状态,在具体的话语中,其陈述对象既可以是类事物,也可以是具体的个别事物。例如:

(15) 计算机很有用。

(16) 狐狸很狡猾。

(17) 那个人很聪明。

(18) 这件衣服比较贵。

例(15)、(16)的形容词陈述对象是类事物,句中的主语“计算机”、“狐狸”属于通指;例(17)、(18)的形容词陈述的是具体、个别的人或事物,句中的主语“那个人”、“这件衣服”都不是指一类人或事物，不属于通指。

通过考察发现，在形容词谓语句中，主语位置上的名词表示通指是无标记的，由单个名词充当，如例(22)、(23)；如果要表示非通指，必须采取有标记形式，主语名词前通常有数量短语或指量短语修饰语，如例(24)、(25)的“那个”、“这件”。这一点不同于动词谓语句，在动词谓语句中，主语位置上的名词表示通指和非通指都可以采用无标记形式，例如：

(19) 学生来了。

(20) 学生要努力学习。

例(19)的“学生”应理解为特指成分，(20)的“学生”应理解为“通指”成分，但二者都是无标记形式。

综上所述，通指性成分在其出现的各种句型或句式中主要占据主语位置。因为虽然通指名词不代表语境中以个体形式出现的确定的人或事物，但它代表语境中一个确定的类，而这个确定的类表示的信息是已知的，这个已知信息是说话人和受话人的共享信息，受话人自然能够把它所代表的类与语境中的其他对象区别开来，因此说话人把它放在主语位置上体现了汉语对已知信息处理的基本策略：即主语倾向于有定成分充当。

四、现代汉语通指的表现形式

形式和意义互为表里，一定的意义需要一定的形式来表达。由于汉语是分析性的语言，其指称意义的表达主要通过词汇手段来实现，陈平(1987)指出汉语指称意义的词汇表现形式有以下几组：

A 组　人称代词

B 组　专有名词

C 组　“这/那”(＋量词)＋名词

D组　　光杆普通名词(bare noun)

E组　　数词(＋量词)＋名词

F组　　“一”(＋量词)＋名词

G组　　量词＋名词

他认为通指的表现形式“最常用的是D组和F组”，除此之外，还可以靠名词重叠或名词前加“所有”“一切”等限定词等方法来表示通指。[1](P86)我们认为通指最常用的是D组，F组是有条件的，它主要出现在部分评议句中，在其他句型或句式中难得出现。所谓评议句指的是“句子的述题里有助动词，表示可能、意愿、应该、必要等评议和拟议的句子。”[3](P253)这类句子主要表达说话者的主观态度或看法，是对某种事件进行评议。例如：

(21) 学生要努力学习。

(22) 青年人应该不断提高自己的思想觉悟。

(23) 领导干部必须廉洁自律。

上述例句都是评议句，其中的例(21)不能采用F组的表现形式，(22)、(23)可以采用F组的表现形式，下面的例句是对上述例句进行的F组变换：

(21′) * 一个学生要努力学习。

(22′)一个青年人应该不断提高自己的思想觉悟。

(23′)一个领导干部必须廉洁自律。

可见，并不是所有的评议句都可以采用F组的表现形式。需要注意的是例(22′)(23′)的名词前面的数量词显然不是实际的数量，其作用是强调“每一个”，“每一个”指所有成员，显然是通指。

在这里，我们再补充一种，即“这/那＋普通名词”的形式。看下面的例句：

(24) 戈：你说怎么办？你“六一”要干吗？这也轻了，那也不行，您倒是把行的说出来让我们听听行还是不行啊。
何：你们这女同志是急脾气。(王朔《编辑部的故事》)

(25) 这您可就说差了。世间万物啊，是原先就有的，人才是后来的。嘿，这人呢，绝了不少动植物的种子，这可是真的，是不是？（王朔《编辑部的故事》）

(26) 要不说你们嫩点儿呢。你们什么时候儿听说过这文化人办文化上的事儿，还自个儿掏钱的？都是要掏别人腰包。有的是乐于附庸风雅的人。（王朔《编辑部的故事》）

上述例句中下面加着重号的名词都表示通指意义，前面都有"这"。一般认为"这"是特指的标志。需要注意的是，这里的"这"总是读轻声，是通指的标志，它不同于表示特指的"这"，表示特指的"这"，不读轻声，要读本调，在连续的话语中，用于回指上文。而表通指的"这"不是对上文说到的某个人或事物的回指，而是表示整个一类的人或事物。如例(24)的"女同志"并不是回指上文的"戈"这个人，而是指所有的"女同志"。例(25)的"人"，(26)的"文化人"也是如此。关于"这"的这种用法，吕叔湘先生(1985)认为它类似于西方语言的有定冠词。"在名词本身已经有定，无须指别的场合，例如这个名词是泛指同类事物的，或是那个事物本质上只有一个或是此时此地只有一个的，在这种场合别种语言往往有加用'有定冠词'的"，"我们不妨称这个是冠词性的。"[4]P(206)

参考文献

[1] 陈平. 释汉语中与名词性成分相关的四组概念[J]. 中国语文 1987,(2).

[3] 廖秋忠.《语言的范畴化：语言学理论中的典型》评价[J]，国外语言学，1991,(4).

[3] 范晓. 汉语的句子类型[M]. 太原：书海出版社，1998.

[4] 吕叔湘著、江蓝生补. 近代汉语指代词[M]. 上海：学林出版社，1985.

（本文原载《山东师范大学学报·人文社会科学版》2004 年第 1 期。）

现代汉语语用平面的焦点表达

一、焦点的性质和分类

运用语言进行交际,实质上是一个信息交流的过程。信息可分为已知信息和未知信息,所谓已知信息是指发话人主观上认为受话人已经知道的信息,所谓未知信息是指发话人主观上认为受话人尚未知道的信息。焦点(focus)是指未知信息中着重说明的部分或者发话人有意强调的部分,属于语用平面。

焦点本来是光学上的术语,现在已成为语言学研究领域的一个重要概念,它在言语信息传递的过程中有着重要的作用。一个句子包含着很多信息,既有句内的,也有句外的,而且发话人对各种信息的态度是不一样的,有的信息是着意强调说明的部分,有的信息是为受话人理解这着意强调说明的部分作铺垫的,前者成为焦点,后者称之为背景(background)。焦点与背景既相互对立、相互矛盾,又相互联系、相互依赖,在一定条件下二者可以相互转化。句中的焦点成分总是以一定的形式表现出来,不同的语言有着不同的表现形式,研究语言运用过程中的焦点及焦点表达形式对于人们正确地运用语言、理解语言有着非常重要的意义。

人们运用一个个具体的句子进行交际,具体的句子有两种类型，一种是孤立句，一种是语境句。前者是指脱离语境跟现实不相联系的孤立存在的句子，它是以静态面貌出现的，也可称作静态句。后者是跟一定语境或某种现实相联系的句子，它是以动态面貌出现的，在言语表达中实际使用着的，也可称作动态句。[1](P369)焦点在孤立句和语境句中的表现不尽相同。在孤立句中，由于话语脱离具体的语境不与现实相联系，句子中不包含发话人对句子表达的各种不同信息的态度，句子的信息安排遵循族语一般的普遍的原则，在此基础上形成的焦点是自然焦点；在语境句中，话语与现实紧密联系，句中的词语在现实中都有明确的指称或陈述的内容，充分体现了发话人的主观意图，发话人可以根据表达的需要着意强调某一成分，在此基础上形成的焦点是对比焦点。

自然焦点与对比焦点不在同一个层面上，前者是静态层面的概念，后者是动态层面的概念，二者有区别，也有联系，只有科学地认识二者之间的关系，才能真正揭示句子焦点的语用功能。

二、句子的自然焦点

自然焦点也叫常规焦点、中性焦点、非对比焦点等等。它是句子所传递的未知信息的核心、重心。在汉语中，自然焦点一般位于句子末尾的实词语上，有人也称为尾焦原则。从信息传递的角度观察，一般说来，发话人传递信息倾向于由近及远，由已知、稳定的旧信息到未知、多变的新信息，表现在语言的线性序列上就是从已知信息到未知信息，越是靠近句末，信息内容就越新，信息内容越新就越容易引起注意，也就越容易成为句子的焦点。例如：

① a 小王去过<u>北京</u>了。

b 小王北京<u>去过</u>了。

② a 小王打了小李。

b 小李被小王打了。

③ a 事出有因，查无实据。

b 查无实据，事出有因。

④ a 小王平时学习很努力，所以这次考试成绩很好。

b 小王这次考试成绩很好，因为他平时学习很努力。

上述例①②是单句，③④是复句，a、b 两句的真值意义相同，由于发话人的主观态度不同，信息安排的策略也就不一样，但发话人始终把要突出的部分放在句末，使之占据自然焦点的位置，以此来突出强调所欲传递的新信息。例①a 突出“北京”，①b 突出“去过”，②a 突出“小李”，②b 突出“打了”，③a 突出“查无实据”，③b 突出“事出有因”，④a 突出“这次考试成绩很好”，④b 突出“他平时学习很努力”。

一般认为汉语的语序安排为 SVO，S、O 分别是主语和宾语，它们都是句法成分的典型范畴，典型的主语是典型的施事和典型的主题的组配，典型的宾语是典型的受事和自然焦点的组配。典型的主语一般倾向于由已知信息充当，典型的宾语一般倾向于由未知信息充当。因为主语与动词关系相对松散，宾语与动词的关系比较紧密，主语不太容易受动词的影响而发生变化，宾语更容易直接受动作影响而改变状态，成为交际双方关注的表达重心和焦点。可见 SVO 语序是汉民族信息处理策略语法化的结果，体现了汉民族共同的认知心理模式。

按照这种格式，一句话的表达焦点通常安排在陈述部分或谓语部分，如果谓语动词带有宾语，宾语通常成为表达的焦点。例如：

① 小王买了一本书。

② 晚饭我吃了三个馒头。

上述两例的划线部分成为句子的自然焦点。如果宾语部分不是典型的受事，或者说不是句子表达的新信息，说话人强调的重点在动词部分，那么就会采用另外一种格式。例如：

① 这件衣服她看了又看。

② 那段京剧小王学了几遍才会。

③ 信用卡消费这种方式，人们越来越喜欢。

例①的“这件衣服”，②的“那段京剧”，③的“信用卡消费这种方式”都是定指性成分，属于旧信息。句子的表达重心在动词性词语上，因此要将表达重心放在焦点位置上而置于句末。[2](P207)

不仅宾语是这样，状语、补语也是这样。在汉语里，有些成分既可以放在状语位置上，也可以放在补语位置上。是放在状语位置上，还是放在补语位置上完全取决于说话人的信息处理策略。例如：

① a 他住在上海。

b 他在上海住。

② a 他把事情的经过清清楚楚地汇报给领导。

b 他把事情的经过向领导汇报得清清楚楚。

上述例子的真值意义相同，由于说话人强调的话语信息不同而采取了不同的信息安排方式，把要凸显的信息放在句末，使之成为句子焦点。例①、②中的划线部分就是这样。

并不是所有的语言都把自然焦点放在句末，在一些 SVO 型的语言中，自然焦点落在紧接着句末动词前的宾语上。比如日本语和韩国语，因为宾语部分是最容易受动词影响而改变状态的部分，它往往是新信息或新信息里的重点。例如：

① 王さんは朝御飯を食べました。（小王吃过早饭了。）

② 張さんは本を買っています。（小张在买书。）

例①②划线部分是句子的宾语，也是句子的焦点，译成汉语要置于句末。

自然焦点没有专用的焦点标记，跟语序关系密切，句末成分自然而然地成为句子信息结构中重点突出的对象，同时往往也是句子自然重音之所在。对单句来说，各种句子成分只要置于句末都有可能成为自然焦点；对复句来说，不管是主句还是从句，只要放在后面，通常会成为句子的焦点。

三、句子的对比焦点

（一）对比焦点的性质

对比焦点是说话人出于对比目的而有意强调的信息。对比项可以是句中的某个成分，可以是上下文或语境中实际存在的某个成分，也可以是交际双方共享知识中的对象。与对比焦点相对，这些对比项成为背景，焦点在背景的映衬下处于凸显位置。例如：

① 我问了他的学历，（没问他的工龄）。

② 是小王去了上海。

③ 这道题连老师也没做出来。

上述例子划线部分是对比焦点成分，是说话人有意强调和凸显的信息，它总是带有强制性对比重音，与某个成分构成对比。例①的对比项是“工龄”，在下文中出现。例②的对比项在语境中实际存在着，可能是“小张、小李、小刘”等等。例③的对比项存在于交际双方共享知识中，在汉族人的认知背景下，一般认为是“学生”。

在动态交际的句子中，每个成分都有可能成为对比焦点。对比焦点的选择直接反映了说话人的主观表达意图。同一个句子，说话人的主观表达意图不同，对比焦点也不一样。与自然焦点相比，对比焦点呈现出动态的特性，可称为动态焦点，它存在于言语交际的动态话语之中。

（二）对比焦点的表现形式

不同语言中对比焦点的表现形式也不尽相同，在汉语中最普遍的表现形式是通过焦点成分的韵律特征，即运用对比重音进行凸显，这在口语交际中表现得十分突出。在运用书面语进行交际的过程中，对比重音无法显现，标记词和标记格式就成为对比焦点的重要表现形式。

1. 通过标记词表现对比焦点

通过标记词表现对比焦点就是运用标记词标记出焦点成分所在的位置。汉语里有哪些标记词，语法学者们的意见并不一致。方梅提出了三项原则：一是作为标记词自身不负载实在的意义，不可能带对比重音。二是标记词的作用在于标示其后成分的焦点身份，焦点标记后的成分总是语音上的凸显的成分。三是标记词不是句子线性结构中的基本要素，它被省略掉以后句子依然可以成立。[3]按照这个原则，汉语中焦点标记词只有两个，一个是轻读的“是”，一个是“连”。有人把“就、只、才”也当作焦点标记词，但由于这些词在语流中本身伴随着重音，不符合上述标准，不能认为是焦点标记词。

（1）用“是”标记对比焦点

用“是”标记对比焦点，即用“是”确认其后的成分是对比焦点成分。对比焦点成分在口语中要伴随着强制性对比重音，使之在语流中凸显出来，焦点成分以外的成分是背景成分。标记词“是”后面的语义成分有施事、动作、时间、处所、工具等。例如：

a 是<u>我们</u>今天在实验室用仪器检测实验结果。（回答是谁）

b 我们是<u>今天</u>在实验室用仪器检测实验结果。（回答在什么时间）

c 我们今天是<u>在实验室</u>用仪器检测实验结果。（回答在什么地方）

d 我们今天在实验室是<u>用仪器</u>检测实验结果。（回答用什么

工具）

e 我们今天在实验室用仪器是检测实验结果。（回答干什么）

上例划线部分是焦点成分。“是”一般不能标记动词后的成分，下列句子都是不能成立的。

① *小王打了是小张

② *今天我看了是一场电影

③ *明天小张去是北京

④ *他把玻璃打是碎了

“是”是专门的焦点标记成分，当焦点不在句末时，“是”的作用就是指示焦点成分所在的位置。如果对比焦点与自然焦点重合，即都位于句末时，句末成分理所当然地被认为是焦点成分，再用“是”指示已属多余，这也许就是动词后成分不能加标记成分“是”的原因。

焦点标记成分“是”还经常与“的”一起构成“是……的……”形式来标记对比焦点。例如：

① 是王老师昨天给留学生讲的课。

② 王老师是昨天给留学生讲的课。

③ 王老师昨天是给留学生讲的课。

上述例①②③三个句子，随着焦点标记词“是”所在位置的不同，句子的对比焦点也不一样。可见“是”是焦点成分的标记。至于“的”，也有人认为其作用在于指出意思的重点。例如：“王老师讲的课”里的“的”，强调成分是“王老师”。实际上，这是“是……的……”格式的变异形式。由于动词前面的成分相对简单，不用“是”也能知道其焦点所在，故而省略了。如果动词前的名词性成分不止一个，不用“是”仅靠“的”无法知道哪个成分是焦点成分。例如：“王老师昨天在第六教室用汉语给留学生讲的课”。这个句子动词前有五个名词性成分，仅靠“的”字不能明确知道哪个成分是焦点。因此，在书面语中要表达对比焦点成分一般要加焦点标记词“是”。

(2) 用“连”标记对比焦点

“连”常和“也”或“都”组成“连……也/都……”格式，有人也称为“连字句”。“连字句”有对比的意义，“连”后的成分是对比项里最极端的一个，[4]大部分是名词性成分，也有少部分是非名词性成分，这些非名词性成分在语义平面上也已名物化了。[5]“连”后的成分是对比焦点，带有强制性对比性重音，用于表现极性对比。例如：

① 连这种事他也要问领导。

② 连小王都知道这件事。

③ 连熊掌他都吃过。

④ 连吃饭小王都嫌麻烦。

⑤ 他连这个字也不认识。

⑥ 小王连写字都用左手。

上述例子划线部分都是极性对比焦点。与焦点成分构成对比的背景成分不在句中，而存在于句外，是交际双方共享知识中的某些成分。说话人提出一个极端的成分，这个极端的成分通过与句外的某些同类成分对比而得到凸显，因此“连字句”都含有下面的预设，(“连字句”记作“连 NP 都/也 VP”)NP 最不可能 VP，NP 是认知背景里最极端的一个，如果 NP 也 VP，那么认知背景里所有同类 NP 也都会 VP。可见预设中的 NP 具有全量义(所有对象)。而“连字句”的实际意义是 NP 确实 VP，这样“连字句”中的 NP 与预设中的成分构成对比而被凸显出来。在此基础上产生推理含义，即所有与 NP 同类的成分都会 VP。如例①的预设是“这种事他根本不必问领导”，句义是“这种事他确实问了领导”，推理含义是“其他所有的事他都要问领导”。再如例②的预设是“小王最不可能知道这件事”，句义是“小王确实知道了这件事”，推理含义是“其他所有人更可能知道这件事”。下面几例可做相同分析。

“连”标记的焦点成分大都相当于主题，是对比项中最极端的一个。而“是”一般不标记主题成分，所标记的成分也不是最极端的一个。由于“连”和“是”标记的焦点成分不同，由“连字句”和“是字句”构成的是非问句的答语形式也有所区别。例如：

① 你是去年秋天来上海的吗？

——对，去年秋天。

——不，是前年秋天。

② 连校长你也不认识？

——对，我不认识。

——不，我认识。

由“是”标记焦点成分的是非问句，答语针对焦点成分进行回答，由“连”标记焦点成分的是非问句，答语针对 VP 部分进行回答。

2. 通过标记格式表现对比焦点

通过标记格式表现对比焦点。可以采用三种形式：一是通过语义成分的非常规配位，一是采用平行格式，一是采用周遍句式。下面分别介绍。

(1) 用语义成分的非常规配位表现对比焦点

在静态的孤立句中，汉语的语序安排是相对固定的，主题、主语和宾语与各种语义成分有着一定的配位规律。陈平(1994)提出两条语义优先原则，主语和宾语同各种语义成分的配位取决于施事性或受事性的强弱，施事性越强，充当主语的可能性越大，受事性越强，充当宾语的可能性越大，主语的语义角色优先序列为：施事＞感事＞工具＞系事＞地点＞对象＞受事，相反是宾语的。主题同各种语义成分的配位取决于它与动词关系的疏密程度，与动词的关系越疏离越容易充当主题，与动词的关系越紧密越不容易充当主题，主题的语义角色优先序列为：系事＞地点＞工具＞

对象＞感事＞受事＞施事。符合上述配位规律的句子一般是合法句，在功能上具有无标记或中性的特征；不符合上述配位规律的句子要么是不合法的句子，要么有着特殊的表达功能，表现出有标记的相关特征。[6]例如：

① a 这个问题老王请示过领导。(系事＋施事＋VP)

b＊老王这个问题请示过领导。(施事＋系事＋VP)

c 老王\这个问题请示过领导，(别的问题还没向领导请示。)

② a 教学计划学校已经研究过了。(受事＋施事＋VP)

b＊学校教学计划已经研究过了。(施事＋受事＋VP)

c 学校\教学计划已经研究过了，(教改计划还没研究)

③ a 这把刀我切肉。(工具＋施事＋VP)

b＊我这把刀切肉。(施事＋工具＋VP)

c 我\这把刀切肉，(那把刀切菜。)

例①②③a 句符合常规配位规律，是合法的句子；b 句不符合常规配位规律，是不合法的句子；c 句虽然不符合常规配位规律，但由于是用于表达对比焦点，有着特殊的表达功能，因而是合法的句子。

(2) 用平行结构表现对比焦点

平行结构表现对比焦点往往采用并列复句的形式，两个或几个小句的某个成分既是本小句的焦点成分，也是其他小句的背景成分，互相对比、互相映衬，凸显对比焦点。例如：

① <u>刚才</u>还晴空万里，<u>现在</u>却下起雨来。

② 我花费了<u>自己</u>不少的眼泪和欢笑，也消耗了<u>别人</u>不少的眼泪和欢笑。

③ <u>人家</u>花钱买<u>快乐</u>，<u>我</u>花钱买<u>烦恼</u>。

上述句子中，划线的部分既是本小句的焦点成分，也是另外平行小句的背景成分。例①的“刚才”既是其所在小句的焦点成分，也是下一小句的背景成分；“现在”是“现在却下起雨来”的焦点成分，也是上一小句的背景成分。例②③的划线部分可做相同的解释。这种平行的小句互以对方的焦点为背景，构成对比，凸显焦点成分。

（3）用周遍句表现对比焦点

周遍句是指主语以一定形式强调其所指具有周遍意义的一种主谓句。[7]这种句子的主语或者由含有表示任指的疑问代词的名词性成分充当，或者由数词为“一”的数量短语充当，或者由含有量词重叠形式的名词性成分充当。例如：

① 谁都不想参加那个会议。

② 一个人也没来。

③ 条条大路通罗马。

这种句式的主语都具有全量义，强调在所指范围内没有例外。在句中带有强制性对比重音，是句子的对比焦点。其对比项暗含在句子中，这个对比项是言谈中提及的或交际双方共同认可的某一范围内的任何一个。

自然焦点和对比焦点是两类性质不同的焦点，自然焦点是族语信息处理策略语法化的结果，汉语是以语序的形式表现出来，通常位于句末。对比焦点是说话人个人当前信息处理策略的体现，其表现形式既可以与自然焦点的表现形式相同，也可以与自然焦点的表现形式不同，如采用强制重音、标记词、语义成分的非常规配位、特殊的句法格式等。在动态的句子中，对比焦点可以与自然焦点的位置一致。例如：

① 他会英语，不会日语。

② 校长昨天去了上海。

例①采用平行结构凸显对比焦点“英语”和“日语”。如将②的“上海”加上对比重音进行强调就成为对比焦点。对比焦点置于句末，与自然焦点的位置一致。当对比焦点采用自然焦点的表现形式，对比焦点与自然焦点合二为一，自然焦点不再是自然焦点，而成为对比焦点。

下面是对比焦点与自然焦点位置不一致的情形。

① 小王是昨天买了两本书。

② 连小王也笑了。

③ 他日语不会，英语会。

上述例句下面划线的部分是句子的对比焦点，通过焦点标记形式标记出来。由于对比焦点和自然焦点的信息强度不同，在同一个小句中，二者不能同时存在，上述例句句末的成分不再是句子的焦点，而成为对比焦点的背景成分。

对比焦点通过重音、标记词或标记格式表现出来，其范围是比较明确的。如上例①中的"昨天"，②中的"小王"，③中的"日语""英语"。而自然焦点是无标记焦点，其范围不是十分明确，一般认为句末通常是自然焦点，但句末往前多少是自然焦点的范围，难以明确界定。当句末的自然焦点是个偏正短语或补充短语时，其限饰和补充成分比中心成分更容易成为焦点成分，这是因为限饰成分或补充成分在线性句法结构上常是可有可无的，用与不用在很大程度上取决于表达功能的需要。例如：

① 老张穿上深灰色的棉袄。

② 咱们快走吧！

③ 今天晚上我吃多了。

上述例子的划线部分是句子的限饰成分或补充成分，与中心语相比，它们的信息强度要大于其中心语，更容易成为焦点成分。

参考文献

[1] 范　晓.《三个平面的语法观》[M]. 北京：北京语言文化大学出版社，1996.

[2] 沈家煊.《不对称和标记论》[M]. 南昌：江西教育出版社，1999.

[3] 方 梅.《汉语对比焦点的句法表现手段》[J].《中国语文》,1995,(4).
[4] 刘丹青 徐列炯.《焦点与背景、话题及汉语“连”字句》[J].《中国语文》,1998,(4).
[5] 胡裕树 范晓.《动词形容词的“名物化”和“名词化”》[J].《中国语文》,1994,(2).
[6] 陈 平.《试论汉语中三种句子成分与语义成分的配位原则》[J].《中国语文》,1994,(3).
[7] 陆俭明.《周遍性主语及其他》[J].《中国语文》,1986,(3).

(本文原载《南京林业大学学报·人文社会科学版》2003 年底第 1 期。)

现代汉语受事话题句的考察与分析

一、引言

汉语是话题优先型语言，各种语义成分都可以充当话题，就施事和受事来看，受事比施事更优先充任话题，形成受事话题句。例如：

(1) 哎唷，老陈这人也真是，现在怎么也……，诶，不过这水儿我还真没喝过呀。

(2) 西餐呢，我倒吃过几回，也不是在家吃的，那也是在外边儿蹭的。

(3) 吃苦，他不怕；可是再弄上一辆车不是随便一说就行的事；至少还得几年的工夫！

例(1)的“这水儿我还真没喝过呀”，例(2)的“西餐呢，我倒吃过几回”，例(3)的“吃苦，他不怕”都是受事话题句。为了讨论方便，本文将这种格式记为：$S_{受}$＋NP＋VP。本文考察和分析受事话题句的句法、语义和语篇特征，并对相关问题进行解释。

二、受事话题句的句法特征

2.1 $S_{受}$ 位置上的词语

考察发现，$S_{受}$ 位置上的词语主要为名词性词语。例如：

(4) 唐山地震的资料我查过，像你这体魄的俩星期不吃饭，顶多是昏迷。

(5) 那导演是假的，可晚会也是假的吗？那些演员我们都看见了，一屋子一屋子的呢。

但也有少数的谓词性成分或者小句。例如：

(6) 吃苦，他不怕；可是再弄上一辆车不是随便一说就行的事；至少还得几年的工夫！

(7) 您怎么开卡拉OK，我不管。反正你不，不能把我看成流氓之类的。我是想……

例(6)的"吃苦"是动宾短语，例(7)的"你怎么开卡拉OK"则是小句。这些谓词性成分在语义平面上已经失去了谓词性成分的特征而名物化了，[3]它们在句法结构中所起的作用或者说句法地位相当于名词性成分。在我们考察的182个例句中，发现由谓词性成分和小句充当 $S_{受}$ 的只有15例，占8.24%，比例非常小。

根据名词性成分的构成，充当 $S_{受}$ 的有指量短语、指示代词、光杆名词和限饰性的名词短语。看下面的例子：

(8) 这火候儿我老掌握不好。不知道什么时候儿该软，什么时候儿该硬。

(9) 牛：我听说，你揍过他？

刘：哟。这你也听说了。那你更应该听说打是亲骂是爱吧。

(10) 那好吧。门儿我锁上了，孩子进不来了。跪吧。

(11) 刘老头子这样一走，使她感到什么也不可靠，明天的事谁也不能准知道，顶好是得乐且乐。

例(8)“这火候儿”是指量短语,例(9)中的“这”是代词,显然指代上文中的“你揍过他”,例(10)的“门儿”是光杆名词,例(11)的“明天的事”是限饰性的名词短语。

在我们统计到的182个有名词性成分充当$S_{受}$的例句中,$S_{受}$构成成分的比例如下:

类别	指量短语	指示代词	光杆名词	限饰性短语
数量	107	7	33	35
比例	58.9%	3.8%	18.1%	19.2%

从形式上看,指量短语、指示代词和光杆名词都是简短形式,而限饰性短语形式较长。话题是小句中被谈及、被说明的对象,代表已知、被激活的信息或共享信息。在线性信息结构中,话题位于小句的头部或接近小句的头部,是先出现的部分。这就要求话题成分在认知加工时要省时省力,以利于后面述题的导入和新信息的展开。简单名词短语形式上短小、韵律上轻便(所含音节数少),从认知来讲,具有省力、加工时对记忆力资源消耗较小的特征。含有这类话题的小句无论对于编码的说者还是解码的听者都不会有“累”的感觉,从而有助于快速、有效地进行信息处理。正是由于符合认知经济原则,简单名词短语因而成为无标记句首受事话题形式。而限饰性短语形式较长,概念复杂,它们在认知加工时需消耗较多记忆力资源,费时费力,有碍信息流从低信息值向高信息值的迅速移动。因此,在语料中限饰性短语形式所占比例不高。

另外,句首的$S_{受}$绝大部分是指物名词,指人名词非常少,在我们调查到的182个例句中,只发现了7例。例如:

(12) 那导演是假的,可晚会也是假的吗?那些演员我们都看见了,一屋子一屋子的呢。

(13) 嗯。领导咱就不说了啊,说说这四个群众吧。得俩男俩女吧。

(14) 张义和在家当着我的面和别人胡搞，跟一个叫什么F的女人，诶，这个女人你们见着了吗？你们怎么就肯定他们能搞在一块儿去的呢？

例(12)的“那些演员”、例(13)的“领导”、例(14)的“这个女人”都是指人名词充当了受事话题主语。

上述这些例句的$S_{受}$尽管都是指人词语，但理解上只能作为受事来看待，决不能作为施事来看待，也就是不会产生句式的歧义。仔细观察会发现，这些句首的$S_{受}$都是指人名词或指人名词短语，而紧接其后的NP都是第一或第二人称代词。伯纳德·科姆里将名词性成分的生命度排成一个连续体：第一/第二人称代词＞其他人类名词短语＞动物名词短语＞无生命物名词短语。在这个生命度序列中，越往左生命度越强，越往右生命度越弱。[1](P150) 显然，NP指称的人的生命度高于$S_{受}$指称的人的生命度，而施事与生命度有着自然的关联，也就是说，生命度越强越适合充当施事，因此，句中的NP就优先理解为施事。同时，在充当话题的优先序列中，受事比施事更加优先充当话题，$S_{受}$位置正是话题位置，出现在该位置上的词语会优先理解为受事，因此，句式不会出现歧义。

当出现在S和NP位置上的词语具有相同的生命度，理解起来会出现歧义。例如：

(15) 我，你也不怕。

(16) 张三，父亲找到了。

例(15)的“我”和“你”、例(16)的“张三”和“父亲”既可以理解为施事，也可以理解为受事，（由于句法位置的制约，句首指人名词理解为受事的倾向性更强。）原因在于两个名词具有大致相同的生命度，这也就是句首S很少为指人名词的原因。

2.2 NP 的句法特征

从句法结构上看，话题句的主语是 $S_{受}$，谓语是 NP+VP。对收集到的例句研究发现，NP 位置上的词语绝大多数是指人名词性成分，其中以人称代词最多。在我们收集到的 182 个例句中，仅有 2 例为机构名词，剩下的全部是指人名词性成分。请看下表：

名词性成分	第一人称代词	第二人称代词	第三人称代词	一般指人名词
数量	101	27	11	41
比例	56%	15%	6%	23%

（第一人称代词包括“我、我们、咱、咱们”，第二人称代词包括“你、你们、您”，第三人称代词包括“他、他们”，一般指人名词指除人称代词以外的指人名词性成分。）

在语料统计中发现，第一、第二人称代词在口语体对话中占绝大部分，第三人称代词和一般指人名词主要出现在叙述的文体中。

2.3 VP 的句法特征

在话题句中，绝大部分 VP 是复杂形式，简单形式非常少，在我们调查的 182 个例句中，复杂形式为 174 例，简单形式只有 8 例。例如：

(17) 李：这就分人，我就不会这样。

戈：嗯，这点我相信。你想这样儿还没条件呢。

(18) 他的事他知道，不喜欢和别人讨论。

(19) 大伙儿别害怕，不牵连大家，这钱我李冬宝一个人出。

(20) 这名分是你们的，独家。组织经费我掏。

考察发现，VP 为单独形式的动词有两类：一类是心理活动或感知类动词。如例(17)的“相信”，例(18)的“知道”，这类动词以不带补语为常见。一类是动作动词。如例(19)的“出”，(20)的

“掏”,它们以单独形式出现在谓语部分主要是出现在表示意愿或祈使的句类当中。

在 174 个复杂形式的 VP 中,或动词前有状语,或动词后有补语及完句成分,或动词前既有状语,动词后又有补语或完句成分。看下面的统计表:

类别	动词前有状语	动词后有补语、完句成分	动词前有状语同时动词后有补语或完句成分
数量	65	13	96
比例	37.5%	7.5%	55%

从上表看出,动词前有状语同时动词后有补语或完句成分的比例最大,而动词后有补语、完句成分的比例最小。就有状语和补语的比例来看,有状语的比例达到 92.5%,有补语的比例为 62.5%,所占比例都不算低。

先看动词前的状语成分。

考察我们收集到前有状语的 161 个例句发现,动词前的状语成分主要是有四类成分:否定副词、范围副词、能愿动词和其他副词。否定副词主要是“不”、“没”,范围副词主要是“都”和“全”,能愿动词主要是“能”、“可以”、“肯”、“会”等,其他副词如“已经”、“马上”、“也”、“还”等。下面是各类状语出现的频率统计:

类别	否定状语	范围状语	能愿状语	其他状语
数量	83	48	31	39
比例	51.6%	30%	19.2%	24.2%

(有些句子谓语动词前可以同时或部分具有否定、范围、能愿和其他状语,因此,统计出来的各类状语的总和大于我们收集到的 161 个例句;而百分比是以 161 个例句作为分母得出来的,因此,最后的比例数加起来大于 100%。尽管如此,不同的百分比还是能够反映出不同类别的状语的使用频率。)

从上面的统计中，明显能够看到，该类句式当中，否定状语占有较高的比例，其次是范围状语，如果考虑到其他状语里的不同类别，能愿状语应该也占有一定的比例。

按照标记理论，受事在动词后是无标记格式，受事在动词前是有标记格式。有标记格式与否定是一种无标记组配，或者说有标记格式跟否定是一种自然的关联。[7](P107) 否定状语所占比例高显然符合标记理论。

范围状语主要是"全"和"都"，在有这类状语的48个例句中，有41个是肯定句，只有7个否定句。前文说过，受事在动词前与否定是自然的关联。同为受事在动词前，为什么有了状语"全""都"而句式大都是肯定句了呢?

石毓智(2001)曾通过对汉语量性范畴的研究得出一条肯定与否定公理：量大的事物肯定性强，量小的事物否定性强，中间的事物其肯定程度和否定程度相当。他还从认知的角度对这条公理进行了解释：量大的事物意味着能够肯定自己的存在，肯定性强和生存能力强在这里是同义的；量小的事物意味着趋向于无，即容易消失，否定性强和容易消失是同义的。中间量的事物生存能力也位于中间，即比量大的低，比量小的高。[8](P52) 范围副词"全"和"都"是全量范围副词，表示量大，具有这类状语的句子大都是肯定句显然符合这条肯定与否定公理。沈家煊(1999)认为石文的公理所表述的内容，从标记论的角度来看，是一种关联标记模式。可表示为：

无标记配对	无标记配对
肯定	否定
极大量	极小量

肯定与极大量有自然的联系，构成一个无标记配对，否定与极小量也有自然的联系，也构成一个无标记的配对，这种关联标记模式归根结底是由语用和认知规律决定的。[7](P93—94)

能愿动词也经常充当话题句中的状语，最常见的是“能”、“要”、“应该”、“可以”等。例如：

(21) 国家大事咱能不关心吗？诶？光低头儿拉车，不抬头儿看路，那是危险的。

(22) 当然了。这件事儿我们可以向领导说清楚。

例(21)的“能”、例(22)的“可以”都是能愿动词。詹人凤(1992)曾指出，谓语动词前加能愿动词，主语是指物名词时往往是受事。[10]詹先生的观察非常精辟，但是，他没有指出为什么会这样。我们认为，这里的能愿动词是句子的高层谓语，语用上表示对事件进行评议。主语具有很强的话语性质，因此要放在句首。

其他带有评议性质的状语，也经常采用这种语序。例如：

(23) 这件事情，我们很难办。

(24) 这点资金他们很容易筹集。

再看补语和完句成分。

在话题句中，后面有补语和完句成分的句子共有109句。

补语为“不得”。例如：

(25) 这件事情，你们拖延不得。

(26) 这种关涉道德底线的事情，咱们碰不得。

上述句子，很难将主语受事话题放到动词后面去。

后面有完句成分，没有这些成分，句子就不能自足。例如：

(27) 什么飞碟呀，飞虫呀，我可全看过。你们要是不信，我回家拿来你们自个儿瞅瞅。

(28) 多好听的声音。哎唷，双双啊。那条儿你看见了吧，昨天。

例(27)的“过”、例(28)的“了”都是完句成分，是句子自足的必需条件。

其他补语成分比较复杂，几乎各种补语都可以出现，最常见的是结果补语、数量补语和趋向补语。例如：

(29) 如果王师傅真能减下来呢,我就给他写一篇人物专访,就登在咱们刊物上。名字我都想好了,"有志者事竟成"。

(30) 我啊,不夸张地说,十块钱以上的人民币,我几乎都没有仔细地看过两眼。

(31) 我们已经给你做了一回主了。你的主我们会继续做下去。

例(29)的补语是结果补语,例(30)的补语是数量补语,例(31)的补语是趋向补语。

话题句中补语和完句成分的常见跟这类句式的表意特点有密切的关系。吕叔湘先生(1942)将无标记受事主语句归入表态句。他说:"动作完成变成状态。因此凡是叙事句的动词含有'已成'的意味的,都兼有表态的性质。最明显的是被动意义的动词,换句话说,就是这类表态句的主语是动词的止点'止词'。"[5](P56)带补语和完句成分的话题句,从时态上看都是"已成"句,这也是这些句子带上补语和完句成分的一个重要原因,既然动作已经完成,因此谓语部分的主要功能不是叙述,而是描写,用吕先生的话说就是表态。因为动作完成后,自然是动作存留的状态。

三、受事话题句的语用功能

Li 和 Thompson(1976)从主语和话题的角度将人类语言分为四种类型:注重主语的语言、注重话题的语言、主语和话题都注重的语言和主语和话题都不注重的语言。汉语属于注重话题的语言。而本文研究的这类受事话题句则是汉语话题句的典型代表。

话题是话语领域和语用领域的概念,是功能语言学专注的研究课题,侧重于从言语交际的角度来研究语言,更重视语言的交际功能。受事话题句作为典型的汉语话题结构句,有着特有的语用功能,这种功能可以从两个方面来观察:一是句式本身的表达功能,即受事话题句这种句法构式具有什么样的语用功能?二是受事话题句在组织语篇过程中具有什么样的作用?下面分别讨论。

3.1 话题句结构的表达功能

客观世界中的动作事件投射到语言中就是动词谓语句,就汉语来看,既可以用“施事+动作+受事”语序表达,也可以用“受事+施事+动作”语序表达,前者是无标记语序,后者则是有标记语序。有些无标记受事话题句可以变换为“主—述—宾”格式。例如:

(32) 猪圈我去过一回 → 我去过一回猪圈

(33) 稿子我还没写呢 → 我还没写稿子呢

(34) 唐山地震的资料我查过 → 我查过唐山地震的资料

(35) 你们的要求我们不能满足 → 我们不能满足你们的要求

(36) 这件事情我可以不说 → 我可以不说这件事情

比较上述例句中的话题句和“主—述—宾”格式,可以发现“主—述—宾”格式整体语用功能是叙述,而话题句整体的语用功能则是说明,这种说明有状态性说明,也有评议性说明。所谓状态性说明是指 $S_{受}$ 处于或具有 NP+VP 所表示的状态;评议性说明即对句子叙述命题或 $S_{受}$ 所表示的人或事物的可能或然性进行评论或评议,句子经常出现“能、可以、值得”等助动词。[2](P253—263)

话题句在结构上是话题—陈述结构,属于话语和语用范畴,跟句子的话语功能和使用语境有密切的关系。赵元任(1968)认为汉语的主语、谓语作为话题和说明来看比较合适。[12](P45)朱德熙(1982)认为主语和谓语的关系可以从结构、语义和表达三个不同的方面来观察。通常说主语是话题，就是从表达的角度说的。[13](P95—96)关于话题与陈述的关系，赵元任(1968)进行了举例说明。他认为可以把话题和陈述看做连续语流中的一问一答，问和答融合起来有三个阶段：(1)两人对话。(2)自问自答。(3)把问和答合成一个整句，中间没有停顿。

(1) 饭啊？还没得呐。饭呐？都吃完了。

(2) 饭啊，还没得呐。 饭呐，都吃完了。

(3) 饭 还没得呐。 饭 都吃完了。

赵先生还认为汉语中的"啊、呐、吧"等语气词都有表疑问和停顿两种用法，并不是偶然的，是来源于主语作为问语，谓语作为答话的性质。[12](P50)

3.2 话题句的语篇连贯功能

句子可以根据不同的标准进行分类，按照一个句子在一组句子中的位置可以分为始发句和后续句，[6](P53)始发句在言语交谈中用作开始表达意思，它的前面没有别的句子作为它的表意背景；后续句以前面的句子为背景而存在的。以往对这类话题句的研究，持结构主义观点的语言学家大都处理为主谓谓语句，局限在句子层面进行研究。目前，根据我们掌握到的情况，只有张旺熹(1993)的文章结合语篇理论讨论了这类结构的语义模式，但对其语用功能未能进行比较深入的研究。[11]

为了弄清话题句在一组句子中出现的位置，我们调查了北大语料库中口语性质极强的语料《编辑部的故事》和书面语语料《骆驼祥子》，共得到话题句 166 例，作为始发句的只有 1 句。

(37) 小福子的困苦，虎妞好象没有看见。

上述例句之所以能作为始发句出现，是因为句中话题成分"小福子的困苦"和施事"虎妞"都是名词性成分，有独立的所指，这样的句子出现在始发句位置，不影响理解。

更多的话题句，话题成分带有“这”“那”等定指性成分，这些成分具有索引作用，其索引对象须出现在上文或言谈语境中，即使是有独立指称的光杆名词，也必须依据上文或言谈语境才能解释。例如：

(38) 何：你们太见外了。不需要你们掏钱，一个子儿都不用，只要你们同意，以你们的名义和我们共同主办这台晚会，就行了。

李：怎么个意思？没听明白，费用你们全包了？

(39) 脚好了之后，他敢跑了。这使他非常的痛快，因为别的没有什么可怕的了：地名他很熟悉，即使有时候绕点远也没大关系，好在自己有的是力气。

例(38)中的“费用”是光杆名词，但是要准确理解其所指，必须结合上文内容，从这段对话中可以看出，所谓的“费用”指的是主办晚会的费用；要准确理解例(39)中的“地名他很熟悉”中的“地名”，也必须知道“祥子在北京拉洋车”这个语境，这里的“地名”指的是“北京的地名”，因此这个句子只能作为后续句出现。

话题句主语位置上的受事是言谈的话题，话题在建立之前一般要有一个引入过程，所以，受事话题往往跟上文有着这样或那样的一些联系。就话题句在一组句子中的地位来看，前面出现的句子一般是作为它的背景存在的，话题句与前面句子的联系，主要通过其受事话题建立起来的，其主要手段是回指。

关于回指，廖秋忠(1986)、陈平(1991)、徐赳赳(2003)做过比较系统的研究。徐赳赳(2010)将回指分为同指回指和联想回指，同指回指指的是两个语言成分是指同一个人或者物；联想回指是指没有先行词的一种回指现象。[9](P333)话题句中的受事话题既有同指回指，也有联想回指。

廖秋忠(1986)指出：当作者/说者在篇章中的某一点用某一表达式引进某一个或某一类人、事、物、状态、行为，或者某一时

间、地点之后。如果同一对象再现,他经常可以用以下几种表达式来表示指同:

A. 同形表达式

B. 局部同形表达式

C. 异形表达式

1. 同义词(包括异形简称)

2. 通指词

3. 指代词

4. 零形式或省略式[4]

在廖秋忠(1986)的分类中,AB两类属于同指回指,C类属于联想回指。我们对话题句中受事话题的指称情况进行了考察,发现ABC三种情况都有(其中C中的"零形式或省略式"不构成话题句,除外)。

A. 同形表达式

(40) 昨天下午就派人去买电脑了,电脑买回来了吗?

(41) 问:你们租这个房子,房租多少钱?

答:房租不记得了。

例(40)中话题句中的受事主语"电脑",与上一句中的"电脑"同形;例(41)是对话,答句中受事话题"房租"与问话中的"房租"同形。

B. 局部同形表达式

(42) 1933年,丁玲在上海被国民党特务绑架,1936年从南京逃出后往上海见冯雪峰,……冯雪峰主要与她谈起了两个人,一个是鲁迅,一个是毛泽东。对鲁迅,丁玲比较了解,毛泽东的名字,20年代在湖南她早听说过,但从未见过面。

(43) 他登广告他就正儿八经地登广告。这种变相的广告咱不做。你让他自己多串联几个野鸡企业,自己出个中国企业家丛书。

例(42)话题句中受事话题"毛泽东的名字"与前文出现的"毛泽东"局部同形,(43)中的"这种变相的广告"与前文的"广告"是局部同形。

在我们收集到的182个话题句例句中,局部同形最多,共有127个,占70%。局部同形可以分为两类:一类是无指代词的局部同形,如上文的(42),一类是有指代词的局部同形,如上文的(43)。这两类局部同形具有非常大的不平衡性,表现在有指代词的局部同形占到了绝大多数,而无指代词的局部同形数量较少。造成这种现象的原因在于有指代词的局部同形更能加强篇章之间的连贯性。

C. 异形表达式

异形表达式也就是联想回指,徐赳赳(2010)认为:"在联想回指中,某个作为定指形式名词引进语篇时,①没有先行词,或者说没有类似同指回指中的先行词,但②对联想回指词的理解靠的是'前面话语中出现过的、起到先行词作用'的某个词。"[9](P348)话题句在语篇推进过程中,上述联想模式都存在。例如:

(44) 昨天下午我们定了协议,合同我拿来了,你看吗?

(45) 诶,不要跟他们再讲了,小王,跟他们讲这些废话干什么呢?我们只知道他们侵了权,至于他们内部谁是谁非,啊,谁干了谁没干,这些问题我们通通不要管。

例(44)受事话题"合同"上文回指触发词的"协议"是同义词,例(45)的受事话题"这些问题"回指"至于他们内部谁是谁非,啊,谁干了谁没干"。

联想回指还有一些上下义回指和关联回指。例如:

(46) 王万民最近发表的小说我看完了,第三章我非常喜欢。

(47) 牛:能不火吗?火了。可咱怕吗?不怕。你说怎么着吧?是来硬的,还是来软的?

刘：诶，诶。就这个硬和软哪，这，这火候儿我老掌握不好。不知道什么时候儿该软，什么时候儿该硬。硬，硬到什么程度，软，软到什么样儿。

例(46)的“第三章”与上文的“小说”构成部分与整体的关系；上述两种关系都构成回指的上下义关系。例(47)上文语境为理解受事话题“这火候”提供了条件。联想回指主要是靠人们认知模式通过联想建立起来的。

从上面的讨论可以看出，话题句通过受事话题与上文建立了密切的关系。从一个话题变换为另一个话题，这是连贯话语的线性扩展方式。而受事话题正是上下文连接的桥梁，由于它放在句首位置，会紧接着上文出现，有利于提取存在于短时记忆中的上文信息，使上下文意义连贯起来，从而推进语篇的展开。

四、结语

汉语是话题优先型语言，受事话题句是其典型的句法表现形式，其句法、语义和语篇功能上有着显著的特点。主语位置上的受事主要是名词性成分，有指量短语、指示代词和光杆名词和限饰性短语，其中以前三类成分最为常见，因为它们都是简短形式，在认知上具有省力、加工时对记忆力资源消耗较小的特征，有助于快速、有效地进行信息处理。绝大部分是指物名词，指人名词非常少。谓语 NP 位置上的词语绝大多数是指人名词性成分，其中以人称代词尤其是第一人称代词最多。VP 绝大部分是复杂形式，或前有状语，或后有补语以及完句成分，简单形式非常少。受事话题句整体的语用功能是说明，既有状态性说明，也有评议性说明。受事话题句绝大部分以后续句的形式出现，通过受事话题与上文建立密切的关系，运用回指手段将上下文意义连贯起来，进而推进话语的延续。

参考文献

[1] 伯纳德·科姆里(沈家煊　罗天华译). 语言共性和语言类型[M]. 北京：北京大学出版社,2010.
[2] 范晓. 汉语的句子类型[M]. 太原：学海出版社,1998.
[3] 胡裕树　范晓. 动词形容词的“名物化”和“名词化”[J]. 中国语文,1994,(2).
[4] 廖秋忠. 现代汉语篇章中指同的表达[J]. 中国语文,1986,(2).
[5] 吕叔湘. 吕叔湘文集(第1卷)[M]. 北京：商务印书馆,2004.
[6] 吕叔湘. 汉语语法分析问题[M]. 北京：商务印书馆,1979.
[7] 沈家煊. 不对称和标记论[M]. 南昌：江西教育出版社,1999.
[8] 石毓智. 肯定和否定的对称与不对称[M]. 北京：北京语言文化大学出版社,2001.
[9] 徐赳赳. 现代汉语篇章语言学[M]. 北京：商务印书馆,2010.
[10] 詹人凤. 受事主语句(名—动式)的识别[A]. 语法研究和探索(六)[C]. 北京：语文出版社,1992.
[11] 张旺熹. 主谓谓语句结构的语义模式[J]. 世界汉语教学,1993,(3).
[12] 赵元任(吕叔湘译).《汉语口语语法[M]. 北京：商务印书馆,1979.
[13] 朱德熙. 语法讲义[M]. 北京：商务印书馆,1982.

(本文原载《通化师范学院学报·人文社会科学》2013年第2期。)

汉语数量配比义受事主语句及生成动因

一、引言

数量配比义受事主语句指的下列句式类型：

(1) 一锅饭吃了六个人。

(2) 一匹马骑了两个人。

(3) 一条棉裤穿全家人。

(4) 一间房子租三个人。

上述例句可以形式化为 $S_{受}+VP+O_{施}$，其中“一锅饭”“一匹马”“一条棉裤”“一间房子”等是 $S_{受}$，“吃了”“骑了”“穿”“租”是VP，“六个人”“两个人”“全家人”“三个人”是 $O_{施}$。本文将上述句式称为数量配比义受事主语句。

数量配比义 $S_{受}+VP+O_{施}$ 句式语序与汉语基本语序“施事—动词—受事”语序正好相反，很早就吸引了学者们的注意。一般称为“供用句”“供使句”“施事宾语句”“主宾可换位句式”等等。丁声树等(1961)认为这些例句的主语和宾语可以互换，意思上没有大差别。原因是动词具有两面性。[1]P36—37 宋玉柱(1982)讨论可逆句时，认为这类句式是可逆句的一种，称为供动型可逆句，认为这类句式有两个特点：一是有供动意义，二是多半用在计数的语言环境中。[2]这是将这类句式称为供动句的开始。李敏(1998)认为这种主宾可互易句的动词含有某物可以“供”某人(或某物)使用的意思。句子中的动词虽然有具体的词义，但总的来说表示一种“供给”的意义。[3]袁毓林(1998)在研究汉语动词的配价方式和配价层级时讨论了这类句式的生成。他认为“一锅饭吃十个人”是由基础句“十个人吃一锅饭”话题化和述题化而来的。[4]沈家煊(1999)从标记和不对称的角度对这类句式的成因进行了解释，它们之所以可以互逆，是因为施受的对立都很模糊。[5]P213 任鹰(1999)比较深入地讨论了这类句式主宾可换位的语义条件。认为这类句式的动词都应当附有一种“给予”义，或者说，句中动词的语义特征应当是“动作＋给予”的复合，这是这类句式能够互逆的原因。[6]李艳惠、陆丙甫(2002)则证明“转翻(flip-flop)结构”，如“三个童子军睡一张床←→一张床睡三个童子军”中句首“数量NP”强调“多少”的数量意义，是以数量词为核心的“数量短语”，表示的是“确定的量”，因此不违背主语“不能是不定指”的要求。[7]陆俭明(2004)将这种受事主语数量配比句看做构式，是一种表示容纳性的数量对应式，可以统一概括为：“容纳量——容纳方式——被容纳量”。[8]丁家勇(2006)以认知语言学的理论和方法，对这类句式的生成、使用从认知上进行了一些解释，[9]刘街生(2009)研究了这类句式的构成限制，并对其体标记和主语特征进行了刻画。[10]鹿荣、齐沪扬(2010)认为这类句式是供用句，其可逆对应式是益得句。句法可逆是“供用者以某种方式给予供用对象某种供用物”这一客观场景站在不同角度进行主观认知的结果；“给予”和“得到”理想认知模型的参与者不同，导致供用句和益得句的句法映现形式不同。[11]储泽祥(2010)认为这类句式表示配备物按某种方式和比例安排给配备者。[12]上述研究侧重于句法、语义方面的描写，但对于这类句式生成的动因还缺少令人满意的解释。本文将在描写这类句式句法语义的基础上，重点解释这类句式的生成动因。

二、数量配比义 $S_{受}$ +VP+ $O_{施}$ 句式特点

先看例句：

一锅饭吃十个人
一匹马骑两个人
一条棉裤穿一家人
一间房子租两个人
一张床睡两个人
一个沙发坐三个人

学术界对这类句式的句法语义特点做过比较深入的研究，总结起来大概有以下一些：从句法构成上看，主语是数量短语，宾语也是数量短语，述语动词为单音节动词；这类句式主语和宾语能够易位，易位后句子的命题意义基本不变。例如：

十个人吃一锅饭
两个人骑一匹马
一家人穿一条棉裤
两个人睡一张床
两个人租一间房子
三个人坐一个沙发

这类句式中数量词是影响句法结构成立的关键因素。如果去掉数量词，句法结构或不能成立或合格度不高。例如：

*饭吃人
*马骑人
*棉裤穿人
？房子租人

? 床睡人

? 沙发坐人

句中动词可以省略，省略后句子依然能够成立，而且对句子语义表达基本上没有影响。例如：

一锅饭十个人

一匹马两个人

一条棉裤一家人

一间房子两个人

一张床两个人

一个沙发三个人

句中动词如果带体标记带“了”“过”，一般不能带“着”。例如：

一锅饭吃了/过/*着十个人

一条棉裤穿了/过/*着一家人

一匹马骑了/过/*着两个人

一间房子租了/过/*着两个人

一张床睡了/过/? 着两个人

一个沙发坐了/过/? 着三个人

也有一些学者从构式语法的角度概括了这类句式的构式意义，但是观点并不相同。李敏（1998）认为这类句式表示“供用”。[3]任鹰（1999）也认为这类句式供用句的动词都应当附有一种“给予”义，或者说，句中动词的语义特征应当是“动作＋给予”的复合。[6]陆俭明（2004）、丁家勇（2006）都认为这是一种表示容纳性的数量对应式，概括为：“容纳量——容纳方式——被容纳量”。[8][9]鹿荣、齐沪扬（2010）将这类句式的构式意义概括为“（在供用者有意识的作用下）某些存在物（NP_1）以某种方式（V）供给某些人或物（NP_2）使用。[11]储泽祥（2010）将这类句式归类为配备式：配备物＋配备方式＋配备者。表示配备物按某种方式和比例安排给配备者。[12]可见,人们对这类句式的构式意义还有不同意见。

三、数量配比义 $S_{受}$+VP+$O_{施}$的句式意义及动因解释

沈家煊(1999)认为,数量配比义 $S_{受}$+VP+$O_{施}$句式可以易位是因为施受对立模糊,所以主语和宾语能够易位,[5]但是并没有解释为什么在这样的句式中施受对立模糊。

从事件构成的参与者的语义角色来看,动作的发出者是施事,动作的承受者是受事,就是在受事主语数量配比句中也是很明确的。例如:

一匹马骑两个人

一锅饭吃十个人

一条棉裤穿一家人

对上述例句,主语位置上的"一匹马、一锅饭、一条棉裤"是受事,宾语位置上的"两个人、十个人、一家人"是施事,这是语法研究者的共识,也不会出现施事、受事判定有疑问的问题,也就是说在这样的句子中,施事和受事是非常清楚的。

下面是上述例句的可逆形式:

两个人骑一匹马

十个人吃一锅饭

一家人穿一条棉裤

上述这些例句称为施动受的句子,可以看出,这些施动受的句子与受事主语数量配比句互为变换形式。如果说因为受事主语数量配比句的施受对立模糊,所以能够主宾语易位,那么与受事主语数量配比句相对应的施动受的句式也可以主宾换位而基本意思不变,是不是可以说施受对立也模糊呢?似乎还没有人认为这类施动受句式的施受对立是模糊的。

需要指出的是,这类施动受的句子跟大部分施动受的句子有很大的差异。例如:

小王骑一匹白马

小张吃一锅饭

小李穿一条棉裤

上面例句也是施动受的句子,但是,它们都无法变换成受动施的句子。例如:

* 一匹白马骑小王

* 一锅饭吃小张

* 一条棉裤穿小李

“十个人吃一锅饭”可以变换为数量配比义 $S_{受}+VP+O_{施}$ 句式“一锅饭吃十个人”,而“小张吃一锅饭”则不能变换成“一锅饭吃小张”。比较两类句式可以发现二者的区别在于主语位置上“十个人”和“小张”的不同,前者是指人的数量词,后者是指人的专有名词。主语位置上施事的不同类型则表达不同的事件类型。不同的事件类型决定了其可逆性质。

李艳惠、陆丙甫(2002)曾指出汉语的数目短语有两种解读:一种在理解成指称性的名词短语时,其中名词是核心;在强调“多少”这个意义时,可以看作以数量词为核心的“数量短语”。[7] 而数量配比义 $S_{受}+VP+O_{施}$ 句式表达的正是数量配比关系,主语位置上数量短语和宾语位置上的数量短语有配比关系,也就是说在数量配比义 $S_{受}+VP+O_{施}$ 句式中,数量词是核心,而作为中心语的名词性成分则不是核心,或者说,数量词是句子传递的信息焦点。因此,这些数量词就成为影响这类句式成立的重要因素,一旦没有数量词,受事主语数量配比句就失去了存在的价值,即失去了传递信息的功能。据此,可以认为数量配比义 $S_{受}+VP+O_{施}$ 句式的句式意义表示数量配比关系。

这类句式可逆的原因也在于主宾语之间的数量配比关系,而这种配比关系可以形成主宾语之间的数量比例关系。例如：

一匹马骑两个人

一锅饭吃十个人

一条凳子坐三个人

主宾语位置互逆后，这种数量比例关系仍然保持不变。例如：

两个人骑一匹马

十个人吃一锅饭

三个人坐一条凳子

可见，数量比例关系维持不变才是主宾语可以互逆的根本原因。

认知语言学认为，一种形式表达一种功能，数量配比义 $S_{受}+VP+O_{施}$ 句式与其可逆形式尽管数量比例关系保持不变，但二者表达的意义还是有差别的。李敏(1998)认为，受事主语数量配比句表示“供给”意义，而其相应的可逆形式表示“分配”意义。[3] 我们认为这种观察有一定的道理，主要是由话语采用不同视角造成的。客观世界中的事件在语言中会编码为句子，但语言编码客观世界中的事件不是镜子式的，而是经过了人的主观认知，也就是：客观世界——人的认知——语言。同一个客观世界中的事件，由于人的认知的介入，会凸显事件的不同侧面，形成不同的意象，从而形成不同的句式意义。

上文说过的一般施动受句之所以不能互逆的原因在于这些句式不是受事主语数量配比句，而是事件句，事件句反映的是客观世界中的事件，事件参与者角色在事件中是明确的，自然要遵循汉语表达事件的一般语序规律。陈平(1994)提出充任主语和宾语的语义角色优先序列：

施事＞感事＞工具＞系事＞地点＞对象＞受事

充任主语方面，位于“>”左边的语义角色优先于右边的角色，在充任宾语方面则正好相反，位于“>”右边的角色优先于左边的角色。[13]

可见，施事充当主语、受事充当宾语是汉语事件句无标记语序，而让受事充当主语，施事充当宾语显然违背了充任主语和宾语的语义角色优先序列，这也是这类句子不能成立的根本原因。

任鹰(1999)、张旺熹(1999)等很多学者都指出，这类句式中谓语动词在一定程度上抽象化了，在此，动词究竟表示什么动作已不重要，重要的是说明供用的方式。[6][14] 的确如此。数量配比义 $S_{受}+VP+O_{施}$ 句式及相应的互逆句即使没有动词句子仍然能够成立，而配比的意味更加明显。例如：

一匹马两个人　　两个人一匹马

一锅饭十个人　　十个人一锅饭

一条凳子三个人　三个人一条凳子

需要指出的是数量配比义 $S_{受}+VP+O_{施}$ 句式尽管动词究竟表示什么动作并不重要，但是其中的动词也不是任意选择的。例如：

一匹马骑两个人——*一匹马牵两个人

一锅饭吃十个人——*一锅饭做十个人

一条凳子坐三个人——*一条凳子搬三个人

上述例句中“骑”“吃”“坐”可形成数量配比义 $S_{受}+VP+O_{施}$ 句式，而“牵”“做”“搬”则不能形成数量配比义 $S_{受}+VP+O_{施}$ 句式。

数量配比义 $S_{受}+VP+O_{施}$ 句式称为供用句或供使句，即主语表示的“物”是供宾语表示的“人”使用的，宾语“人”不但是动作的施事者，更重要的还是“物”的使用者，使用方式正是谓语动词表示的动作。比如：马是供人骑的，饭是供人吃的，凳子是供人坐的。如果谓语动词不表示宾语“人”使用主语“物”的方式，则不能使用受事配比句。比如：马不是供人牵的，饭不是供人做的，凳子不是供人搬的。相应的“一匹马牵两个人”“一锅饭做十个人”“一条凳子搬三个人”则不能成立。

任鹰(1999)认为供用句的动词都应当附有一种“给予”义，或者说，句中动词的语义特征应当是“动作＋给予”的复合。[6]朱德熙(1979)将“给予”描述为：(1)存在着“与者”(A)和“受者”(B)双方。(2)存在着与者所与亦即受者所受的事物(C)。(3)A 主动地使 C 由 A 转移至 B。[15]在数量配比义 $S_{受}+VP+O_{施}$ 句式的语义结构中应该有三个参与者：与者、受者和给予物。从语义角色来看，与者是施事，受者是与事，给予物是受事。

实际上，数量配比义 $S_{受}+VP+O_{施}$ 句式中只出现了受事和与事，需要指出的是与事即宾语位置上的指人名词具有实施谓语动词所表示动作的潜能，但是在句式意义的控制下，体现出来的则是与事意义，与事角色本来与受事角色相近，加之又处于受事常在的宾语位置上，自然会获得一些受事性。这样一来，这些指人名词既不像受事，也不像施事，这也许就是沈家煊先生所谓施受对立模糊的原因。

数量配比义 $S_{受}+VP+O_{施}$ 句式没有出现施事，这是由句式意义决定的，因为数量配比句主要表达一种数量配比关系，而不是给予事件，句式压制了施事论元的出现。汉语是一种话题优先型语言，受事和与事相比更容易话题化，而与事本来的位置就在动词之后，当受事话题化之后，正好形成“受事(话题)——动词——与事”的语序，这也是数量配比义 $S_{受}+VP+O_{施}$ 句式形成的动因。

当谓语动词不含有“给予”的意义时，则不能形成数量配比义 $S_{受}+VP+O_{施}$ 句式。如：

*一匹马牵两个人

*一锅饭做十个人

＊一条凳子搬三个人

因为动词没有“给予”意义，只是一般的二价动词，有两个参与者，一个充任施事，一个充任受事。按照陈平（1994）充任主语和宾语的语义角色优先序列，[14]施事充当主语，受事充当宾语，形成“施事——动词——受事”语序，而上面例句语序正与此相反，所以不能成立。但是“施事——动词——受事”语序则是成立的。例如：

两个人牵一匹马

十个人做一锅饭

三个人搬一条凳子

许多学者都指出，数量配比义 $S_{受}$＋VP＋$O_{施}$句式一般不带体标记，如果带，一般带“了”“过”，不带“着”。例如：

一匹马骑了/过两个人

一锅饭吃了/过十个人

一条凳子坐了/过三个人

数量配比义 $S_{受}$＋VP＋$O_{施}$句式之所以一般不带体标记，是因为这种句式的句式意义表示数量配比关系，而不表示事件进程，而体标记是反映事件进程的语法标记，因此与这类句式不匹配。

也有学者认为，即使这类句式带上体标记，句式也不表示动态意义。“了、过”不仅仅表动作的完成，更表示供用关系的实现。换句话说，“过、了”并不是附加在动词之上的，而是附加在整个句子之上的表达一种已实现了的供用关系，整个句子表达的是非动态义。[16]这种看法是有一定道理的。

四、结语

汉语是分析性的语言，词序是汉语重要的语法手段，句法成分与语义成分的配对具有一定规律性。施事充当主语，受事充当宾语是汉语句式语序的基本规律，即“施事—动词—受事”语序是汉语的基本语序。数量配比义 $S_{受}+VP+O_{施}$ 句式则与汉语基本语序相反，形成“受事—动词—施事”语序。这种句式具有特别的句法、语义特点。表现为主语和宾语都是数量短语，述语动词为单音节动词，一般不带体标记，即使带体标记，句式也不表示动态意义。主语和宾语能够易位，易位后句子的命题意义基本不变。这类句式的主宾语之间形成数量配比关系，不变的主宾语配比关系是主宾语可以互逆的根本原因。主宾语中的数量词是影响这类句式成立的重要因素，一旦没有数量词，数量配比关系不复存在，这类句式不能成立。数量配比义 $S_{受}+VP+O_{施}$ 构式意义表示一种数量分配关系。

参考文献

[1] 丁声树等.现代汉语语法讲话[M].北京：商务印书馆，1961.
[2] 宋玉柱.可逆句[J].中国语研究(日本)，1982，(21).
[3] 李敏.现代汉语主宾可互句的考察[J].语言教学与研究，1998，(4).
[4] 袁毓林.汉语动词的配价层级和配价方式研究[A].袁毓林 郭锐主编《现代汉语配价语法研究》(第二辑)[C]，北京大学出版社，1998.
[5] 沈家煊.不对称和标记论[M].南昌：江西教育出版社，1999.
[6] 任鹰.主宾可换位供用句语义条件分析[J].汉语学习，1999，(3).
[7] 李艳慧 陆丙甫.数目短语[J].中国语文，2002，(4).
[8] 陆俭明.“句式语法”理论与汉语研究[J].中国语文，2004，(5).
[9] 丁家勇.容纳句的数量关系、句法特征及认知解释[J].汉语学报，2006，(1).
[10] 刘街生.现代汉语中的供使句[J].中山大学学报(社会科学版)，2009，(3).
[11] 鹿荣 齐沪扬.供用句的语义特点及可逆动因[J].世界汉语教学，2010，(4).
[12] 储泽祥.汉语施事宾语句与SVO型语言施事、受事的区分参项——兼论汉语“句位高效”的类型特征[J].民族语文，2010，(6).
[13] 陈平.试论汉语中三种句子成分与语义成分的配位原则[J].中国语

文,1994,(3).
[14] 张旺熹.主谓谓语句结构的语义模式[J].世界汉语教学,1993,(3).
[15] 朱德熙.与动词“给”相关的句法问题[J].方言,1979,(2).
[16] 邹海清.供用句的非动态性特征与句式语义[J].乐山师范学院学报,2004,(11).

(本文原载《云南师范大学学报·对外汉语教学与研究版》2015年第1期。)

“对(于)……来说”话题句的结构与功能

一、引言

“对(于)……来说/而言”是现代汉语中使用频率很高的框式介词。“对(于)……来说”口语性强,“对(于)……而言”具有文言意味,但二者的语法特点相同,本文不作区分,统一记为“对(于)……来说”

“对(于)……来说”的用法和意义,《现代汉语八百词》认为“表示从某人、某事的角度看”;[1](P182) 傅雨贤等(1992)认为“表示涉及关系”,“就是指站在某一角度看问题时所牵扯到的一定的事和物”。[2](P193) 陈昌来(2002)称之为“介词框架”,其中的“来说”是准助词,“主要介引某种论断、看法等所牵涉到的某个特定对象,包括动作行为的施事或系事或其他相关的对象”。[3](P155) 刘丹青(2003)称之为词汇性框式介词。[4](P145) 上述这些研究,为进一步讨论这个问题奠定了良好的基础。我们认为框式介词“对(于)……来说”具有话题标记功能,具有该标记的句式是“对(于)……来说”话题句,本文主要讨论该句式的结构与功能。

二、"对(于)……来说"的句法位置及其制约条件

"对(于)……来说"短语在句中有两种句法位置:一是出现在主谓之间;一是出现在句首。例如:

(1) 信用调查,对于美国人来说,是一个非常正常和普遍的行业。①

(2) 加强市场调查,了解顾客心理,这对于国际市场营销来说更为重要。

(3) 对于小学生来说,学习基本知识是重要的,但更重要的是教会他们怎样学习。

(4) 对于 MBA 学生而言,最重要的是沟通能力。

前两个例句的"对(于)……来说"短语出现在主谓之间,后两个例句出现在句首。

考察发现,"对(于)……来说"短语,有些只能放在主谓之间,有些只能或倾向于放在句首,有些既可以放在主谓之间,也可以放在句首。下面的例句是上面 4 个例句的变换式:

(1′) 对于美国人来说,信用调查是一个非常正常和普遍的行业。

(2′) ? 加强市场调查,了解顾客心理,对于国际市场营销来说,这更为重要。

(3′) 学习基本知识,对于小学生来说是重要的,但更重要的是教会他们怎样学习。

(4′) * 最重要的对于 MBA 学生而言是沟通能力。

将上述 4 个例句的原式和变换式比较后就会发现,"对(于)……来说"短语的句法位置不完全是任意的,而是有条件限制的。

---

① 本文语料来源于北京大学汉语言学研究中心现代汉语语料库。

2.1 “对(于)……来说”只能放在句首位置上

“对(于)……来说”短语只能放在句首位置上可以分为以下几种情况:

2.1.1 “对(于)……来说”介引的成分是后面谓词的主事论元成分。例如:

(5) 对于传统产业来说,面临如何向现代公司转换的过程。

(6) 对我国来说,及时做好设备的更新、改造,更有它的现实意义。

(7) 对个人来说,参加储蓄不仅可以得到利息,而且可以帮助人们安排好生活。

2.1.2 “对(于)……来说”介引的成分与句子的主语有复指关系,句子的主语含有代词性成分,复指“对(于)……来说”介引的成分。例如:

(8) 对于任何单个的恒星来说,它既有产生的一天,也有衰老死亡的一天。

(9) 对小学生来说,在正规的学校教育教学中,他们必须适应学校的各项规章制度。

(10) 对幼儿来说,他们的观点、情感、意志可以自由表达,很少受到约束。

例(8)句子的主语是“它”,与“任何单个恒星”有复指关系,例(9)句子的主语是“他们”,与“小学生”有复指关系,例(10)主语部分的定语“他们”与“幼儿”有复指关系。

“对(于)……来说”短语只能放在句首,是因为句子的主语是代词或含有代词。代词是索引词,主要用于回指,而回指的名词性成分正是“对(于)……来说”介引的成分,它作为代词的先行词只能出现在代词之前,惟其如此,代词回指的对象才能清楚。

2.1.3 “对(于)……来说”介引的成分与句子的主语构成框—棂关系

框—棂关系是廖秋忠(1985)提出来的。“汉语语流中两个名词性成分,特别是相邻的,A 和 B 有时存在着这样的语义关系:B 或为 A 的一个部件/部分、一个方面/属性,或为 A 经常共现的实体、状态、状态或事件,A 为 B 提供了进一步分解 A 或联想到 B 的认知框架。A 就是这儿所说的框,B 即是棂。”[5]例如:

(11) 对一份报纸而言,第一版是要闻版,排在这一版上的新闻比其他版重要。

(12) 对鸡毛来说,重量跟空气阻力相比,几乎不相上下,

(13) 对绝大多数产品来说,价格弹性处于从 0 到大约—10 的范围内。

例(11)“对(于)……而言”介引的成分“一份报纸”跟句子主语“第一版”构成框—棂关系,前者为框,后者为棂,二者是整体和部分的关系;例(12)中的“鸡毛”与“重量”构成框—棂关系,“重量”是“鸡毛”的属性;例(13)中的“绝大多数产品”与“价格弹性”是框—棂关系,“价格弹性”是“绝大多数产品”的属性。

这种情况的“对(于)……来说”框式介词短语之所以出现在句首可以从两个方面进行解释:

首先,从认知语言学的理论来看,这种顺序符合戴浩一(1988)提出的“时间范围原则(PTSC)”,戴浩一认为:“如果句法单位 X 表示的概念状态在句法单位 Y 所表示的概念状态的时间范围之中,那么语序是 YX”。[6]在汉语里,不论时间上还是空间上,大范围的成分总是先于小范围的成分。就“对(于)……来说”所介引的事物是框,其后的主语是棂,框总是大于棂,故棂只能位于框之后。

从配价语法理论来看,这类句子的主语大都是一价名词,其配价成分正好是“对(于)……来说”所介引的成分,二者是依存关

系。而配价成分是理解一价名词所指的前提,因此,它必须出现在一价名词之前。如例(11),如果不出现“报纸”,就无法理解“第一版”所指,后面两个例子也是如此。

2.1.4 **句子的主语为“的”字短语。例如:**

(14) 对我们来说,首先要做好的是理顺部门与部门之间的隶属关系。

(15) 对于新生来说,需要适应的就是新环境。

(16) 对康佳来说,重要的不是如何应对入世所带来的压力,而是如何提高产品质量。

在这类句子中,“对(于)……来说”介引的成分是后面充当主语的“的字短语”中谓词性成分的主事。如例(14)中“做”的主事是“我们”,例(15)中“需要适应”的主事是“新生”,例(16)中“重要的”的主事是“康佳”。由于这种特殊的语义关系,“对(于)……来说”框式结构不能出现主谓之间。

2.2 “对(于)……来说”短语倾向于放在主谓之间

“对(于)……来说”短语倾向于放在主谓之间大概有两种情况:

2.2.1 **句子的主语为指示代词“这”或含有“这”的名词短语,回指前面句子叙述的一件事情。例如:**

(17) 在地毯的另一头放着一只黄色的玩具小鸭,这对一个只有9个月的婴儿来说有极大的吸引力。

(18) 到国外留学,自己要处理各种各样的生活琐事,再加上要适应各种各样的人际关系,这对他们来说都是很大的挑战。

(19) 西方一些政客对中国指手画脚,说东道西,这些干涉对我们来说,没有什么了不起,我们可以置之不理,也可以提出抗议。

(20) 把尚未实现的销售“虚拟”在应收帐款上，这种现象对投资者来说，实在是令人担忧的

如果将“对(于)……来说/而言”介词框架放在句首，句子的合格度大受影响。比较下面的句子：

(17′) ? 在地毯的另一头放着一只黄色的玩具小鸭，对一个只有9个月的婴儿来说，这有极大的吸引力。

(18′) ? 到国外留学，自己要处理各种各样的生活琐事，再加上要适应各种各样的人际关系，对他们来说，这都是很大的挑战。

(19′) ? 西方一些政客对中国指手画脚，说东道西，对我们来说，这些干涉没有什么了不起，我们可以置之不理，也可以提出抗议。

(20′) ? 把尚未实现的销售“虚拟”在应收帐款上，对投资者来说，这种现象实在是令人担忧的。

这种现象可以从回指距离上得到解释，根据许余龙(2004)篇章回指确认原则，[7](P108)“这”作为可及性强的回指语，其指称对象应该是当前主题。当前主题是在篇章处理的某一刻，听读者刚处理过的实体，它最有可能仍清楚保留在大脑的短时记忆中，处理起来更为省力、省时，最容易被激活；如果在高可及性回指语和回指实体之间插入成分，就会加大回指实体的搜索难度，处理过程变得复杂，不符合人类的一般认知原则。

在我们调查的487个例句中，主语为指示代词“这”，回指前面句子叙述的一件事情的句子共有16个，将“对(于)……来说”短语放在主语之前的只有下面1句。

(21) 吝于付出爱和情感的父母，他们没有满足子女在成长过程中的需求，对于子女的成长来说，这不能不说是一种缺憾。

2.2.2 **"对(于)……来说"框式介词介引的成分与句子谓语的某些成分构成论元关系。例如：**

(22) 我今天讲的话，对高级干部来说不是那么愉快的。

(23) 譬如，一套中等水平的房子，对于有钱人来说，平淡得很，不会以此感到惬意，也不会引起什么快乐。

(24) 例如1988年8、9月间，我国银行利率上调，对一些原来买债券的人来说，当初购买时就是因为看中债券比银行利率。

例(22)的"高级干部"与"愉快"构成论元关系，(23)的"有钱人"是后面谓词的论元成分，例(24)中"一些原来买债券的人"与"后悔莫及"构成论元关系。

袁毓林(2002)在讨论多项副词共现的语序原则时提出了语义接近原则，"即语义上有述谓关系等语义联系紧密的成分尽可能靠近"，"或者说在概念空间中语义距离近的词项在语句中的线性距离也相应地近。"[8]这项原则也适用于"对(于)……来说"框式介词短语作状语。由于"对(于)……来说"介引的成分与句子谓语的某些成分构成论元关系，它们的语义距离比起谓语跟主语的关系来，要近得多，所以在语序上靠近谓语，放在主谓之间。

2.3 "对(于)……来说"框式介词短语既可以放在句首，也可以放在主谓之间

除了在1.1和1.2中提到的制约条件之外，"对(于)……来说"框式介词短语既可以放在句首，也可以放在主谓之间。如上文的例(1)、(3)，下面再补充两个例子：

(25) 对于革命事业来说，一个人的作用就如一架机器上的一颗螺丝钉。

(26) 义务教育对儿童来说是一种权利。

需要指出的是，尽管这类框式介词短语作状语在位置上具有

灵活性，但是考察发现，仍然表现出较强的倾向性，即倾向于出现在句首的位置上。在我们考察的268个这类例句中，有198个出现在句首的位置上，占74%。

出现这种现象的原因，在于"对(于)……来说"所介引的成分大都是有定性成分，具有很强的可别度，根据陆丙甫(2005)"可别度领前原理"，[9]这类状语出现在句首符合人类语言的普遍共性；同时，"对(于)……来说"兼做话题标记，其介引的成分是话题，放在句首，更符合汉语的话题结构。

三、"对(于)……来说"框式介词成分"来说"的隐现

上文我们考察了"对(于)……来说"框式介词短语出现的句法位置，有些只能或倾向于出现在句首，有些倾向于放在主谓之间，有些既可以出现在句首，也可以出现在主谓之间。考察发现，"对(于)……来说"框式介词短语出现的句法位置不同，其构成成分"来说"的隐现情况是不同的。

3.1 "对(于)……来说"框式介词短语出现在句首，"来说"必须出现。

考察"对(于)……来说"框式介词短语必须或倾向于出现在句首的几种情况发现，"来说/而言"必须出现，否则，句子不合格。比较下面几组例子：

(27) a 对大学生来说，必须明确自己的期望是什么。

b＊对大学生，必须明确自己的期望是什么。

(28) a 对幼儿来说，他们的观点、情感、意志可以自由表达，很少受到约束。

b＊对幼儿，他们的观点、情感、意志可以自由表达，很少受到约束。

(29) a 对于一个领导人来说,知识素养就更为重要。

b＊对于一个领导人,知识素养就更为重要。

(30) a 对新入学的大学生来说,更重要的是尽快完成角色转变。

b＊对新入学的大学生,更重要的是尽快完成角色转变。

(31) a 对于奴隶主来说,井田制是分封赏赐和计算俸禄的依据。

b＊对于奴隶主,井田制是分封赏赐和计算俸禄的依据。

例(27)—(30)是"对(于)……来说"框式介词短语只能出现在句首的句子;例(31)"对(于)……来说"框式介词短语倾向于出现在句首的句子。两类句子的共同特点是框式介词成分"来说"必须出现,否则句子不合格。

3.2 "对(于)……来说"框式介词短语出现在主谓之间

"对(于)……来说"框式介词短语作状语出现在主谓之间,"来说/而言"的隐现是有条件的。

3.2.1 **"来说"必须出现**

先比较下面的例子:

(32) a 哈尔滨对我来说很熟悉。

b＊哈尔滨对我很熟悉。

(33) a 这件事情对王大平来说有点意外。

b＊这件事情对王大平有点意外。

(34) a 当前的这种政策,对中小企业来说比较困惑。

b＊当前的这种政策,对中小企业比较困惑。

通过对语料的调查发现,"来说"必须出现的句子有如下特点:

一是"对(于)……来说"框式介词介引的成分大都是表人或机构的名词。例(32)、(33)是表人名词,(34)表示机构的名词。

二是句中谓词性成分大都为表示人的某种感情的二价形容

词。常见的有:寒心、奇怪、厌烦、痛心、气愤、恼火、难过、敏感、迷惘、困惑、苦恼、惭愧、吃惊……

三是"对(于)……来说/而言"框式介词介引的成分是充当谓词性成分二价形容词的主事配价论元。如例(32)的"熟悉"是二价形容词,其主事配价论元是"我",客事配价论元是"哈尔滨"。

"对(于)……来说"在现代汉语中兼做话题标记,用于标记主事论元;而介词"对(于)"主要用于标记客事论元,因此,"来说"一旦隐去,"对(于)"后面的成分就会理解为客体论元。从而构成不合格的句子。

3.2.2 **"来说"隐现自由**

比较下面的句子:

(35) a 加入 WTO 对中国来说绝对是一件有利的事情,中国人会更富、中国会更强。

b 加入 WTO 对中国绝对是一件有利的事情,中国人会更富、中国会更强。

(36) a 这件事对章校长来说是一个严峻的考验。

b 这件事对章校长是一个严峻的考验。

(37) a 这套房子对他来说太重要了。

b 这套房子对他太重要了。

(38) a 网络游戏对当代大学生来说非常有害。

b 网络游戏对当代大学生非常有害。

考察发现,"来说"能够自由出现的句式大致有两种:一种是含有"是"的判断句,如例(35)、(36);一种是形容词谓语句,如例(37)、(38)。

在含有"是"的判断句中,"对(于)……来说"所标记的成分与句中的谓语没有直接的论元关系,但含有间接的论元关系。例如(35)的"有利"、(37)的"考验"分别是二价形容词和二价名动词,它们在语义上需要两个论元与之同现。如"有利"的两个论元分别是"加入 WTO"和"中国"。

在形容词谓语句中,充当谓词性成分的形容词是二价形容词,语义上不是表示人某种感情的形容词,主要是表示评价意义的。

通过对上述两类句式的综合研究,我们发现决定"来说"隐现自由的两个大致条件:一是"对(于)……来说"所介引的成分在语义上必须是客事成分,而不能是主事成分,二是句子的语用意义主要是表示评价的。

需要指出的是,在"来说"可以自由隐现的句子中,"来说"的隐现与否,句子的结构和意义均有较大的差别。

四、"对(于)……来说"话题句的语义特征和话题功能

4.1 "对(于)……来说"话题的语义特征

以往的研究,大都将句中的"对(于)……来说"短语当作"对"字短语的一种类型,功能上与"对"字短语相同,在句中作状语。我们发现在很多出现"对(于)……来说"短语的句子中,很难将其处理为状语,如上文 2.1 中例句。从语义关系上看,"对(于)……来说"介引的成分,有些就是后面谓词的主事成分,如例(5)—(7),有些与句子的主语有复指关系或框棂关系;有些只有话语关系,即靠话语连系起来,与句法上作状语的"对(于)"字短语有很大的差别。

"对(于)"短语在句中作状语,"对(于)"介引的成分是句子的论元成分,与句中的述题中的某些关键成分具有语义选择关系,是典型的句法成分。徐枢(1984)曾讨论了"对"字短语作状语形成的五种"对"字句。除了"对"具有较强的动词性的第二种外,[1]

---

① 徐枢讨论的第二种"对"字句,如"他对苍穹大地高喊"。这类格式中的"对"还保留着一定的动作性,有时后面还可以附着助词"着",如上面的例子可说成"他对苍穹大地高喊"。这里的"对"也不能换成"对于",不同于本文说的"对(于)"短语。

其他四种都是典型的"对"字短语作状语形成的"对"字句。[10]我们在徐文中每个类型选择一个例句：

(39) 气候对于农作物的生长相当重要。

(40) 我们对近代历史要好好研究。

(41) 我对这件事情有不同看法。

(42) 他对每个问题都能加以具体分析。

上述例句中"对"字介引的成分均与述题中的某些关键成分具有语义选择关系。如例(39)中的"重要"是二价形容词，其论元成分分别是"气候"和"农作物的生长"；(40)中的"研究"是二价动词，其论元成分分别是"我们"和"历史"；(41)中的"看法"是二价名词，其论元成分分别是"我"和"这件事情"；(42)中的"分析"是二价名动词，其论元成分分别是"他"和"每个问题"。

考察发现，"对(于)……来说"介引的成分与"对(于)"介引的成分不完全相同。"对(于)……来说"介引的成分有些与句中的述题中的某些关键成分具有语义选择关系，有些则没有语义选择关系。例如：

(43) 对于中国企业来说，务必抓住现在的大好时机，努力强化企业体制。

(44) 这个城市对我来说太熟悉了。

(45) 对于一名哈佛经理来说，由于工作性质的缘故，他不可能时时参加体力劳动。

(46) 现在一堂课45分钟对小学生来说当然是太长了。

(47) 对健康人来说，每种化学成分总是在一定的浓度范围之内变化。

例(43)"对(于)……来说/而言"介引的成分"中国企业"是述题中"抓住"的主事论元，(44)的"我"是"熟悉"的主事论元；(45)中"一名哈佛经理"与述题中"他"有论元共指关系；(46)中"小学生"、(47)的"健康人"则与述题没有语义选择关系。

从上面的讨论可以看出,"对(于)"介引的成分是谓语部分某些关键成分的直接论元成分,具有较强的对待意义;"对(于)……来说"介引的成分既可以是述题中某些关键成分的论元,也可以跟述题没有语义选择关系。

4.2 "对(于)……来说"话题的功能

徐烈炯、刘丹青(1998)认为,话题是一种句法成分,通常具有语言形式方面的某种表现,尤其是在话题优先的语言中。汉语作为一种话题优先的语言,其话题标记有音段成分、韵律成分以及语序等等。[11](P32)我们认为"对(于)……来说"在汉语中兼做焦点话题标记,其功能是引进一个与其他成分构成对比的话题。

徐烈炯、刘丹青(1998)讨论了三种焦点成分,即自然焦点、对比焦点和话题焦点。认为话题焦点具有[一突出][+对比]的特征。话题焦点以句外的某个话语成分或认知成分为背景,其强调作用表现在与句外成分的对比上。[11](P93—102)考察"对(于)……来说"所介引的成分,完全具备这样的特征。看下面的例句:

(48) 整个大自然充满了奥秘,对孩子来说,很多东西都是未知的王国。

(49) 对四、五岁小孩来说,"勇敢"就是"摔倒不哭"或"打针不哭",再大一点的孩子,勇敢就是"胆子大,不怕黑"等等,而同成人理解的勇敢(不怕任何困难和危险)在概念的深度和广度上都大不一样。

例(48)中"对(于)……来说"介引的话题"孩子"显然跟"成人"对比,这个被比的对象隐含在听读者的认知背景中,是交际者的共知信息;当共知信息不明显或不确定时,可以明确地表达出来,以便进行对比。从例(49)中可以明显地体会出来。"四、五岁小孩"对"勇敢"理解与"再大一点的孩子"以及"成人"构成的对比是显而易见的。

这类句子常常以平行的句子来体现这种对比关系。例如：

(50) 对雇主来说，关心的是成本的降低；而对工人来说，关心的则是工资的增长。

(51) 八百美元对经济发达国家来说不算什么，但对中国来说，这是雄心壮志。

需要指出的是，尽管“对(于)……来说”介引的成分具有[＋对比]的特征，但在句子内部，其信息强度不如其后的陈述部分。如(50)中的“雇主”和“工人”互相比较，句子的信息中心是后面的陈述部分。这可以通过“对(于)……来说/而言”构成的是非问句的答语形式来证明。例如：

(52) 对幼儿来说，口吃是由于模仿引起的吗？

——对，是由于模仿引起的。

——不对，不是由于模仿引起的。

对“对(于)……来说”构成的是非问句的回答只能针对问句中谓语部分进行，说明句子的信息焦点仍然在陈述部分，而不在话题焦点部分。

“对(于)……来说”作为话题标记，其对比功能能够在“来说”隐现自由的句子比较中更好地表现出来。例如：

(53) a 这份工作对王喜明来说非常合适。

b 这份工作对王喜明非常合适。

比较 a、b 两句可以明显感觉到：a 句有明显的对比性，将“王喜明”与语境中的其他人进行对比，隐含着“这份工作对王喜明非常合适，对其他人未必非常合适。”而 b 句则完全没有这种语用含义。

话题就是交际中提出一个谈论的对象，也就是话语内容之所关，在英语中就是 aboutness 或 what the speaker is talking about。“对(于)……来说”作为焦点话题标记显然是语法化的结果，其构成成分“来说”明显地残留了与话语有关的痕迹。

综上所述,"对(于)……来说"所介引的成分是句子的焦点话题,具有[一突出][+对比]的特征,它提供话语的起点,并预示着它必须有后续成分;同时,话题为所辖话语划定语域,说话人通过话题表明谈论的内容在该语域内有效,超出该语域未必有效。

上文曾经指出,"对(于)……来说"介引的成分既可以是述题中某些关键成分的论元,也可以跟述题没有语义选择关系。不管怎样,"对(于)……来说"所介引成分的性质是相同的,即都是话题成分,具有[一突出][+对比]的特征。

徐烈炯、刘丹青(1998)将话题分为四类:论元及准论元共指性话题、语域式话题、拷贝式话题和分句式话题。[11](P121)"对(于)……来说"所标记的话题有两类:一类是论元及准论元共指型话题,即论元共指型话题与句子(主句或小句)主要动词的论元或相关的空位所指相同,如上文的例(43)—(45),这一类话题在人类语言中广为存在,最能体现语言普遍性的话题结构;一类是语域式话题,也称为汉语式话题,这类话题为述题提供所关涉的范围,或者框架,如上文的(46)(47),尽管话题与述题有着密切的话语关系,但没有论元关系。

4.3 "对(于)……来说"话题句的结构

学者们普遍将话题放在语用平面进行研究,而徐烈炯、刘丹青(1998)指出汉语是话题优先型语言,话题在句子层次结构中占有一个特定的位置。[11](P43)本文同意他们的观点,认为"对(于)……来说"介引的话题成分具有明确的话语结构特征,在句中占据特定的句法位置。

徐烈炯、刘丹青(1998)区分了三类不同的话题:主话题(main topic)、次话题(subtopic)和次次话题(sub-subtopic)。主话题是指位于句首的话题,次话题是位于主语和动词短语之间的话题,次次话题是位于动词之后的话题。[11](P51)

“对(于)……来说”话题可以充当主话题和次话题，但不能充当次次话题。例如：

(54) 对我个人来说，这笔遗产确实一辈子也用不完。

(55) 那个寒冷的季节对我们来说意味着灾难与痛苦。

按照徐烈炯、刘丹青(1998)，给出这两个例句的树形图：

(56)

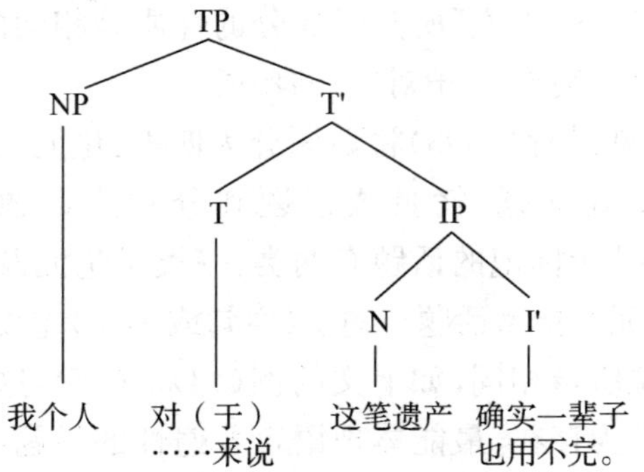

(57)

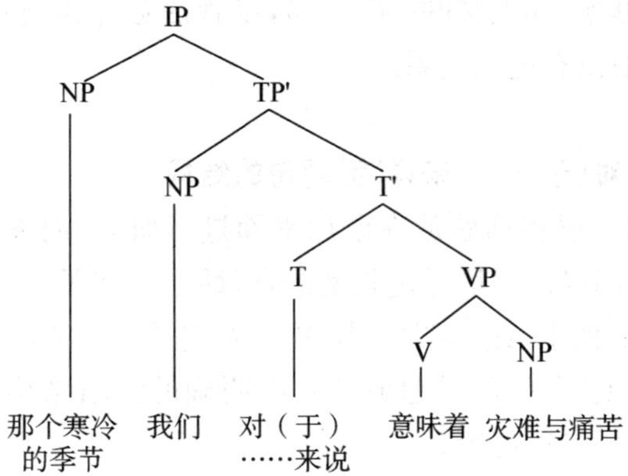

五、结语

框式介词“对(于)……来说”具有话题标记功能，在句子中既可以出现在句首,也可以出现在主谓之间。由于它具有极强话题性,主要出现在句首。有些只能出现在句首,有些倾向于出现在句首;少部分可以出现在主语和谓语之间。本文找出了其句法位置的限制条件,并从多个方面进行了解释,认为框式介词"对(于)……来说"作为话题焦点标记,其功能是引进一个与其他成分构成对比的话题,它标记的话题有两种:一种是论元及准论元共指型话题,一种是语域式话题,这两种话题在句子中占据主话题或次话题的位置。

参考文献

[1] 吕叔湘.现代汉语八百词[M].北京:商务印书馆,2001.
[2] 傅雨贤等.现代汉语介词研究[M].广州:中山大学出版社,1992.
[3] 陈昌来.介词与介引功能[M].合肥:安徽教育出版社,2002.
[4] 刘丹青.语序类型学与介词理论[M].北京:商务印书馆,2003.
[5] 廖秋忠.篇章中的框—棂关系与所指的确定[A].语法研究与探索第3辑[C].北京:北京大学出版社,1985.
[6] 戴浩一.时间顺序和汉语的语序[J].国外语言学,1988(1).
[7] 许余龙.篇章回指的功能语用探索——一项基于汉语民间故事和报刊语料的研究[M].上海:上海外语教育出版社,2004.
[8] 袁毓林.多项副词共现的语序原则及其认知解释[A].语言学论丛(第二十六辑)[C].北京:商务印书馆,2002.
[9] 陆丙甫.语序优势的认知解释:论可别度对语序的普遍影响[J].当代语言学,2005(1、2).
[10] 徐 枢."对"字句的几种主要格式[J].汉语学习,(1984(3).
[11] 徐烈炯 刘丹青.话题的结构与功能[M].上海:上海教育出版社,1998.

(本文原载陈忠主编《汉语句式研究与教学专题论文集》,北京语言大学出版社,2013年。)

现代汉语“有着”句的考察与分析

0. 引言

“有”是现代汉语使用频率很高的一个动词，其基本意义表示“领有、具有”和“存在”，属于关系动词，可带“了、过”，有时可带“着”。本文把“有”带“着”的句子称为“有着”句。例如：

(1) 广州，一个充满机遇的城市，而广州青年有着灵活的选择心态。①

(2) 蒙古人对马鞍具的装饰和制作有着久远的历史和古老的传统。

(3) 企业文化在企业发展战略中有着不可低估的作用。

“有着”句是最近才出现的句子类型，其使用范围有不断扩大的趋势。“有着”句跟“有”字句有密切的关系，但也有很大的区别。有些“有”字句可以变换为“有着”，也有相当多的“有”字句不能变换成“有着”句。例如：

(4) 她有艺术家的气质。——她有着艺术家的气质。

(5) 中日两国之间有数千年的交往历史。——中日两国之间

---

① 本文例句均出自1995年第一季度《人民日报》。

有着数千多年的交往历史。

(6) 小王有两个妹妹。——＊小王有着两个妹妹。

(7) 树上有两只小鸟。——＊树上有着两只小鸟。

我们查阅了“有”字句研究的有关文献，发现现有研究大都是将“有着”句等同于“有”字句，这势必会抹杀“有着”句的特点，不利于对“有着”更为深入的认识。基于此，本文将对“有着”句的句法、语义、语用特点进行分析。

一、“有着”句的句法分析

典型的“有着“句在结构上可以分为三段：前段为主语或句首状语，中段为谓语中心（包括“有着”及前加状语），后段为宾语。

1.1 “有着”句的前段

“有着”句的前段主要有以下几类词语充当。

1.1.1 **名词性成分和人称代词。例如：**

(8) 才素兰对土地有着特殊的感情。

(9) 江苏省徐州市是全国双拥模范城，有着拥军爱民的光荣传统。

(10) 这 30 万份答卷有着特殊的内涵。

(11) 他们有着为环县脱贫的共同心愿和拚搏精神。

1.1.2 **方位短语。例如：**

(12) 平原内部有着也许是全世界最大的泥炭沼泽地。

(13) 中日两国人民之间有着数千年友好交往的悠久历史。

1.1.3 **动词性短语。例如：**

(14) 实施全民健身计划有着重大的政治意义。

(15) 过春节，在我国不仅有着悠久的历史，而且具有广泛的群众性。

1.1.4　N的V短语

(16) 绿色食品的生产有着严格的生产手段控制和环境指标要求。

(17) 贫困、失业和社会解体等问题的产生，有着复杂的原因，既有本国的，也有外部的。

1.1.5　表示处所的介词短语

(18) 在这1400万平方公里的大陆上和环绕其四周的海域中，有着丰富的生物资源、矿产资源和油气资源。

(19) 在雪山的“冰塔发育区”，有着大片大片的冰塔林，雄伟宏大，造型奇特，晶莹剔透，光彩夺目。

从句法结构来看，“有着”句上述前四种类型的前段充当句子的主语，句型是主谓句，最后一种的前段充当状语，句型是非主谓句。

1.2　“有着”句的中段

“有着”句的中段由以下词语充当。

1.2.1　单独的“有着”充当。例如：

(20) 他说，中泰两国有着悠久的交往历史，双方没有根本的利害冲突。

(21) 两国的经贸关系具有很大的潜力，有着广阔的前景。

1.2.2　以“有着”为中心的状中短语充当，其中的状语主要由副词、“对”字短语、“和(跟、同、与)字短语”、表示处所或范围的“在”字短语充当。例如：

(22) 汽车以平均每小时90公里的速度奔驰在公路上，沿路的城镇几乎都有着美丽吉祥的名称，如平安、古浪、天祝、山丹……

(23) 好军嫂韩素云是一个榜样，学习她的精神对我们进行两个文明建设有着十分重要的现实意义。

(24) 星期制度与人们的生活有着越来越密切的关系。

(25) 龙舟运动在中国已有5000年悠久历史，尤其在南方有着广泛的群众基础。

例(22)状语分别是“几乎、都”，(23)的状语是“对”字短语，(24)的状语是“与”字短语，(25)的状语是“在”字短语。

需要指出的是，在我们考察的语料中发现，“有着”只有肯定形式，没有否定形式，也就是没有“没有着”的形式。这一点跟一般的“有”字句有本质的区别。请比较：

(26) 小王有两个姐姐。——小王没有两个姐姐。

(27) 屋里有人。——屋里没有人。

(28) 他有着宽阔的胸襟，开放的眼界——＊他没有着宽阔的胸襟，开放的眼界。

(29) 这里有着丰富的煤炭资源。——＊这里没有着丰富的煤炭资源。

通过比较可以看出，“有”字句既有肯定句，也有相应的否定句；而“有着”句只有肯定句，没有相应的否定句。

1.3 “有着”句的后段

“有着”的后段全部是由名词性的偏正短语充当。例如：

(30) 两国的经贸关系具有很大的潜力，有着广阔的前景。

(31) 现代企业制度不仅仅是一种形式，而且有着丰富的内涵。

考察发现：现代汉语“有着”句的后段有以下两个突出特点：

一是“有着”句的后段必须是名词性的偏正短语，不能是一个光杆名词，否则句子不能成立。看下面的句子：

(30′) ＊两国的经贸关系具有很大的潜力，有着前景。

(31′) ＊现代企业制度不仅仅是一种形式，而且有着内涵。

这两个句子是不合格的句子。可见，后段中的定语是“有着”

句成立的必要条件，它们的有无是影响句子能否自足的重要因素。

二是“有着”句后段的中心词主要是抽象名词。

我们统计了1995年第一季度的《人民日报》，共660万字，得到“有着”句332例，其中后段的中心语大部分是抽象名词，也有一部分名动词和名形词，极少几个具体名词。列举如下：

抽象名词：

原因　关系　联系　机制　历史　传统　意义　目标　作用
依据　感情　背景　行为　程序　弱点　优点　分歧　基础
优势　利益　内容　经验　共性　个性　内涵　友谊　关联
能力　前景　前程　特色　天赋　观点　心愿　精神　心态
潜力　共识　差距　景观　功能　观念　尊严　勇气　责任
习性　立场　体制　愿望　胸襟　眼界　胆识　欲望　任务
成分　活力　经历　年轮　天性　美德　价值　措施　特征
看法　未来　渊源　幻想　情况　激情　地位　力量　洞察力
吸引力　感染力　凝聚力　感召力　独立性　必然性　偶然性

名动词和名形词：

影响　来往　合作　共鸣　规定　主张　区别　了解　追求
表现　关注　需求　思考　不幸　孤独　无奈

具体名词：

故事　道路　人口　土地　语言　女性

二、“有着”句出现的语义解释

2.1　“有着”句和“有”字句的表意差异

“有着”句是新近出现的句式，它和“有”字句既有密切的关系，也有重要的差别。考察发现，“有着”句的表意范围小于“有”字句。

2.1.1 “有”字句的表意类型

根据丁声树(1961)、吕叔湘(1999)、刘月华、潘文娱、故韡(2001)、张豫峰(2002)的研究,“有”字句的表意类型大致可以分为以下几类:

A. 表示“领有”、“具有”。例如:

(32) 张永明有一台笔记本电脑。

(33) 老王师傅在修理机床上有丰富的经验。

B. 表示“存在”。例如:

(34) 南唐有个文学修养很高的皇帝,名叫李煜。

(35) 窗户下面有一把竹椅子。

C. 表示“发生和出现”。例如:

(36) 近年来,中小学教育有很大的发展。

(37) 去年农民收入又有一定的增长。

D. 表示“达到”。例如:

(38) 文妍的女儿有桌子高了。

(39) 他大约有三十多岁了。

E. 表示“列举”。例如:

(40)《人民画报》有中文版的、英文版的、法文版的等好几十种。

(41) 云的种类很多,有卷云、积云、层云等。

2.1.2 “有着”句的表意类型

“有着”句的表意范围比“有”字句要小得多,大体上可以分为以下两种:

A. 表示“领有”、“具有”。例如:

这种句子的后段属于前段所有。可以细分为两个小类:一类是无评价色彩的领属关系;一类是有评价色彩的领属关系。先看第一类的例句:

(42) 发展民族工业,一定要抓好产品质量,我们在这方面有着一套质量保证措施。

(43) 见到你倍感亲切,是因为咱们有着共同的知青经历。

再看第二类的例句:

(44)《辞典》作者所做的开拓性工作,有着很高的学术价值。

(45) 两国经贸合作发展良好,富有成效,且有着巨大潜力。

与第一类相比,第二类的例句具有明显的评价色彩,体现了交际者强烈的主观性。

B. 表示"存在"。例如:

(46) 正因为真正关心科技的人相对较少,公众对科技的兴趣与其实际的理解水平之间有着相当的差距。

(47) 在这里,有着独特的地理优势和四通八达的公路。

表示存在的"有着"句,前段词语主要是方位短语和表示处所的介词短语。

需要特别说明的是,虽然"有着"句和"有"字句都可以表示"领有、具有"和"存在",但二者的范围有很大的不同,"有"字句的范围要比"有着"句大得多。考察发现,所有的"有着"句都可以去掉"着",基本意义不变。比较下面的句子:

(48) a 这种现象的产生有着深刻的社会背景。

b 这种现象的产生有深刻的社会背景。

(49) a 山西有着丰富的煤炭资源。

b 山西有丰富的煤炭资源。

很多表示"领有、具有"和"存在"意义的"有"字句并不能变换成"有着"句。如上文的例(6)、(7),例(32)—(35)。

2.2 "有着"句表意范围和"着"字出现原因的阐释

这里有三个问题需要解释:一是为什么"有着"句只能表示"领有、具有"和"存在"意义,或者说为什么"着"字只能出现在表示"领有、具有"和"存在"意义的"有"后面?二是为什么同是表示

“领有、具有”和“存在”意义，有些句子中的“有”可以后附“着”，有些却不能？三是既然所有的“有着”句可以去掉“着”变换为“有”字句而基本意义不变，为什么不惜违背“经济原则”要附加上“着”呢？

2.2.1 “有着”句表意范围的解释

一般认为“着”是现代汉语持续体的标志，它附着在动作动词或状态动词后面表示动作在持续中或状态在持续中。由于“有”是一个表示存在关系的动词，“有着”句中的“着”既不表示动作持续，也不表示状态持续，而是表示静态持续。

“领有、具有”和“存在”本质上就是一个静态存在，静态存在和静态持续是相辅相成的，静态存在的事物或事件在世界上必然是静态持续着的，因此表示这类语法意义的“有”字句可以后附表示静态持续意义的“着”而成为“有着”句；如果某个事物或事件发生了变化或不存在了，那它也就不再是静态持续的了。不是静态持续的事物或事件也就无法使用这个语法意义上的“着”。

“有”字句中表示“发生和出现”的句子都是动态句，自然不能后附“着”。表示“达到”的句子是动态句，如例(38)(39)指明了事件发展的界点，因而句中“有”不能后附“着”。

“列举”本身体现的是言谈功能，不是叙述功能，所谓“动态”、“静态”、“持续”、“变化”等语法意义主要体现在叙述功能中，很少体现在言谈功能中，因此这类句子很难以“有着”句的形式出现。

沈家煊(1995)认为有界动词要与有界名词搭配，无界动词要与无界名词搭配。“有着”句中“着”的语法意义是表示静态持续，具有明显的无界性。它要求其后续成分也应该是无界成分，这样才能搭配。否则句子不能成立。通过对“领有、具有”和“存在”意义的“有”字句和“有着”句的考察发现，不能转换为“有着”句的“有”字句，其宾语部分大都是有界成分。如例(32)—(35)。同时，也发现“有着”句后段的中心名词大都为抽象名词，因为抽象名词具有较强的无界性，正好跟“有着”持续性意义搭配。

2.2.2 “有着”句中“着”字出现原因解释

赵元任(1968)指出：“‘有着’正开始见于书面。”我们检索了清代语料《红楼梦》和《儿女英雄传》，在表示“领有、具有”和“存在”意义上，只有“有”字句，没有“有着”句。根据我们掌握的语料，“有着”句的产生应该在上个世纪的前五十年。这里本文感兴趣的是，即使没有“着”，“有”字句也可以表示静态持续的语法意义，那为什么要附加上“着”呢？况且这也明显违背了语言使用的经济原则。我们认为可能是由下面几个原因造成的。

一是“着、了、过”作为现代汉语体意义的体现者，具有体系性。一般说来，只要动词词义允许，就可以分别带上这些词表示不同的语法意义，例如“说着、说了、说过”；如果词义跟体意义有冲突，就会限制动词带体标记，如“爆炸”是瞬间动词，其词义结构不允许动作持续，因此它只能带“了、过”，不能带“着”。而“有”的词义结构跟“着、了、过”的语法意义没有冲突，从理论上说“有”可以带“着、了、过”，但语言的实际情形是，在完成体意义上，“有”带“了”，在经历体意义上，“有”带“过”，在持续体意义上，“有”以光杆形式常见。这样就出现了体形式的不平衡，再加上“有”使用频率极高，自然就会发生类推现象，促使“有”后附“着”，从而达到体形式的平衡。

二是“有”作为一个单音节动词，更容易后附体标记。刘丹青(1993)认为，体标记强烈地向单音节倾斜。这可能跟现代汉语的音步特征有关，现代汉语标准音步是两个音节，“有着”正好是两个音节，组成一个标准音步，和单音节的“有”相比，具有很强的稳定性。

三是“着”是一个表示持续意义的体标记，尽管光杆“有”也可以表示持续意义，但没有加上“着”更为凸显，当言语使用者要着意凸显这种持续意义时，就会在“有”后附“着”，从而达到更好的表达效果。

在上述原因的促动下，现代汉语“有着”句的使用有扩大的趋势。表现在“有着”句后段的中心名词也出现了极少数的具体名词（在检索到332个例句中出现10例）。例如：

(50) 联合国科教文组织的外国专家看了弱智学生的刺绣，称赞他们有着仙女般灵巧的手……

根据曹广顺(1995)研究，开始的时候，带“着”的动词在词义上有限制，随着“着”的进一步虚化，这种限制越来越少，并逐渐消失。在现阶段，“有着”句要求后段中心名词主要为抽象名词，随着语言的使用，这种限制也可能会越来越小。

2.3 后段中心名词的价特征

从后段中心名词的价特征来看，可以分为四类：

一、零价名词。例如：

故事 道路 人口 土地 语言女性 地位 传统；

二、一价名词。例如：

手 弱点 优点 基础 个性 能力 胸襟 眼界 胆识 成分 天性 美德 力量 行为 程序 原因 心态 潜力 优势 劣势 精神 内容 勇气 内涵 特征 机制 背景；

三、二价名词

关系 联系 意义 感情 分歧 观点 心愿 观念 价值 立场 看法 激情 责任 印象 感染力 凝聚力 感召力 凝聚力 洞察力 吸引力；

四、二价名动词

影响 来往 合作 共鸣 规定 主张 区别 了解 追求 表现 关注 需求。

“价”是一种语义句法范畴，价类对句子生成具有重要影响。

“有着”后段中心词的价特征不同，会形成不同的句型。

由零价名词充当后段中心名词的“有着”句，语义上主要表示存在，不要求中段出现介词引导的状语。例如：

(51) 她说：南非有着许多极富才华的女性。

(52) 这是一家省内最好的医院，急诊室内有着各式各样的病人：艾滋病、疟疾、肺结核、儿科急症……

由一价名词充当后段中心名词的“有着”句，语义上表示“领有、具有”，不强制中段出现介词引导的状语，一价名词的强制性名元一般实现在句子的前段，即主语位置上。例如：

(53) 在老师的帮助下，弱智学生也有着仙女般灵巧的手。

(54) 我像常人一样犯过严重错误，我像常人一样有着致命的弱点。

例(53)后段的“手”是一价名词，其名元是“他们”，出现在句子的前段；例(54)的“弱点”的名元也是出现在前段。这类句子是典型的领属句。

如果后段中心词是二价名词或名动词，在没有语境帮助的情况下，句子要自足有两种手段：一是中段必须出现状语，这个状语成分是后段中心词的一个强制性名元，一般通过介词“对”或“和(与、同)”引入；二是句子前段为复数名词性成分。

(55) 他们对于妍媸，大体上有着相同的看法。

(56) 在现代化与社会稳定这对矛盾中，社会稳定是实现现代化的前提条件，现代化则对社会稳定有着决定性的影响。

(57) 我们两国有着长期友好的合作关系。

例(55)的“看法”是二价名词，它两个名元分别是“他们”和“妍媸”；(56)的“影响”是二价名动词，其名元分别为“现代化”和“社会稳定”。(57)的“关系”是二价名词，前段“我们两国”为复数名词性成分。

三、“有着”句的语用分析

“有着”句作为现代汉语新近出现的一个句式，有着特殊的表达功能和独特的应用领域。

3.1 “有着”句的表达焦点

运用语言进行交际，实质上是一个信息交流的过程。信息可分为已知信息和未知信息，所谓已知信息是指发话人主观上认为受话人已经知道的信息，所谓未知信息是指发话人主观上认为受话人尚未知道的信息。焦点(focus)是指未知信息中着重说明的部分或者发话人有意强调的部分。考察“有着”句，发现其焦点位于后段中心语的定语位置上。看下面的例句：

(58) 事实上，博士生也有着普通人的一面。

(59) 实践证明，这种作法对遏制铁路短途客流，促进公路、铁路、水运合理分流，有着明显的积极作用。

例(58)的焦点是“普通人”，如果将“普通人”删除的话，“博士生也有着一面”基本没有信息量，也就失去了它存在的价值。例(59)也是如此。正因为后段中心语的定语部分是句子的信息焦点，因此，它的有无将直接影响到句子的自足。我们检索 1995 年第一季度的《人民日报》得到的 332 例“有着”句，后段中心语全部带有定语。

3.2 “有着”句的表达倾向

通过对检索到的 332 个例句的分析，我们发现“有着”倾向于表达正面、积极的内容，一般不用来表达负面、消极的内容。看下面的分析表：

内容 数量、比例	正面、积极的	负面、消极的	中性的
332	297	6	29
100%	89.5%	1.8%	8.7%

在现代汉语中，除了“有”表示存在关系外，“存在”也表示存在关系。“有”可以后附“着”，“存在”也可以后附“着”。“有着”和“存在着”有时意义相同，可以互换，句意不变。比较下面两个例句：

(60) a 然而，大家在教育、教学观念上还有着不同看法。

b 然而，大家在教育、教学观念上还存在着不同看法。

进一步的研究发现二者在使用中存在着很强的互补倾向，“有着”倾向于表达正面、积极的内容，“存在着”倾向于表达负面、消极的内容。我们检索 1995 年第一季度的《人民日报》，共得到“存在着”句 146 例，下表是对其表意倾向的分析。

内容 数量、比例	正面、积极的	负面、消极的	中性的
146	12	125	9
100%	8.2%	85.6%	6.2%

下面是我们检索到的异于倾向性的原句(a 句)，改为符合倾向性的句子(b 句)后，语感更为自然，通畅。比较：

(61) a 莱加利说，巴中两国存在着最好、最亲密的关系。

b 莱加利说，巴中两国有着最好、最亲密的关系。

(62) a 中国和哥伦比亚都是发展中国家，两国间存在着广泛的共同利益。

b 中国和哥伦比亚都是发展中国家，两国间有着广泛的共同利益。

(63) a 一些羊绒制品有着不同程度的掺假情况,假冒名牌的现象也时有发生。

b 一些羊绒制品存在着着不同程度的掺假情况,假冒名牌的现象也时有发生。

如果句子表达的是中性内容,“有着”和“存在着”互换后意义基本不变。如上文例(60)。

“有着”句倾向于表达正面、积极的内容,可能跟格式义有关。据邹韶华(1986)研究,“有＋N”是一个能使名词意义偏向积极意义的格式,我们认为“有着”句是对这一格式的扩展,它将积极、正面的内容放在了定语部分。从表达上看,这种句式是为了加强正面、积极的内容,它比较适合肯定形式,很难适应否定形式,因此,“有着”句只有肯定形式,没有否定形式就可以得到较好的解释。从语义表达上看,“有着”句体现的是“静态持续”,在认知心理上,人们总是希望正面的、积极的东西持续下去,这也可能是一个重要原因。

3.3 “有着”句的语体限制

“有着”句有特定的使用领域,它主要出现在书面语体尤其是新闻语体中,很少出现在口语体中。因为书面语体的句子相对于口语体的句子要复杂一些,可以容许一些附加成分的出现,这样就适合了“有着”句后段中心词必须出现定语以及二价名词或名动词要求出现状语的特点。我们检索了口语体语料,王朔的作品《编辑部的故事》(15 万字)仅发现了 1 句,《老舍剧作选》(40 万)字没有发现,《当代小说选》(40 万字)也只发现了 5 句。这可能是因为书面语体的句子相对于口语体的句子要复杂一些,可以容许一些附加成分的出现,符合“有着”句后段中心词必须出现定语以及二价名词或名动词出现状语的要求。

四、结语

“有着”句是现代汉语中新近出现的书面语句式，它跟“有”字句有密切的关系，也有很多的不同。它只有肯定形式，没有否定形式，后段部分的中心词以抽象名词最为常见，而且一定要出现定语。“有着”句有两种表义类型，一种表领属关系，一种表存在关系。“着”是在体意义平衡和语音节律的诱导下出现的，其语法意义是凸显静态持续的体特征。语用上，“有着”句的焦点位于后段中心词前面的定语上，这也是这类句子后段必须出现定语的原因。在表达上，“有着”句倾向于表达正面、积极的内容，跟“存在着”句有互补关系。“有着”句在现代汉语中的使用有扩大的倾向。

参考文献

曹广顺 1995　《近代汉语助词》，语文出版社。

丁声树等 1961　《现代汉语语法讲话》，商务印书馆。

范晓 1996　《三个平面的语法观》，北京语言学院出版社。

李临定 1990　《现代汉语动词》，中国社会科学出版社。

刘丹青 1993　汉语形态的节律制约——汉语语法的“语音平面”丛论之一，《南京师范大学学报》第 1 期。

刘顺 2005　《现代汉语语法的多维研究》，社会科学文献出版社。

刘月华　潘文娱　故韡 2001　《实用现代汉语语法》（增订本），商务印书馆。

吕叔湘 1999　《现代汉语八百词》（增订本），商务印书馆。

沈家煊 1995　“有界”与“无界”，《中国语文》第 5 期。

詹开第 1981　有字句，《中国语文》第 1 期。

赵元任 1979　《汉语口语语法》（吕叔湘译），商务印书馆。

张豫峰 2002　《“得”字句和“有”字句》，延边大学出版社。

邹韶华 1986　名词在特定环境中的语义偏移现象，《中国语文》第 4 期。

（本文与潘文合作，原载《语言教学与研究》2007 年第 3 期。）

汉语非限制性主语关系从句试析

一、引言

关系从句是现代语法理论中颇受重视的一种句法结构。近年来,汉语学界也开始重视这一问题的研究。刘丹青(2005)从语言类型学的角度初步讨论了汉语关系从句的标记类型;[4]方梅(2008)从篇章语法的角度研究了主语零形反指和描写性关系从句;[3]陈满华(2010)讨论了由背景化触发的非反指零形主语小句。[1]本文讨论汉语非限制性主语关系从句的语篇特征。

主语关系从句指的是充当句法主语中心语定语的小句,该小句由部分动词短语及主谓短语充当。例如:

(1) 参加讨论会的同学下午到三楼会议室开会。①

(2) 我昨天买的那本书送给王老师了。

(3) 刚参加工作才两年的李红明在最繁华的地段买了一套精装修的高档房。

(4) 离开教育战线已经十二年的我,没想到在"夕阳无限好"之年即将重返教育战线。

---

① 例句主要来自北京大学中国语言学研究中心语料库。

例(1)句法主语是“参加讨论会的同学”，中心语是“同学”，“参加讨论会”是“同学”的定语，由动宾短语充当，也就是本文所谓的“主语关系从句”；例(2)的句法主语是“我昨天买的那本书”，其中心语是“那本书”，定语是由主谓短语“我昨天买”充当；例(3)的“刚参加工作才两年”，例(4)“离开教育战线已经十二年”也是主语关系从句。

需要说明的是，并不是所有充当主语中心语定语的主谓短语或动词短语都是主语关系从句，只有充当主语中心语的名词性成分在从句中可以占据一个主要句法空位的从句才是主语关系从句。如例(1)的“同学”在从句“参加讨论会”中可以占据“主语”空位；例(2)的“那本书”在从句“我昨天买”中占据“宾语”空位。假如被从句修饰的主语中心语在从句中不占据主要句法空位，则不构成主语关系从句。例如：

(5) 学员练习驾驶的场地已经画好了。

例(5)中的主语中心语“场地”不在定语“学员练习驾驶”从句中占据主要句法空位，“学员练习驾驶”便不是主语关系从句。

英语中关系从句有限制性和非限制性之别，限制性从句从意义上对核心名词性成分加以限制，缩小其所指外延；非限制性从句不改变核心名词性成分的外延，只是对核心名词性成分进行说明或描写。汉语的关系从句有无限制性和非限制性之别，学术界还有着不同的看法。屈承熹(2005)认为“汉语中的关系子句本身并没有‘限制性’和‘非限制性’之分。”[6](P333) 唐正大(2006)认为汉语关系从句有限制性和非限制性定语之别，但没有形式标志，要靠意义来判断。[9](P220—236) 刘丹青(2008)认为“汉语关系从句也主要是限制性的”，“但专有名词前面的关系从句通常要理解为非限制性从句”。[5](P43) 本文认同唐正大(2006)和刘丹青(2008)的观点，认为汉语关系从句也可以分为限制性关系从句和非限制性关系从句。

限制性主语关系从句指的是从句从意义上对主语核心名词加以限制、缩小其所指外延的关系从句。如上文的例(1)(2)就是限制性主语关系从句。例(1)从句“参加讨论会”限制了主语核心名词“同学”意义,缩小了其所指外延。例(2)可作相同的解释。

非限制性主语关系从句指的是从句不改变核心名词性成分的外延,只是对核心名词性成分进行说明或描写的关系从句。如上文的例(3)(4)为非限制性主语关系从句。例(3)从句“刚参加工作才两年”并没有改变主语核心名词“李红明”的外延,只是对“李红明”的情况进行说明。例(4)也是一样。

汉语的主语关系从句以限制性从句为主,非限制性从句为辅。但是为辅的非限制性主语关系从句在句法、语义、语篇等方面具有鲜明的特点,很值得进行深入研究。

二、非限制性主语关系从句的句法语义性质

方梅(2008)依据“依附”与“内嵌”两个参项,将小句大致分为等立、主次和从属三个句法等级。等立小句之间既不依附,也不内嵌;主次小句之间语义上有主有次,但不互做句子成分;从属小句以内嵌形式充当句子成分,完全依赖于另一个小句。不同的小句在语篇中具有不同的作用,等立小句可以直接推动事件的进展,构成事件的主线,表达的是前景信息;主次和从属小句主要是围绕着事件进行铺排、衬托,表达的是后景信息。小句在语篇中的作用不同,其句法语义特征也不同。Hopper and Thompson (1980)发现高及物性特征与前景信息高度关联,低及物性特征跟后景信息密切关联。[3]

非限制性主语从句作主句主语中心语的修饰语,内嵌于句法主语之中,其存在完全依赖于其所在的主句,没有独立性,不能单

独进入语篇，显然是从属小句，表达后景信息，在句法和语义上都有所体现。

2.1 句法特征

非限制性主语关系从句是内嵌小句，语义上是非限制性的，表达的是后景信息，这些特征必然在句法上表现出来。

2.1.1 主语中心语外延的唯一性

主语中心语外延的唯一性是指作主语中心语的名词性成分外延为一个。主要由专有名词和人称代词充当。例如：

(6) 1979 年 4 月，当时任聊城地委宣传部副部长的孔繁森，听到有援藏任务，就主动报了名，并一再要求，请求组织批准。

(7) 一向爱面子的老张这回再也顾不得那么多了，开口向领导提出了自己的要求。

(8) 正患病卧床的他，不顾别人劝阻，亲自带着一个工作组，翻山涉水步行十几里来到东村乡东坪村，挨家挨户走访灾民，组织群众帮助“全倒户”搭起了临时住棚。

(9) 平时不喝酒的我，陪马老喝了四两白酒。

例(6)的主语中心语“孔繁森”、(7)的“老张”是专有名词；例(8)的主语中心语“他”、(9)的“我”是代词。

汉语定语的主要作用是对中心语进行限制，缩小中心语的外延范围，确定中心名词的所指，增加其指称的可分辨性，因此，限制性定语的中心语外延一定不具备唯一性。例如：

(10) 我昨天买的书

(11) 参加学术会议的代表

例(10)定语从句“我昨天买的”用来限定中心语“书”所指对象的范围，增加其所指的可分辨性。例(11)可做相同理解。因此，中心语外延不具有唯一性的定语从句都是限制性的，不是非限制性的，这类中心语一般由普通名词性成分充当。例如：

(12) 我昨天买的书送人了。

(13) 参加学术会议的代表住在汉庭宾馆。

专有名词和人称代词由于其指称的唯一性，外延是明确的，因此，不需要定语进行限制。语法学界也普遍认为这两类词一般不受别的词类修饰。如丁声树等(1961)认为代词原则上是不受修饰的。[2](P42)朱德熙(1982)也认为专有名词一般情况下不受数量词修饰，[10](P42)人称代词前面一般不能有修饰语。[10](P81)如果专有名词和人称代词前有定语从句，其作用显然不是用来对中心语进行限制的，一定是非限制性的。

非限制性主语关系从句中隐含着一个主语空位，这个主语空位与作中心语的核心名词同指，而且只能以零形式出现。例如：

(14) 习惯破旧衣服的我，被迫穿上那身僵硬的新衣服后整日忐忑不安。

例(14)的“习惯”前有一个空位，这个空位以零形式出现，与中心语名词“我”同指。

2.1.2　非限制性关系从句的谓语特征

非限制性关系从句内嵌于主句主语结构内，表达后景信息。因此，它对主句具有明显的依附性，充当从句谓语的成分有一定的倾向性。考察发现，非限制性主语关系从句以非动作小句占有相当的比例，即从句谓语部分主要由非动作动词充当。例如：

(14) 彼时彼地，置身于异域他邦的超级国道，敏感的他，直觉到现代化长驱疾驰的意志和无可回避的挑战。

(15) 在公司大会上，素来温文尔雅的他不止一次针对某些不良的苗头发出厉声警告。

(16) 身为青年学生的他，充满热情，也充满理想，常常为维吾尔乡亲们的纯朴挚诚所感动，同时也为乡村的遥远闭塞以及交通的艰难而发愁。

(17) 经过大海的洗礼，造就了坚如磐石的性格，认准了的事，九头牛也拉不回来，正好属牛的任庆东因此被妻子嗔为“犟牛”。

例(14)“敏感”，(15)的“温文尔雅”都是形容词；例(16)的“为”，(17)的“属”均是属性动词。

非动作小句表示的是状态，而不是动作，这是由非限制性主语关系从句表达后景信息的特点决定的，因为后景信息是为前景信息做铺排、做铺垫的，而状态往往是静态的、恒定的，正好能够为前景事件的推进提供背景信息。

在言语材料中，我们也发现了一些动作小句充当非限制性主语关系从句，这些小句倾向于不带时、体、语气特征。例如：

(18) 久居城市的我们走上吊桥，晃动中一个个洋相百出，桥上桥下一时笑声朗朗，人未过河，先载了一河的笑声送进寨子。

(19) 饱经人间沧桑的他认为，一个民族应该有自己的传统和值得骄傲的东西，而一个人应该有自己的追求和归宿，有自己的人生旅途中的闪光点。

例(18)的“居”，(19)的“经”都不带时、体、语气等特征，而且其所在的短语“久居城市”、“饱经人间沧桑”具有较强的熟语性。这些语法上的特点跟作为后景信息有密切的关系，因为后景信息只提供前景信息需要的背景信息，不参与事件进程的刻画，因此，自然也就没有表示事件进程的时、语气等特征。

在言语材料中，我们也发现少数非限制性主语从句带有时、体方面的特征。

先看时特征：

(20) 正患病卧床的他，不顾别人劝阻，亲自带着一个工作组，翻山涉水步行十几里来到东村乡东坪村，挨家挨户走访灾民,组织群众帮助“全倒户”搭起了临时住棚。

(21) 1961 年夏我们在青岛疗养的时候,已逾花甲之年的他,主动劝我一起接养了一个被生活困难的父母弃于道旁的孩子。

(22) 即将踏上留学之路的王文兴,对未来充满了希望。

例(20)带了表现在时的词语“正”,(21)带了表完成时的词语“已”,(22)带了表将来时的词语“即将”。从上面的例句可以看出,非限制性主语从句对时的语法特征似乎与并立小句一样,并没有什么特别的要求。需要说明的是,由于主语关系从句的内嵌性,决定了这些时特征只限制关系从句,而对主句的时没有影响,因此,在使用上不会有特别的限制。

再看体特征:现代汉语中典型的体特征“着”、“了”、“过”都可以出现。看下面的例句:

(23) 怀抱着我的他没有停下脚步,而是直愣愣地向货郎走去。

(24) 过去每天抽一包半,不停地抽了 50 来年的我,硬是把烟戒掉了!

(25) 曾经失过学的他,深知山区孩子上学的不易,把自己的全部精力,投入到教学工作中,学生的学习成绩上升很快。

非限制性主语关系从句对完句成分有严格的限制。例如:不能出现语气词“了$_2$”等。

(26) a. 孤傲了一辈子的他,因仅有的几个朋友而死的他,把诚恳的目光投向四周。

b. *孤傲一辈子了的他,因仅有的几个朋友而死的他,把诚恳的目光投向四周。

因为非限制性主语关系从句属于内嵌句,不能作为并立小句使用,因此,不能带有完句成分。

2.2 事件类型和信息特征

2.2.1 事件类型

非限制性主语关系从句表示后景信息，不能参与事件进程的推进，这一特点决定了它只能用于交代主句的背景信息，表现事件进程过程中的时间、处所、身份、性质状态、伴随事件等外围因素。

（一）交代时间。例如：

(27) 1978年，刚从山东工业大学毕业的他，在设备极端简陋的条件下，和同伴们搞出了辉光离子氮化设备工艺。

(28) 如今，年已七十有六的他，早已离休，住在西南某地部队小院，大门口和院门口均有军人站岗。

（二）交代地点。例如：

(29) 那阵子，家住虹螺山脚的罗红心，天天清晨扒着窗帘看山：雨天雾沼沼，晴天绿苍苍的虹螺山八面威风，几乎成了他和小伙伴的迪斯尼乐园。

(30) 尽管人们都瞒着老刘，但躺在病榻上的他还是在大家的脸上读懂了一切。

（三）交代身份。例如：

(31) 他说自己这辈子恐怕也还不清欠妻子的一份债，妻子分娩前4天，他们队接受了勘测内蒙古大草原的任务，身为队长的他不得不身先士卒。

(32) 当过公社文化站长的张柏明搬出了古人。

（四）交代性质状态。例如：

(33) 一向口讷的张忠仁执著地牵着我的手向昔日的牛棚走去，如同当年接我回家一样。

(34) 冻得直发抖的他，看见水面上已经没人了，便悄悄开车回单位了。

（五）交代伴随事件。例如：

(35) 正患病卧床的王同星，不顾别人劝阻，亲自带着一个工作组，翻山涉水步行十几里来到东村乡东坪村，挨家挨户走访灾民，组织群众帮助“全倒户”搭起了临时住棚。

(36) 他告诉我，从浙江出差来京的他在报摊上随便买了几份报纸消遣，经过阅读才发现我们《作家文摘》绝非仅供消遣的货色。

从这些外围因素所表达的事件来看，大致可以分为两类：一类是静态事件，一类是动态事件。

静态事件表现核心名词稳定的、永久性的特征。由形容词、属性动词做谓语的关系从句大都表示这类特征。如上文的例(29)、(31)、(33)等。

动态事件表现核心名词在某一时刻的动态特征。由动态动词充当谓语的关系从句大都表示这类事件。如上文的例(27)、(28)、(34)、(35)、(36)等。

不论是表示中心名词的静态特征，还是某一时刻的动态特征，都是在时间进程中事件主线之外的附属事件，不参与事件的时间进程。

2.2.2 信息特征

信息可以分为已知信息和未知信息。已知信息是说话人认为听话人已经知道的信息，未知信息是说话人认为听话人不知道的信息。非限制性主语从句所表达的信息是说话人认为听话人不知道的信息，因此属于未知信息。例如：

(37) 一向爽直的他，快人快语，大鸣大放，谈出了许多心里话。

(38) 平反时已近花甲之年的罗隆基，已经来不及回首，来不及感叹，他拼命地写、译、编，挽回失去的太多光阴。

例(37)中说话人显然认为“一向爽直”这个信息，听话人是不知道的，否则，没有必要说出来。例（37）中“平反时已近花甲之年”也是如此。

根据线性增量原则，未知信息一般编码于句子末尾，而非限定性主语关系从句将未知信息编码于主语中心语的定语位置上，其位置位于句首，显然违背线性增量原则。我们感兴趣的是，这种句法安排的动因何在？

屈承熹（2006）认为信息结构由两个层次组成：信息来源和信息处理。“信息来源即信息源于何，它决定了已知信息或信息的状况；而信息处理则确定一个词语所带信息值的高还是低。”[7](P164)非限制性主语关系从句所表达的信息显然是第一次引进话语中，从其来源看应该属于新信息。说话人可以通过语法手段对其信息值进行处理，既可以增加其信息值，也可以降低其信息值，这就是信息处理。不同的语言，信息处理的手段不一样，汉语主要采用语序的手段来处理。“动词前的位置用于设定场景或构成话题，而动词后的位置用于为读者或听者提供消息。”[7](P157)非限制性主语关系从句表示后景信息，其作用是为事件的展开设定场景。将其放在主句动词前正是为了降低其信息值，适应后景表达的特点。

由于关系从句表达后景信息，不参与主事件的构建，句法上又采用了内嵌的形式，尽管其信息为新信息，听话人也不会将其解读为句子交际的重点，随着事件的不断展开，非限制性关系从句表示的信息逐渐成为理解后续信息的基础，信息值愈来愈低。例如：

（39）沉不住气的他便不顾一切地找上门来，却被忠于职守的门卫毫不犹豫地挡在传达室外，无奈之中，急得飞行员口不择言：“我是她丈夫！……”后来的结果当然可以想象。

例（39）的“沉不住气”显然是新信息，随着事件的进展，它成为理解“不顾一切地找上门来”的前提,从而信息值越来越低,类似于旧信息。

非限制性主语关系从句不参与主事件的构建,因此采取了内嵌的形式,一旦采用并立小句的形式,将不表示后景信息,而表示前景信息。例如(39)

(39′) 他沉不住气,便不顾一切地找上门来,却被忠于职守的门卫毫不犹豫地挡在传达室外,无奈之中,急得飞行员口不择言:“我是她丈夫! ……”后来的结果当然可以想象。

例(39′)的“沉不住气”成为主事件,其意义与例(39)中的“沉不住气”不同。例(39)中的“沉不住气”应理解为“他”恒定的特点;而(39′)中的“沉不住气”不能理解为“他”恒定的特点,应理解为临时特点,在时间上与后续小句“便不顾一切地找上门来”有先后关系。

三、非限制性主语关系从句的语篇功能

方梅(2008)研究了由背景化触发的两种句法结构,包括主语零形反指和描写性关系从句。也涉及到非限制性主语关系从句,她称为描写性关系从句,认为作为关系从句的定语属于描写性的。[3]就作为关系从句与中心词的关系来看无疑是非常正确的,从语篇的角度来看,还有很多重要的语篇特点没有发掘出来,本文在方文研究的基础上,进一步探讨非限制性主语关系从句在更大语篇中的功能。

我们认为,非限制性主语关系从句提供的后景信息,尽管不能推进时间进程中的事件进展,但它是成为前景事件的重要铺垫,是前景事件的语篇衔接。如果没有后景信息的语篇衔接,前景信息将无法理解。

3.1 为主事件提供衔接

衔接是话语理解的重要因素,衔接关系能够表示话语中两个部分之间的理解关系。[8](P251) 非限制性主语从句能够为主句的衔接提供背景信息。因为任何事件都是在特定的时间、地点、原因等中而产生的,事件参与者的年龄、职业、性格特点等跟事件都密切相关。如果不知道事件发生的这些因素,则无法准确地理解事件表达的内容。非限制性主语关系从句可以提供这类事件线索,与主事件所述事件形成衔接,从而正确地理解话语内容。

第一、时间衔接。例如:

(40) 刚完成学业的王东宁马不停蹄地回到祖国。

(41) 啊,已入晚秋的我一下复归春天!"没有共产党就没有新中国"的歌声引我入村。

例(40)中的"刚完成学业"为理解主句中的"马不停蹄"提供了语篇衔接;例(41)的从句中"已入晚秋"为理解主句中的"复归春天"提供了语篇衔接。

第二、处所衔接。例如:

(42) 早在二十几年前,在城里工作的张部长就想接祖母进城颐养天年,可她说啥也不干:"咱身子骨硬朗着呢,到城里享清福,会闲出病来的。"

(43) 久居城市的我们走上吊桥,晃动中一个个洋相百出,桥上桥下一时笑声朗朗,人未过河,先载了一河的笑声送进寨子。

例(42)中关系从句中"在城里工作"为主句中的"进城"提供了语篇衔接;例(43)是描写一群城里人到一个有吊桥的乡下去游玩所发生的事件,假如没有关系从句"久居城市"作为语篇照应,主句中的"一个个洋相百出"就没有着落,难以理解。

第三、年龄衔接。例如:

(44) 年仅 26 岁的张建华，被派到复兴乡担任武装部长、党委委员，是党委中最年轻的成员。

(45) 后来走路愈发困难，33 岁的他不得不过早地拄上了拐杖。

例(44)中主句中“党委中最年轻的成员”的衔接成分是关系从句中的“年仅 26 岁”；例(45)中的“33 岁”衔接主句中“过早地拄上了拐杖”。

第四、身份衔接。例如：

(46) 或许有人以为，王士范只是个行动型的企业家，殊不知，作为高级工程师和专家的王士范更是个思考型的儒将。

(47) 身为青年学生的他，充满热情，也充满理想，常常为维吾尔乡亲们的纯朴挚诚所感动，同时也为乡村的遥远闭塞以及交通的艰难而发愁。

例(46)中的“高级工程师”与主句中的“思考型的儒将”照应；例(47)主句中“充满热情，也充满理想”正是“青年学生”的特点。

第五、状态衔接。例如：

(48) 历来不说大话的刘国梁这次仍然保持低调，强调中国队面临的困难不少，不能掉以轻心。

(49) 进了我住的楼房的院子，一向不爱声张、不苟言笑的他，像是掩饰不住内心极度的喜悦，居然一反常态，在院里高声喊起了我的名字。

例(48)中的“历来不说大话”的状态成为主句中“仍然保持低调”自然结果；例(49)因为有关系从句表达的“一向不爱声张、不苟言笑”这种性格，主句中的“居然一反常态”才得以理解。

从上面的分析中看出，正是因为非限制性主语关系从句为主句提供了推进事件进展的后景信息，而这些后景信息成为主句前景信息的衔接信息，从而推动主事件的展开。

3.2 使语篇结构紧密化

一般说来，一个命题由一个小句表达，小句和小句组合起来就形成语篇。而含有非限制性主语关系从句的小句则含有两个命题，也就是说，用一个小句的形式表达了两个命题内容。看下面的例句：

(50) 自幼患小儿麻痹症的王建华，5岁以前一直在地上爬行。

(51) 第一次坐在售票台后的他，既兴奋又紧张。

上述两个例句从形式上看都是一个小句，但是都表达了两个命题内容。如例(50)的两个命题分别是：(1)王建华自幼患小儿麻痹症。(2)王建华5岁以前一直在地上爬行。例(51)的两个命题分别是：(1)他第一次坐在售票机后。(2)他既兴奋又紧张。

含有非限制性主语关系从句的小句是将其中的一个命题以内嵌句的形式表示出来，即非限制性主语关系从句，它与主句的谓词共用同一个主体，使两个命题紧密地联系起来，以小句的形式表达了语篇的内容，使语篇结构更加密切。

当然，上述两个例句也可以采用并立形式。例如：

(50′) 王建华自幼患小儿麻痹症，5岁以前一直在地上爬行。

(51′) 他第一次坐在售票台后，既兴奋又紧张

两个小句表达两个命题内容，除了信息权重上的差异外，结构上显然不如一个小句更加紧密。

四、结语

在现代汉语中存在着非限制性关系从句，充当句法主语中心语定语且该中心语在充当定语的从句中占据一个句法位置的内嵌小句是非限制性主语关系从句。非限制性主语关系从句语义上是非限制性的，表达后景信息，其句中隐含的句法空位与主语

中心语同指，外延具有唯一性，谓语部分主要由非动作动词充当，也有部分动作动词，它们对时、体限制不多，但不允许出现完句成分，表现事件进程过程中的时间、处所、身份、性质状态、伴随事件等外围因素，为事件的展开设定场景，语篇上能够为主事件提供意义衔接，结构上使语篇更加紧密。

参考文献

[1] 陈满华. 由背景化触发的非反指零形主语小句[J]. 中国语文，2010，(5).

[2] 丁声树等. 现代汉语语法讲话[M]. 北京：商务印书馆，1961.

[3] 方　梅. 由背景化触发的两种句法结构——主语零形反指和描写性关系从句[J]. 中国语文，2008，(4).

[4] 刘丹青. 汉语关系从句标记类型初探[J]. 中国语文，2005，(1).

[5] 刘丹青. 语法调查手册[M]. 上海：上海教育出版社，2008.

[6] 屈承熹. 汉语认知功能语法[M]. 哈尔滨：黑龙江人民出版社，1984.

[7] 屈承熹. 汉语篇章语法[M]. 北京：北京语言大学出版社，2006.

[8] 冉永平、莫爱屏、王寅. 认知语言用[M]. 上海：上海外语教育出版社，2006.

[9] 唐正大. 汉语关系从句的限制性与非限制性解释的规则[A].《语法研究和探索》(十三)[C]. 北京：商务印书馆，2006.，

[10] 朱德熙. 语法讲义[M]. 北京：商务印书馆，1982.

（本文原载张豫峰、曹秀玲主编《现代汉语句式研究》第二辑，复旦大学出版社，2017 年。）

30年来的南京方言研究

一、引言

南京方言是江淮方言区的核心方言之一，其语音、词汇、语法的特点在一定程度上体现了江淮方言的主要特征。20世纪20年代，著名语言学家赵元任先生发表了《南京音系》[1]，深入细致地讨论了南京方言的音系系统。20世纪50年代，全国各地进行了一次大规模的方言普查。南京方言音系的调查成果发表在江苏省和上海市方言调查指导组(1960)编写的《江苏省和上海市方言概况》[2]一书中。20世纪80年代以来，由于地方志编撰的需要，南京方言的语音、词汇和语法特点都得到了系统描写。主要成果有费嘉、孙力(1993)主编的《南京方言志》[3]、刘丹青(1995、1997)主编的《南京方言词典》[4]和《南京话音档》[5]、江苏省地方志编纂委员会(1998)的《江苏省志·方言志》[6]。其后，陆续有学者不断对南京方言进行研究，2000年以后，发表学术论文20余篇。讨论的问题涉及语音、词汇、语法及其发展演变等各个方面。本文拟对30年来南京方言研究所取得的成果和不足进行述评，并就未来的研究提出本文的看法。

二、语音、词汇研究

方言的重大差别体现在语音上，语音研究往往也会成为方言研究的中心和重心。近 30 年来，南京方言的研究也不例外。在我们收集到的 20 余篇研究论文中，有半数以上的论文是讨论南京方言的语音现象。研究内容大致可以分为两大类：一类是南京方言语音的轻声、儿化和变调现象，一类是南京方言语音向普通话语音的靠拢情况。下面分别论述。

对南京方言语音的研究根据研究方法大致可以分为两类：一类是传统语音学视角下的研究，一类是实验语音学及西方语音学视角下的研究。前者研究的代表性成果有：费嘉、孙力（1993）主编的《南京方言志》、刘丹青主编（1994）的《南京方言词典》的引论部分、孙华先（2001、2003）《南京方言的轻声和入声》[7]和《南京方言声调的若干问题》[8]，柏莹（2007、2008）的《轻声音高模式的特性——以南京方言轻声和入声音变为例》[9]和《轻声性质探赜——以南京方言轻声为例》[10]、黄进（2003）的《南京方言儿化合音的演化与语法意义的磨损》[11]等。后者的代表性成果有马秋武（2009）的《南京方言两字组连读变调的优选论分析》[12]、宋益丹（2009）的《南京方言中的入声喉塞尾实验研究》[13]等。

费嘉、孙力（1993）主编的《南京方言志》是一部全面描写南京方言系统的专著，它比较详细地描写了南京方言的语音系统、方言词汇和语法特点，从语音的描写来看，作者根据南京方言的内部差异，将南京方言的语音分为新派和老派。新派比较接近普通话，不分尖团音，有[an]和[ɑŋ]之分；老派集中在以中华门为中心的城南地区，主要特点是分尖团音，没有[an]和[ɑŋ]之分。该书以老派南京方言为对象，详细地描写了南京方言的 21 个声母、42 个韵母和 5 个声调，列出了声韵配合表和同音字表，对轻声、儿化和连续变调等语音现象进行了描写，并对新派和老派方音之间的差异进行了比较。这本方言志是目前我们能看到的对南京方言语音描写最为全面、详细的一部著作，它比较具体地勾勒出南京方言语音的基本面貌，其贡献是不言而喻的。[3](P232) 其后，刘丹青在《〈南京方言词典〉引论》中也讨论了南京方言的语音系统。该文也是以城南语音作为南京方言语音的标准，根据年龄差异，分为四派：最老派——城南八十岁以上老者的方言，现在使用人数很少，但被公认为老南京话的代表。内部差别不大，发音用词也较稳定，语音特点跟赵元任的《南京音系》所说大体一致。老派——五十五岁到八十岁之间的城南方言，内部差别较大，同一个人的发音和用词也不稳定，时新时旧。新派——二十五岁到五十五岁之间城南人的方言，跟上述两派差别较大，内部差别也很大，城北多数中老年人也接近这一派。最新派——二十五岁以下城南人的方言，内部差别不大。城北中年以下及外来居民改说南京话的也接近这一派，中小学生基本通行这种口音。有时用“老南京话”总括前两派，用“新南京话”总括后两派。作者认为南京话有 21 个声母，49 个韵母和 5 个声调，在韵母的数量上与《南京方言志》的描写有所不同。而且作者还具体描写了新老南京语音的不同，对南京方言的一些音变现象也进行了解释。[4](P81—102) 总体上看，《〈南京方言词典〉引论》中描写的南京方言语音系统更符合现今的南京方言语音的现状。由于作者是作为《南京方言词典》的引论来介绍南京语音系统的，因此讨论比较概括简单，没有展开详细地讨论。

南京方言有五个调类：阴平、阳平、上声、去声和入声，学者们对阴平、阳平、去声和入声调形看法基本一致，即阴平为降调，阳平为升调，去声为平调，入声为促调；对上声的调形，究竟是曲折调还是平调，没有取得共识。在单字调的调值上也存在着分歧，表现在阳平的调值，是 13 还是 24？上声的调值究竟是 212、22 还是 11，学者们各执一端。

南京方言是北方方言区中极少数具有入声调类的方言，对南京方言入声的研究成为学者们关注的重点。孙华先(2001)认为南京方言的入声特色可以从四个方面来考察：一是高，在南京话的五个调类中，入声的调值最高，这一点是南京话入声自成一调类的区别性特征；二是短，南京话入声较短，但也不是非此不可；三是入声字的喉塞韵尾[ʔ]，现在喉塞韵尾趋无的倾向更加明显；四是紧，南京话入声字的元音是紧元音，单念时喉头肌肉和口腔肌肉紧张。目前，尽管南京话稳定存在着入声这一调类，但其成员趋于减少，反映出南京话正在逐步向普通话靠拢。[7](P39)孙华先的研究基本上揭示了南京方言入声的特色及其演变趋势，但其研究方法是在传统语音学背景下基于口说耳辨的方法进行的，其结论还有待于进一步的精确化和科学化。宋益丹(2009)在实验语音学背景下对南京方言入声的声学特征及其演变轨迹进行了比较深入的讨论。她以苏州方言的入声喉塞尾为参照研究南京方言入声喉塞音的声学特征。从声波图上看，南京方言的喉塞尾扰动段振幅普遍较小，有的峰状突起不明显，甚至隐藏在元音周期性波形中。大量入声音节喉塞尾已经脱落，其中双音节更普遍。喉塞尾的脱落表现出相当大的随机性，是因词而异、因人而异、因语境而异的，没有明显的规律。说明南京方言的入声处于动态变化中，喉塞尾已经全面弱化，整体正在向着喉塞尾消失的方向发展。将南京方言置于汉语方言的大背景下，可以看出，南京方言整体上正处于喉塞尾逐步弱化，音节时长逐渐变长的阶段向喉塞尾完全脱落，时长上的舒促对立消失，但还保留入声调类，入声调值不变的阶段转变的过渡期[13](P171)。宋文的研究精确地刻画了南京方言入声的声学特征及其演变轨迹，为我们进一步认识这一语音现象提供了科学的数据。

轻声和儿化也是近年来南京方言语音研究的热点。孙华先(2001)认为，南京话的轻声在韵律特征方面，有音强较弱、音长较短、音高取决于其所依附的字的声调三个方面的表现。他特别讨论了“阳平＋轻声”中“轻声”的调值。在这种组合中轻声字的音高和入声一样地处于最高点，音长和入声一样地较短，其音强减弱不像在其他一些声调环境中那么明显。其“轻声化”的具体表现就是“读如入声”。正是因为如此，“阳平＋轻声”组合中的轻声字可能会与“入声＋轻声”组合中轻声字出现音位交叉的现象。[8](P67) 柏莹(2008)通过实验数据提出了与孙华先类似的观点。她认为南京方言轻声的音高变化，使用与一般连读变调不同的另一套连读调式，一般连读变调采用后字不变的“右字调”型调式，轻声连读调式采用后字皆变的右向延展式。造成这种现象的原因与南京方言语音系统有密切关联，主要在于轻声音节的调值由其前字调类决定。她还描写了南京方言轻声出现的位置，即主要出现在某些后附性位置：后缀、后附性虚词、重叠式的后字、一些常用双音节复合词的后字。轻声的作用在于辨义、构词或构形、表明语法性质、表达色彩意义。[9](P157—159) 柏莹的文章是近年来讨论南京方言轻声问题比较全面深入的研究成果。黄进(2003)对南京方言儿化现象进行了详细地讨论。她通过对城南和城北、老派和新派儿化音的实际调查，详细描写了南京方言儿化的语音事实，剖析了儿化音发音机理，分析了儿化音的演变过程，并指出了南京方言儿化音的语法功能。并就老派城南方言儿化与老派城北方言儿化的异同以及与新派南京方言儿化的区别进行了比较详细的讨论，描绘出南京方言儿化的不同分布和基本面貌。[11](P22—23)

马秋武(2009)在优选论的理论框架内对南京方言两字组连读变调进行了分析，指出南京方言两字组连读变调是以调型为主轴的，新老南京方言两字组连读变调的不同主要在于调域层面。在调域层面，新老南京方言的相同之处在于均不允许表层出现高调域的低平调；其不同之处在于不允许出现低调域的标记性制约条件与保持原有调域的忠实性制约条件发生交互作用，形成了不同的类型变化。[12](P32) 马文在南京方言语音变调研究上更具有理论性。

南京方言语音研究的一个重要方面是在普通话影响下南京方音语音的变化情况。最重要的研究成果就是鲍明炜(1980)的《六十年来南京方音向普通话靠拢情况考察》,作者考察了自 1928 年赵元任《南京音系》以来南京话向普通话的靠拢情况,主要有[n]、[l]的分混,尖团音的分混,[a]、[ai]两韵的开齐问题,撮口韵的有无,e 韵的读法,鼻音韵尾的读法等问题。与 20 年代的南京话相比,操南京方言的青少年有些能够区分[n]、[l],已经不再分尖团音,[a]、[ai]两韵的开齐情况基本上与普通话相同,有撮口韵的人数量上大大超过无撮口韵的人,在作者调查的 41 个发音人中,有一半的人能够区分[an]和[ɑŋ],已经有少数青少年开始能够区别[ən]和[əŋ]、[in]和[iŋ]。文章认为,六十年来,南京话首先向苏北皖北靠拢,建国以后向普通话靠拢,其前进的速度建国后比建国前快。[14] 卢偓(2000)从推广普通话的角度讨论了南京语音向普通话语音过渡的理论依据及阶段特征,文章将南京语音向普通话语音过渡分为初级、中级和高级三个阶段。在初级阶段,声、韵、调系统脱离南京方言轨道,但仍保留一定方言痕迹,重点加强声调训练,突出主要的区别性特征音素;在中级阶级,方音的明显痕迹消失,但音感尚不到位,应有针对性地解决非系列性错误;在高级阶段,普通话高度流利,规范而富有美感,要重视高冷僻音节、冷僻声调及多音音节的训练。[15] 卢文对南京方言区的人学习普通话具有很高的指导作用。

南京方言词汇研究的主要成果体现在刘丹青主编的《南京方言词典》、南京地方志编撰委员会的《南京方言志》和江苏省地方志编纂委员会的《江苏省志·方言志》中。《南京方言词典》是研究南京方言词汇最全面的著作。该著作 440 页,35.9 万字,按南京方言的韵母、声母、声调为序排列,对南京方言词汇进行了详细的解释。作者在《南京方言词典》的引论中讨论了南京方言词汇重要特点：同义词丰富，南北色彩兼备。同一个意思常有好几个词可选用，其中有带方言色彩的词，又有来自普通话的词；日常生活常用的亲属称谓中，南京方言的词也兼有北方特色和南方特色。在构词方式方面，最老派儿化词丰富，像北方话；老派以下“子”尾词用得多，像江淮官话。此外也有不少“头”词尾和重叠名词，又接近吴语特点，这些词汇上的特点是跟南京的地理位置和人员流动有着密切的关系。[16]《南京方言志》和《江苏省志・方言志》则根据志书的编辑特点，分类列举了南京方言特有的方言词汇，大致上能够反映出南京方言词汇的基本面貌。

三、南京方言语法的研究

与语音、词汇研究相比，南京方言语法的研究相对比较薄弱，除了《南京方言志》、《南京方言词典》和《江苏省志・方言志》等专著对南京方言语法概貌性的描述之外，单篇研究南京方言语法的文章还不多，我们检索了 1980 以来的中国期刊网的文章，发现研究南京方言语法的文章共有 6 篇。讨论的重点集中在南京方言特殊语法的语法现象，主要有动补结构、疑问句表达形式和特殊虚词三个方面。

刘顺、潘文(2008)通过南京方言的 VVR 动补结构和普通话 VR 动补结构的比较，对南京方言 VVR 动补结构的句法、语义和语用特点进行了深入细致研究，发现南京方言中 VVR 动补结构中 V 是单音节述人可控动词，VV 的语法意义表示动作量的增大，充分体现了数量相似性原则；R 主要是表示积极结果的形容词，它只指向 V 的受事，而不指向 V 的施事和 V 本身。VVR 结构所在的句子只能表示未完成事件，没有否定形式，V 的宾语采用主谓谓语句或把字句的形式放在 VVR 之前。句类上都是祈使句，并且认为南京方言 VVR 动补结构形式可能是受吴方言的影响而产生的。[17]刘春卉的(2005)从南京人学习普通话的角度讨论了南京方言中的“V 不起来”，“V 不起来”作为动补结构，是南京否定可能式的表达形式，例如，“卖不起来”意思是“不能卖”或“卖不成”。刘文认为普通话和南京话中都有“V 不起来”的表达形式，但南京话“V 不起来”仅有少数与普通话的“V 不起来”表示相同的语法意义，大部分与普通话不同，其使用范围大大超过普通话。从表达形式上看，南京话特有的“V 不起来”没有相应的肯定形式，其语法意义是“由于客观条件不具备，V 所表示的动作不能做或做不成”。[18]刘文初步考察了这种格式的句法形式和句法意义，但对于 V 的条件以及它所出现的句式没有进行研究，对这种格式产生的原因也没有论及。

刘春卉(2005)还在同一篇文章中讨论到南京方言的疑问格式“阿/还 VP”和普通话疑问句的转换形式，文章认为“阿/还 VP”问句在普通话中有两种对应形式：“VP 吗?”和“VP 不 VP?”，文章没有对这种疑问形式的句法、语义、语用以及来源进行讨论。[18]吕文蓓(2009)研究了南京方言的选择问句，吕文将南京方言的选择问句形式分为两种：列项选择问句和反复问句。列项选择问句有两种形式：一种是采用“是……还是……”的形式，一种采用“A 的 B 的”的形式。第一种形式与普通话相同，第二种形式是普通话第一种形式省略了“是”和“还是”。例如：“你说的是真的还是假的?”南京话说成“你说的真的假的?”本文认为列项选择问不是南京方言疑问句特有的形式，是普通话渗透南京话的结果。吕文将反复问句分为四种形式：VP 不 VP 式、阿/还 VP、小句＋是不是(行不行、好不好)、“阿 VP 不 VP”。本文认为南京方言的反复问句使用频率最高的形式是“阿/还 VP”，其他几种形式的使用频率相对较低。作者还讨论了南京方言的疑问词“呢”和“啊”以及各种形式疑问句的疑问程度。[19]张薇(2009)也讨论了南京方言的反复问句。张文认为南京方言中的反复问句主要有“VP 不 VP”、“阿 VP”和“阿 V 不 VP”三种类型，数量上少于吕文，但其描写的语言事实与吕文基本相同。作者对三种不同类型的疑问形式的来源进行了分析，认为这三种形式并不属于同一个历史层次，指出“阿 VP”句型的确是江淮方言乃至北部吴语固有的句型，但其产生的时间却迟于“VP 不 VP”句型由北方传入的时间，这两种反复问句的形式之间也许并没有太多的关联。[20] 至于“阿 VP”产生的时间和产生的动因还需要进一步的研究。姚伟嘉(2008)从社会语言学的角度讨论了南京方言中的“VP 不 VP”句式“还/阿 VP＋啊(啦/嗒)”的使用情况，发现南京人使用的“VP 不 VP”式越来越少，“还/阿 VP＋啊(啦/嗒)”的用法在今天南京人的口语中最为常见，影响市民选用哪种反复问句式的首要原因是“目前居住地”。城北居民还有人使用“VP 不 VP”句式，城南居民更多地使用“还/阿 VP＋啊(啦/嗒)”句式，而且后一种句式在南京方言中使用频率较高。作者认为造成这种现象的原因不是普通话影响的结果，其原因是什么？作者没有讨论，[21] 还需要进一步研究。

刘丹青(1993)曾提到，新南京话一般不用“着”而用“倒”表示持续。如：“他拎倒一个包。”并且指出，“倒”可以表示持续的动作状态或持续的心理行为，不能表示正在进行的动作。[4](P100) 常丹丹(1998)从“到”构成的相关句式入手，揭示了其涵盖的语法意义，并对其使用条件、适用的语境等作了初步地描写分析。作者认为南京方言的“到”(刘丹青写作“倒”)有四种不同的用法，可以分出四个不同的“到”：“$到_1$”相当于普通话的“着”，表持续和存续意义，紧接在动词、形容词后；“$到_2$”，相当于普通话的“在”，用于地点和时间前；“$到_3$”，相当于普通话的“了”，用于完成体；“$到_4$”，相当于普通话的“到”，表示动作达到目的或有了结果。[22] 常文对“到”的分化进一步刻画了南京方言中“到”的语法意义，深化了我们对南京方言中“体”意义的认识，但是作者只研究了一个“到”，我们还无法看到南京方言中“体”的表达系统。

南京方言语法有自己完整的体系，就目前的研究现状来看，所触及的面是非常小的，而且研究不全面、不系统、不深入。下一步应该重点在词法和句法方面加强研究。

词法研究应该分词类进行，研究的重点应该放在南京方言特有的词法现象上，主要是特有的动词、副词、介词和助词现象上。动词是携带语法信息最多的词类之一，南京方言的动词也不例外，就其与普通话的动词比较而言，最有特点的是南京方言的动词重叠。如单音节动词可以四次重叠，表示动作在持续过程中，后面用表示出现新情况的短语或小句，如：“他走走走走不认得路了！”动词带了补语后还可以重叠，如“扫扫干净、听听清楚、摆摆正、煮煮烂”等；动词重叠加“的”，由表示动作转化为表示状态，含有悠闲、随意、轻松、漫不经心一类意味，动词前有受事成份，但不能移到后面作宾语，如：“她在柜台里头生意不做，毛衣打打的，瓜子磕磕的！”“大家都急死得了，你还在这块二郎腿跷跷的。”“今天什么事情这样子高兴，一路走还小调哼哼的。”南京方言动词重叠的条件及其表示的语法意义需要进行深入的研究。南京方言的一些副词及用法很值得研究。如程度副词中的“蛮、透、死、精、将好、将将好、将将就就”等，范围副词中的“笼统、一正、连到、一塌刮子、夯不郎当”，时间副词中“头、后头、马即、赶嘛、先头、先才、才将、将将、弄不弄、一弄、长临了”，情态副词中的“好、得、该派、特为、亏好、有许”等等。南京方言中还有一些不同于普通话的介词及用法。如“告、带、给”等，这些介词的用法复杂。例如：“告”表示的语法意义有多种，如：“桌子告我一般高（桌子跟我一般高）”，“我非要告他争这口气（我非要同他争这口气）”，“我告你打听一件事（我向你打听一件事）”，“去告碗拿过来（去把碗拿过来）”等等。助词中还有一个比较特殊而使用频率极高的词“给”，普通话中也有这个词，其词性分别是动词、介词和助词。南京话中的“给”既有与普通话一致的地方，也有明显的不同。比如普通话说“这个公园不让进”，南京话说成“这个公园不给进”。这种用法在近代汉语中也有用例，这种用法研究清楚，能为阐释普通话使役式来源提供重要的佐证。助词中最有研究价值的还有一个“得”。如“这个苹果红透得了”。《南京方言词典》认为这个“得”是结构助词，从其句法位置和语法意义来看更像是时态助词，相当于普通话的“了$_2$”。到底是它的性质是什么？需要进一步研究，如果能证明它是时态助词，就可以为普通话“了$_1$、了$_2$”的分离提供方言证据。

句法研究的重点应该放在南京方言特有的句法现象上。如南京方言的疑问句及其与普通话疑问句的比较研究。目前，尽管有了一些研究成果，但是既不系统，更不深入，重要的是在研究清楚具体疑问句式的基础上，研究南京方言的疑问句系统。再如南京方言的否定可能式与普通话可能式的比较也是一个研究的重点。南京方言的否定可能式使用非常普遍，如“新买的收音机听不起来。”“他送我的钢笔写不起来。”普通话也有“V不起来”的说法，但普通话的这种用法受到很多限制，刘春卉(2005)涉及到这个问题，但对这类句式的句法、语义和语用没能作深入的研究。还有南京方言的双宾语句式，它跟普通话也有很多不同。如南京方言中表示给予义的双宾语句，如果两个宾语都比较简短，它们在动词后的位置可以互换。如：“你给他一支笔～你给一支笔他！”“送他两张票～送两张票他”“退小张十块钱～退十块钱小张。”假如宾语比较长，常在指物宾语后用“给”引出指人宾语，放在指物宾语之后，如“他给了一半家产给两个儿子！”这些用法都是普通话中所没有的，值得进行全面、系统、深入的研究。

另外，费嘉(1993)从社会语言学的角度研究了南京方言的形成历史、社会变异以及南京方言与南京人的人文心态。费文认为南京方言具有开放性和实用精神，影响南京方言变异的因素有时间因素、空间因素和人的因素,南京的历史使南京成为东南一带杂糅南北文化的典型城市,南京有一种容留南北人士的风范和气度,这些特质跟南京方言有着密切的关系。[18]作者以独特的视角,揭示了南京方言的社会性和人文性,展现了南京方言研究的又一新领域。

四、结语

30 年来,南京方言研究取得了丰硕成果。两部方言志书描写了南京方言的基本面貌,一部方言词典对南京方言词汇进行了详细的解释,二十余篇论文研究了南京方言特有的语音和语法现象:既有共时的语言描写,也有历时的演变研究,还有社会学的讨论;研究方法也由传统语言学向现代语言学方向发展。就语言三要素来看,语音、词汇研究相对比较充分,语法的研究显得比较单薄。尽管我们在南京方言的研究上取得了一些成果,但整体上看,研究还非常薄弱,也不成系统,这与南京方言作为江淮方言区核心方言的地位极不匹配。今后应该在语音、词汇和语法方面开展系统、全面、深入的研究。在共时研究的基础上,进行与普通话的比较研究和历时发展研究,以期对南京方言有更加深刻的认识。

参考文献

[1] 赵元任.南京音系[J]科学,1929(9):1005—1036.

[2] 江苏省和上海市方言调查指导组.江苏省和上海市方言概况「M]南京:江苏人民出版社,1960.

[3] 南京地方志编撰委员会.《南京方言志》[M].南京出版社,1993.

[4] 刘丹青.《南京方言词典》引论[J].《方言》1994 年 2 期.

[5] 刘丹青.南京话音档「M]上海:上海教育出版社,1997.

[6] 江苏省地方志编纂委员会.江苏省志·方言志「M].南京:南京大学出

版社,1998.
[7] 孙华先. 南京方言的轻声和入声[J].《江苏教育学院学报·社会科学版》2001 年 1 期.
[8] 孙华先. 南京方言声调的若干问题[J].《南京晓庄学院学报》2003 年 1 期.
[9] 柏莹. 轻声音高模式的特性——以南京方言轻声和入声音变为例[J].《学术交流》2007 年 11 期.
[10] 柏莹. 轻声性质探赜——以南京方言轻声为例[J].《学术交流》2008 年 10 期.
[11] 黄进. 南京方言儿化合音的演化与语法意义的磨损[J].《南京广播电视大学学报》2003 年 1 期.
[12] 马秋武. 南京方言两字组连读变调的优选论分析[J].《语言研究》2009 年 1 期.
[13] 宋益丹. 南京方言中的入声喉塞尾实验研究[J].《南京师范大学文学院学报》2009 年 2 期.
[14] 鲍明炜. 六十年来南京方音向普通话靠拢情况考察[J].《中国语文》1980 年 4 期.
[15] 卢偓. 南京语音向普通话语音过渡的理论依据及阶段特征[J].《江苏教育学院学报·社会科学版》2000 年 1 期.
[16] 刘丹青. 南京方言词典[M]. 江苏教育出版社,1994.
[17] 刘顺　潘文. 南京方言的 VVR 动补结构[J].《方言》2008 年 1 期.
[18] 刘春卉. 南京方言中的"V 不起来"与"阿/还 VP"——兼谈语法同中有异对学习普通话的影响[J].《南京林业大学学报·人文社会科学版》2005 年 3 期.
[19] 吕文蓓. 南京方言选择问研究[J].《现代语文》2009 年 4 期.
[20] 张薇. 南京方言中的反复问句[J].《现代语文》2009 年 11 期.
[21] 姚伟嘉. 南京方言反复问句使用情况调查[J].《河北工程大学学报·社会科学版》2008 年 1 期.
[22] 常丹丹. 南京方言中的"到"[J].《现代语文》2008 年 11 期.

(本文原载《南京审计学院学报》2011 年第 1 期。)

南京方言的 VVR 动补结构

一、引言

南京方言属于北方方言的江淮次方言，它处于北方方言和吴方言的接壤地带，其句法结构中存在着一些北方方言的其他次方言没有的句法结构形式，具有独特的语用功能。本文讨论南京方言的 VVR 结构的构成条件、语义特征以及句法、语用功能。

南京方言的 VVR 结构指的是下面的一些结构形式：

摆摆好　压压平　想想清楚　搞搞明白　扫扫干净

这种结构是一种动补结构，其中的 VV 是单音节动词的重叠形式，R 通常由形容词充当，是结果补语。

这种结构与普通话中的 VR 结构有些类似，二者有时是基本等值的。例如：

把衣服洗干净（普通话）——把衣服洗洗干净（南京方言）

桌子要摆齐（普通话）——桌子要摆摆齐（南京方言）

这个工作要搞好（普通话）——这个工作要搞搞好（南京方言）

仔细考察会发现，普通话中相当多的 VR 结构形式在南京方言中并没有对应的 VVR 结构形式。例如：

走快(普通话)　　*走走快(南京方言)
吃完(普通话)　　*吃吃完(南京方言)
买贵(普通话)　　*买买贵(南京方言)
整理好(普通话)　*整理整理好(南京方言)
打扫干净(普通话)*打扫打扫干净(南京方言)

同时,我们还发现,南京方言中既有跟普通话完全相同的 VR 结构形式,也有跟普通话有差异的 VVR 结构形式。既然两种形式并存,就说明南京方言的 VVR 结构形式有着独特的功能,本文将通过这两种结构的比较来展开讨论。

二、VVR 结构的构成条件

刘丹青在《南京方言词汇》中也谈到了 VVR 结构,他认为"动补式中的动词可以自由的重叠。"[1](P27) 我们调查发现,这个结论很值得商榷。南京方言中的 VVR 结构中的动词并不能自由地重叠,而是有很多限制,这种限制既体现在动词 V 上,也体现在补语 R 上。下面分别讨论。

2.1　VVR 结构中 V 的条件

2.1.1　**V 必须是单音节动词。**

普通话的 VR 结构,V 既可以是单音节动词,也可以是双音节动词。例如:

(1) 你把院子扫干净。

(2) 你把院子打扫干净。

(3) 请把这件衣服熨平整。

(4) 请把这件衣服熨烫平整。

与普通话的 VR 结构相比,南京方言的 VVR 结构中的 V 只能是单音节动词,不能是双音节动词。例如:

(5) 你把院子扫扫干净。

(6) * 你把院子打扫打扫干净。

(7) 请把这件衣服熨熨平整。

(8) * 请把这件衣服熨烫熨烫平整。

单音节动词重叠后，变成双音节，而双音节是汉语最基本的音步，是汉语韵律词的典型形式。[2]因此，人们在使用心理上将它等同于一个双音节动词，后面带上补语，在语音节律上会感到比较自然，就像“消灭光”、“学习好”一样；而双音节动词重叠后，变成了四音节，而四音节是汉语里最为稳定的音节结构，[2]后面很难再带上补语，这也可能就是 VVR 结构要求 V 是单音节动词的重要原因。

2.1.2 V 是述人可控动词。

述人动词是动作行为由人发出来的动词，如“走、想、说、整理、打扫”；与之相对应的是非述人动词，也就是动作行为不是由人发出来的动词，例如：“吠、倒塌、荒芜”等。可控动词是动作行为的发出者可以控制该动作行为的动词，例如：“吃、买、询问、休息”等；与之相对应的是非可控动词，即动作行为的发出者不能控制该动作行为的动词，例如“病、醉、看见、误解”等。

南京方言的 VVR 结构中的 V 只能是述人可控动词，否则格式无法成立。看下面的例句：

(9) 这件事情要弄弄好。(述人可控动词)

(10) 头发要吹吹干。(述人可控动词)

(11) * 庄稼快要枯枯死。(非述人非可控动词)

(12) * 小王要跌跌倒。(述人非可控动词)

(13) * 你长得太黑了，要变变白。(述人非可控动词)

1.2.3 V 是表示可以反复进行的动作动词，不能反复进行的动作动词不能进入 VVR 结构。例如：

动作可以反复进行的动词大都是持续动词和部分瞬间动词。

持续动词是动作行为可以持续的动词，体现在句法上，这类动词后面可以后附动态助词“着”，如“看着、说着、听着、吹着”等；与之相对应的是瞬间动词，这类动词表示的动作行为没有持续段，动作的开始点和结束点基本上重合的，体现在句法上，这类动词不能后附动态助词“着”。例如，语言中没有“死着、完着、塌着、爆炸着”等组合，因为“死、完、塌、爆炸”都是瞬间动词。有些动词虽然表示的动作不能持续，但其动作可以反复进行，它们在句法层面上也可以后附“着”，表示动作的反复。例如“眨”，“眨眼”的动作应该非常短，但这种动作可以反复进行。比较下面的例句：

(14) 你要听听好。

(15) 把衣服洗洗干净

(16) 把核桃敲敲碎。

(17) *村里的一个老太要死死掉。

(18) *把火熄熄灭。

例(13)、(14)的动词是持续动词，例(15)的动词“敲”是可以反复进行的动作动词，例(16)(17)的动词“死”和“熄”则是瞬间动词。

需要指出的是，有些动词虽然是持续动词，但如果该动词表示的动作，在人们的心理上一般不会反复进行，那么这类动词也不能进入 VVR 结构。如“吃、喝”就是这样。在现实环境中，人们吃饭或喝水大都一次集中进行，一般不会反复多次进行。因此，下面的句子是不存在的：

(19) *把饭吃吃饱。

(20) *把水喝喝多。

2.2 VVR 结构中 R 的条件

南京方言 VVR 结构中的 R 表示动作行为的结果，主要由形容词充当，一般不能由动词充当。看下面的例子：

a 压压扁　烧烧烂　讲讲好　拉拉直　摆摆平　敲敲碎　擦擦干净　想想清楚

b *吃吃完　*吹吹灭　*愁愁死　*拉拉断　*剁剁掉　*睡睡醒　*拿拿出　*想想到

上述a、b组的"R"都表示动作行为的结果，a组是形容词，结构是合法的，而b组是状态动词，因而，结构不能成立。

进一步考察发现，"R"除了是形容词这个条件外，还要求"R"表示的结果必须是积极的结果，或者说是说话者想要追求的结果，不能是消极的结果，也就是说话者不想得到的结果。比较下面的例子：

坐坐直　摆摆正　弄弄好　挖挖深　凉凉干　洗洗干净　扎扎结实

*坐坐斜　*摆摆歪　*弄弄坏　*挖挖浅　*凉凉湿　*洗洗脏　*扎扎松

我们根据郑怀德、孟庆海主编(2003)的《汉语形容词用法词典》和刘丹青主编(1994)《南京方言词典》，对能进入VVR结构形式的形容词进行了测定，大约有51个，列举如下：

薄、扁、长、脆、大、短、干、光、高、好、黑、红、厚、烂、牢、凉、亮、绿、乱、粘、平、齐、清、全、热、软、熟、酥、酸、碎、弯、稀、细、小、圆、匀、正、直、干净、光滑、均匀、精确、结实、紧、利索、明白、齐全、清楚、清爽、妥当、准确。

三、VVR结构的语义特征

在南京方言中，作为动补结构，既有VVR形式，也有VR形式，但是二者的表义特征具有明显的差异，本文通过二者的比较，讨论VVR结构形式的语义特征，并从认知语言学和类型学的角度给予解释。

3.1 VVR 结构形式中动词重叠形式 VV 的语法意义

一般认为现代汉语普通话动词重叠式的语法意义主要表示时量短或动量小。[3](P66—68)我们发现南京方言的 VVR 结构中的动词重叠式并不表示时量短或动量小的语法意义，那么南京方言的 VVR 结构中动词重叠的语法意义是什么呢？

重叠是动词的重要语法特征，把动词未重叠前的形式称为基式，重叠后的形式称为重叠式。例如："看"是基式，"看看"就是重叠式；"研究"是基式，"研究研究"就是重叠式等等。确定动词重叠语法意义的主要方法是比较重叠式和基式之间的差异，这种差异可以认为就是动词重叠式的语法意义。南京方言的 VVR 结构大都有相应的 VR 结构，这样就可以通过比较基式和相应重叠式的差异来确定 VVR 结构中动词的重叠意义。比较下面的例子：

排齐——排排齐
烘干——烘烘干
填平——填填平
敲碎——敲敲碎
拉长——拉拉长
扎牢——扎扎牢
弄好——弄弄好
想清楚——想想清楚
擦干净——擦擦干净

通过上面的对比，能够体会到：VVR 结构强调要经过多次 V 的动作，才能达到 R 的结果。例如："排排齐"的语义在于经过多次"排"，才能达到"齐"的结果；而 VR 结构不强调动作的多次反复性，只表示通过某种动作达到了某种结果。正是因为如此，不能表示多次重复进行的动作动词是不能进入 VVR 结构的。

认知语言学认为，语言结构在很大程度上是与人类对外部世界的感知结构相对应的。当某一语言表达式在外形、长度、复杂性以及构成成分之间的各种相互关系上平行于这一表达式所编码的概念、经验或交际策略时，也就是说，这一语言表达式具有相似性(iconicity)。[4](P148) 南京方言的 VVR 结构典型地体现了语言符号的相似性。

戴浩一(1993)在研究汉语重叠动因时指出：语言表达形式的重叠对应于概念领域的重叠。南京方言的 VVR 结构形式正对应于概念结构中动作的多次反复进行这个意义，强调动作反复进行后，才能够达到补语所表示的结果状态。因此，这种重叠是对现实动作的摹写。

语言类型学的研究成果证明：重叠不是汉语特有的现象，而是人类语言的普遍现象。体现着人类语言的普遍共性，有着认知上的理据。Lakoff&Johnson(1980)注意到英语里有一种"形式越多，内容越多(more of form is more of content)"的句法隐喻，即更多的形式(语言单位更多、更长)往往表达更多的意义(所指数量更多、范围更大、程度更强)。这就是所谓的数量相似性(quantity iconicity)。它是语言的一个普遍性特征。[5]

需要指出的是，南京方言 VVR 结构中动词重叠的语法意义不同于普通话动词重叠的语法意义。普通话动词重叠式的语法意义主要表示时量短或动量小，而南京方言 VVR 结构中动词重叠的语法意义表示动作量的增大，体现了语言相似性的普遍特征。

3.2 VVR 结构形式中 R 的语义指向

关于现代汉语动补结构 VR 的语义指向，学者们做过很多研究。[6]一个共同的结论是，VR 结构大都包含两个表述，R 的语义指向复杂，既可以指向 V 的施事、V 的受事，也可以指向 V 本身。看下面的例句：

(19) 小王喝醉了酒。小王喝酒＋小王醉了（“醉”指向施事“小王”）

(20) 小王喝光了酒。小王喝酒＋酒光了（“光”指向受事“酒”）

(21) 小王喝好了酒。小王喝酒＋喝好了（“好”指向动词“喝”）

南京方言的VVR结构中R的语义指向比较单一，它只指向V的受事，而不指向V的施事和V本身。例如：

(22) 请同学们把椅子摆摆齐。同学们摆椅子＋椅子齐（“齐”指向受事“椅子”）

(23) 这些核桃要一个个砸砸碎。砸核桃＋核桃碎（“碎”指向受事“核桃”）

(24) 把胡子刮刮干净再走。刮胡子＋胡子干净（“干净”指向受事“胡子”）

(25) 这个问题要想想清楚。想问题＋问题清楚（“清楚”指向受事“问题”）

(26) 将这些瓜子烘烘干。烘瓜子＋瓜子干（“干”指向受事“瓜子”）

上述例句中补语R都指向动词V的受事。

3.3 VVR结构形式的语法意义

南京方言的VVR结构是一种动补结构，跟普通话的VR动补结构相比，具有自己的特点。马真、陆俭明(1997)对普通话VR动补结构的语法意义进行了研究，认为在普通话中VR后面既可以带“了”，也可以不带“了”，他们主要讨论了“VR了”的语法意义，认为普通话的“VR了”动补结构所表示的语法意义大致有四种：A. 预期结果的实现，如“晾干了、洗干净了”；B. 非理想结果的出现，如“洗破了、搞坏了”；C. 自然结果的出现，如“长高了、变红了”；D.预期结果的偏离，如“挖浅了、买贵了”。[7]

考察南京方言的VVR结构，会发现这种结构后面不能带表示完成或实现的“了”。下面的句子都是不成立的：

(27) *把椅子摆摆齐了。

(28) *我把胡子刮刮干净了。

(29) *这些瓜子已经烘烘干了。

(30) *有些问题想想清楚了。

(31) *这些黄豆压压扁了。

我们把马真、陆俭明(1997)的“VR了”中的“了”去掉，只考察“VR”的语法意义，发现，南京方言的VVR结构的语法意义是通过多次重复V的动作达到R的结果。

四、VVR结构的句法、语用特征

4.1 VVR结构的句法特征

经过考察发现，VVR结构在句法上有特别的限制，与普通话的VR结构有明显的不同，主要表现在以下方面：

4.1.1 VVR结构所在的句子只能表示未完成事件，不能表示完成事件。

普通话的VR结构所在的句子既能表示将来的事件，也能表示过去的事件。例如：

(32) 把胡子刮干净(未完成事件)——把胡子刮干净了(完成事件)

(33) 把胡子刮刮干净(未完成事件)——*把胡子刮刮干净了(完成事件)

4.1.2 VVR结构没有否定形式

普通话的VR结构既有肯定形式也有否定形式，例如：

(34) 这件衣服洗干净了。——这件衣服没有洗干净。

(35) 同学们把桌子摆齐了——同学们没把桌子摆齐。

南京方言的 VVR 结构只能出现在肯定句中,不能出现在否定句中。看下面的例句:

(36) 这件衣服要洗洗干净——*这件衣服不要洗洗干净。
*这件衣服没洗洗干净。

(37) 同学们把桌子摆摆齐——*同学们没把桌子摆摆齐。
*同学们不把桌子摆摆齐。

4.1.3 **VVR 结构中 V 的宾语要放在 VVR 之前,或采取主谓谓语句的形式,或采用把字句的形式。**

普通话的 VR 结构中 V 的宾语既可以放在 VR 之后,也可以放在 VR 之前,例如:

(38) 这件衣服要晾干——把这件衣服晾干——晾干这件衣服

(39) 这件衣服要晾晾干——把这件衣服晾晾干——*晾晾干这件衣服

为什么 VVR 结构中 V 的宾语一定要放在 VVR 之前呢? 单纯从句法、语义上都无法得到圆满的答案。董秀芳(1998)根据冯胜利(1996)提出的韵律句法学的理论进行了解释: 汉语句子的普通重音要由最后一个主要动词指派给其右边的成分,若其后没有别的成分,重音就会落在动词上,每个句子只能有一个普通重音。[8] VVR 结构如果后面带上宾语,其形式为: VVR+NP,主要动词 V 右边有两个成分 R 和 NP,根据重音指派规则,V 只能将重音指派给 R,NP 得不到重音指派,又不能轻读,因而成为不合法的成分。唯一的办法是把它放在 VVR 之前,主谓谓语句和把字句为 NP 的移位提供了手段。

4.2 VVR 结构的语用特征

从句类上看,南京方言 VVR 结构所在的句子都是祈使句,用于表示说话人要求听话人做某件事情，这个“某件事情”自然是没有做的，也就是未完成的。这也就是这类句子只能表示未完成事件、不能表示完成事件的原因。

南京方言 VVR 结构形式没有否定式也与祈使句的语用功能有密切的关系。VVR 结构形式所在的祈使句是说话人要求听话人经过多次 V 的动作，从而达到 R 的结果；而否定祈使句的语用功能是说话人要求听话人不要进行某种动作。如：“别说、不要走”等。而“VV”表示的反复动作则是说话人要求或希望听话人进行的，因此，“VV”的语义特征与否定语义相矛盾，VVR 结构自然也就不可能有否定形式了。

五、余论

从方言研究的成果来看，VVR 动补结构形式广泛存在于吴方言中，但南京方言的 VVR 动补结构形式跟吴方言的 VVR 动补结构形式不完全相同。南京方言的 VVR 动补结构形式中 R 限于形容词，浙江吴语中的 VVR 动补结构形式中 R 除了形容词，还可以是趋向动词，例如“拔拔出、装装上、送送去、塞塞进去、压压落去”等。[9] 由于南京的地理位置紧靠吴方言区，其方言中的 VVR 动补结构形式可能是受吴方言的影响而产生的。

参考文献

[1] 李荣主编 刘丹青编撰. 南京方言词典[M]. 南京：江苏教育出版社，1995.
[2] 冯胜利. 论汉语的韵律词[J]. 中国社会科学，1996，(1).
[3] 朱德熙. 语法讲义[M]. 北京：商务印书馆，1982.
[4] 张 敏. 认知语言学与汉语名词短语[M]. 北京：中国社会科学出版社，1998.
[5] 张 敏. 从类型学和认知语法的角度看汉语重叠现象[J]. 国外语言

学，1997，(2).
[6] 詹人凤.动结式短语的表述问题[J].中国语文，1989，(2).
[7] 马真　陆俭明.形容词作结果补语情况考察(二)[J].汉语学习，1997，(4).
[8] 董秀芳.述补带宾式中的韵律制约[J].语言研究，1997，(1).
[9] 木　玉.浙江吴语句法特点[J].舟山师专学报，1996，(4).

(本文原载《方言》2008年第1期。)

“算了”的词汇化和语法化

一、引言

“算了”是现代汉语口语中使用频率很高的语言成分，意义和用法复杂。可以细分为三个：“算了$_1$”，意义为“作罢”，是“动词＋了$_{1+2}$”。比如：“你是真想去呢，还是说说就算了？”“算了$_2$”，表达劝说或建议的祈使语气，是语气词。例如：“你那么喜欢他，就收他做儿子算了”。“算了$_3$”，用于话题切换，是话题标记，近似于副词。例如：“算了，算了，你别说了，我以后再也不打麻将了”。《现代汉语八百词》、《现代汉语词典》(第5版)、《汉语大词典》等辞书都收录了“算了$_1$”，其解释基本相同，释义为“作罢”。对其他两个“算了”没有收录。

现代汉语共时平面上三个不同的“算了”，它们既有区别，也有密切的联系。“算了$_2$”和“算了$_3$”分别是由“算了$_1$”语法化而来的。本文拟就三个“算了”的用法、词汇化和语法化过程展开讨论。

二、“算了”的用法

2.1 “算了$_1$”的用法

“算了$_1$”的意义为“作罢”。其使用可分为两种情况：一种是在单句中充当谓语；一种是出现在紧缩复句中。

2.1.1 在单句中充当谓语。

“算了$_1$”在句中充当谓语可分为两种情况：一种是“算了$_1$”的主语为名词性成分，一种是“算了$_1$”的主语为谓词性成分。先看第一种情况。例如(本文例句均出自北京大学汉语语料库)：

(1) 老关听到情况是这样，就松了一口气，说：“我说呢，堂堂一个国家干部，你也不至于卖鸭子！既然是闹着玩，这事算了，以后别这么闹就是了！”

(2) 牛：你不用再给我们做动员了，这点儿道理大家都明白，咱们去就是了。

余：唉，女同志算了吧。您要想出力呀，您就好好儿琢磨琢磨怎么把这吃零食的习惯改成吃萝卜的习惯。

更常见的是“算了$_1$”前面出现“就、也”等副词，带有不再计较、让步的口气。例如：

(3) 近一年来，商场里常发生顾客挑选完东西，不付款就拿走的事！一般的商品也就算了，可我们四楼的皮货部，几千块一件的裘皮大衣，就楞让人不付款穿走了两件！

(4) “您要真一点都想不起来，那就别想了，把这事忘了吧，您不是已经道歉？这事就算了，本来也挺伤和气的。”

另一种情况是“算了$_1$”的主语为谓词性成分。例如：

(5) 她本来想把桐芳赶出门去就算了，可是越来越狠，她决定把桐芳赶到窑子里去。

(6) 比如那个被挤进沟里的例子，你可以按照法律追一个是非，也可以得理让人就算了。两个原则看起来是矛盾的，但实际上实行起来并不矛盾。

这类用法的“算了$_1$”前面有副词“就”。

2.1.2 出现在紧缩复句中

考察发现，“算了$_1$”，主要出现在具有假设关系的紧缩复句和

因果复句中,"算了$_1$"前经常出现副词"就、也"。例如:

(7) 于观说,"你们要人不齐,我可以凑一手,人多就算了。"

(8) 李白玲告诉我几个人的名和地址,对我说:"你要有困难就找他们,没困难就算了。

(9) 这牛大姐和老刘年纪大就算了。你们年轻人,辛苦一趟。

例(7)(8)是假设关系的紧缩复句;(9)是因果关系的紧缩复句。

在言语材料中,"算了$_1$"不论是在单句中出现,还是在紧缩复句中出现,都以前面出现副词"就、也"为常见。

2.2 "算了$_2$"的用法

"算了$_2$"出现在句子末尾,相当于语气词,表达建议或劝说的祈使语气。例如:

(10) 他们在电话里回答说,他们原本是想给花花打预防针的,可是动身前,有一个人提议:干脆把狗打死算了,还能白吃上一顿狗肉。

(11) 我给您出个主意,前两年不是各厂都买了许多国库券吗?您就把它折给我们算了,反正您留也留不住。

(12) 你那么喜欢他,就收他做儿子算了。

例(10)的"有一个人提议",(11)的"我给您出个主意"明确地表示了后面句子建议的祈使语气。例(12)尽管没有明确表示建议祈使语气的词语,但句子的建议祈使语气也是显而易见的。

"吧"是现代汉语典型的祈使语气词,我们发现"算了$_2$"都可以换成"吧"。看下面的句子:

(10′) 他们在电话里回答说,他们原本是想给花花打预防针的,可是动身前,有一个人提议:干脆把狗打死吧,还能白吃上一顿狗肉。(梁晓声《冉之父》)

(11′) 我给您出个主意,前两年不是各厂都买了许多国库券

吗？您就把它折给我们吧，反正您留也留不住。（毕淑敏《预约死亡》）

（12′）你那么喜欢他，就收他做儿子吧。（余华《在细雨中呼喊》）

通过比较可以发现，上述句子和例（10）—（12）的逻辑意义是一致的，差别主要在语气上，用"算了$_2$"的句子建议或劝说的意味比较强烈，具有不顾及其他的祈使语气；而用"吧"的句子委婉，带有商量的祈使语气。

2.3 "算了$_3$"的用法

"算了$_3$"是话语标记，其主要功能是用于话题切换和以言行事。话题切换（topic switch），就是中止正在进行的谈论话题，换上一个新的话题。[1]例如：

（13）张全义说："既是夫妻，有什么难处不好商量？我真没想到，我……""算了算了，我刚才不是说啦，都是我自己干的事。你也别觉得不落忍，别觉得过意不去！"金秀不让他说下去。

（14）李：诶。你可别说这话啊，你要这么说，我也不高兴了。要不是何主任……

何：算了，算了，小李，什么都甭说了，啊，不办就不办。这事儿本来也是双方自愿办的事儿，好合好散。说那些难听的话也没意思。

例（13）的"算了"是金秀不愿意就张全义提出的话题继续谈下去，切换到另外一个话题上去。（14）的"算了"也是终止前一个谈话话题。

以言行事就是中止想要进行或当前进行的动作行为。例如：

（15）她是毫无表情，连眼珠也从不转动，但偶尔目光和我对视时，我可以看出她内心的痛苦。我悲恸地劝她："算了,你既然管不了就别管了,还是让它们各自去干自己的那一摊吧。"

(16) 听到他们两人吵起来,丁小鲁忙劝,"吵什么呀?都累了一天,你们怎么一点不注意保护嗓子?""你少搞无原则的一团和气!"于观一挥手。"怎么冲我来了?"丁小鲁不满地瞪了于观一眼,"于观我觉得你最近火气太大,虽然工作累点也不该对同志动不动发脾气,不要忘了你现在的身分。你的行为很不像一个吹捧家。""可是……""算了算了,何必为捧人伤和气。"刘美萍也过来相劝。

例(15)是劝她停止"管"的行为;例(16)的"算了"是刘美萍让吵架的两人停止吵架的行为。

在实际的言语材料中,以两个"算了$_3$"连续出现最为常见,单独出现一个"算了$_3$"的情况比较少见,这显然跟口语交际有着密切的关系;同时,还发现被停止的动作行为往往通过"算了$_3$"后面的句子表达出来。如例(15)的"你既然管不了就别管了"。

从言语材料看,"算了$_3$"大都出现在话语的起始阶段,作用是连接其前和其后的话语成分,用于切换话题或以言行事。切换的话题主要是别人的话题,以言行事也主要是中止他人的动作行为,如上文的例(13)、(14)、(15)、(16);也有少部分是停止说话人自己的动作行为。例如:

(17) "你别急呀。"李江云抚慰我,"别急别急,当然可以,你想说什么就说,我听着呢。""我……"我吭哧半天,涨红脸,垂下头。"算了,也没什么可说的,说出来也怪没劲的。"

(18) "我说的是个人,一个女的,算了,看来你也不知道。"

例句(17)的"算了"是中止说话人自己正在进行的"说话"行为;(18)"我"给"你"解释,可是"你"不知道,"算了"是停止说话人自己的解释行为。

根据其句法位置,我们认为"算了$_3$"是副词性的话语标记,表明两个言语表述之间的关系，其辖域可以是前后的两个句子、几个句子，甚至是段落。

三、“算了”的词汇化和语法化

目前，如何看待“算了”的语法性质，学术界还存在着分歧，一些权威辞书对此的处理也不相同。如《现代汉语八百词》(增订本)认为“算”是动词，“算＋了”表示“作罢”。这里显然认为“算了”是两个词，即“算＋体标记/语气词”。[2]516《现代汉语词典》(第5版)没有将“算了”作为整体词收录，但在动词“算”字条下明确指出“算”后跟“了”表示“罢了；不再计较”。[3]1305。以上两部辞书认为“作罢，不再计较”的意义是“算”的词汇意义，“了”是体标记兼语气词。《汉语大词典》尽管没有明确指出“算了”的词性，但是将“算了”作为一个词条列出，[4]1192 并且释义为“作罢；不再计较。”董秀芳认为应该将“算了”处理为一个词。[5]189

我们认为在现代汉语共时平面上，存在着三个性质不同的“算了”。“算了$_1$”是句法组合；“算了$_2$”是语气词；“算了$_3$”是副词性的话语标记。“算了$_2$”和“算了$_3$”是“算了$_1$”词汇化和语法化的结果。

3.1 “算了$_1$”的性质

许慎《说文解字》释为：“算，数也。”也就是“计算”。例如：

(19) 承流而枝附着，不可胜算。(刘勰《文心雕龙·诸子》)

(20) 庸必算丁口，租必计桑田。(白居易《赠友五首并序》)

(21) 咱们算了牙税钱著。(《老乞大》)

(22) 这安老爷家，通共算起来，内外上下也有三二十口人。(文康《儿女英雄传》)

早期“算”的意义主要是“计算数目”，后引申为“算数，有效力”，这种用法在元末明初就出现了。例如：

(23) 孙立道：“分十路待怎地！你手下人且不要慌，早作准备便了。先安排些挠钩套索，须要活捉，拿死的也不算！”(施耐庵《水浒传》)

(24) 那书童才待拍着手唱，伯爵道：“这等唱一万个也不算。”(兰陵笑笑生《金瓶梅》)

(25) 我批条子就算了，不用再找别人了。

也以“算数”的形式出现。例如：

(26) 农村推行联产承包责任制后，许多农民顾虑重重，怕签了承包合同后又不算数，迫切希望得到政策上、法律上的保护。

需要指出的是，“算数”可以换成“算”而意义不变。

一件事情“算数”或“有效力”也就预示着该事件的结束或完成。比如例(25)“我批条子”后，事情就解决了。例(26)的“签了承包合同”事情未必能完成或结束。在此基础上，“算”又引伸出“事情完成、了结”的意义来。例如：

(27) 出了钱不算，还要我来操心，你怎么谢我？(曹雪芹《红楼梦》)

(28) 所有井里误的工都是我的，井上绞辘轳或者拉滑车的笨工是你的，几时打成几时算。

上述例句子中的“算”是“事情完成、了结”的意思。“事情完成、了结”必然蕴含着“作罢”的意思。例如：

(29) 燕生搂着我的肩膀忙说，“开个玩笑既然你觉得有人跟踪，那今天晚上就算了吧。”

(30) 你们要是实在找不着那个流氓就算了，用不着装模作样在细枝末节上转来转去好像挺认真。

这里的“算了”就是我们所说的“算了$_1$”，它不是一个词，是两个词，是“算＋了$_{1+2}$”。“算”与“了”在句义上可以分离，是由于

“了”的成句作用,[6]在上述两个例句中“算了”形式上不可分离。在有些例句中,“算了”是可以分离的。例如:

(31) 你不去就算,我去。

(32) 你不去就算了,我去。

上面两个例句很好地显示出“算”和“了”应该是两个词的组合。

3.2 “算了$_2$”的词汇化过程及性质

Givón(1971)提出一个著名的观点:今天的词法曾是昨天的句法。[7]汉语作为分析性的语言,句法现象转化为词法现象是非常普遍的,一般称之为词汇化(lexicalization),指的是从大于词的自由组合的句法单位到词的一种变化,这种变化一般是历时形成的,现代汉语中不少复音词的前身是自由的句法组合。古代汉语的句法结构演化为现代汉语的词法结构可以细分为两类:一种是全部由词汇性成分构成的短语,另一种是由语法性成分和词汇性成分组成的句法结构。[8]现代汉语复合词构成规则与短语的构成规则基本一致性就是第一种情况造成的;“算了$_2$”作为现代汉语的一个词,是由第二种情况造成的。

“算了$_2$”的词汇化是通过“算了$_1$”的语法化实现的。语法化”(grammaticalization)通常指语言中意义实在的词转化为无实在意义、表语法功能的成分这样一种过程或现象。现代汉语的虚词大都是由实词语法化而来的,影响汉语实词虚化机制的主要有句法位置的改变、词义变化、语境影响、重新分析等因素。[9]“算了$_1$”语法化为“算了$_2$”跟“算了$_1$”的句法位置有密切的关系。作为实词的“算了$_1$”是句子的谓语部分,其主语可以是名词性成分,也可以是谓词性成分。例如:

(33)“特使?死啦?”祁老人觉得一切好象都是梦。没等李四爷说话,他打定了主意。“小顺儿的妈,拿一股高香来,我给日本人烧香!”“你老人家算了吧!”李四爷又笑了一下。“烧香？放枪才有用呢!”

(34) 我给你打保票,你这事算了,人民内部矛盾,不予追究。

上述例句中的主语是名词性成分,谓语“算了”在句中充当谓语,意义实在,而且其后不再有别的成分,是“算了$_1$”。

下面的句子的主语由谓词性成分充当。

(35) 晓荷,在亦陀发表意见的时候,始终立在屋门口听着,现在他说了话:“我看哪,所长,把招弟给他就算了!”

(36) 家住大张楼乡任店村68岁的任同常,吹了一辈子唢呐,提起旧社会感慨很多:“那时,咱算个啥东西,‘下九流’!谁瞧得起?”“再说,办红白喜事,能做得起大道场的都是些有钱人,穷人家办不起。我们吹吹打打,凑合着混顿饭吃就算了。”

“算了$_2$”形成于由谓词性成分充当“算了$_1$”主语的句式中。谓词性成分充当句子主语的句法后果是主语部分的长度增加,表示的概念复杂,信息量大;而谓语“算了”后面不再出现其他成分,位于句末,与主语相比,长度短小,表示的概念简单,信息量小,表达重点自然会前移,与名词性主语的句子相比,“算了”的意义就变得不是那么实在,开始虚化。因为其前有副词“就”限制,句法上仍然做句子的谓语,还应认定为“算了$_1$”。

刘丹青(2008)认为“重新分析的一种强大动力,就来自人类语言对语义和形式之间自然匹配的强烈追求。”[10]“算了$_1$”中的“算”作为动词,在句子中充当谓语成分,用名词性成分作它的论元是无标记匹配,形成无标记的主谓句;随着语言使用者的表达需求,动词性成分也用来充当“算了$_1$”的主语论元,这样,就产生了有标记的包孕主谓句。根据刘丹青(2008),语言会产生回归无标记状态的推力。随着“算了”前副词的脱落,主谓之间的界限模糊,被包孕的从句升级为主句,从而诱发重新分析(reanalysis)。

由于这类句子具有极强的主观性,“算了”就会重新分析为从属于句子的语气成分。这样,“算了”之间的界限取消,原本是语法成分的“了”变成了词内成分,词汇化为一个词汇单位,表示语气。看下面的例子:

(37) “南希啊,”刘书友说,“你要真一个人无聊,找个人结婚算了,那怕找个情人,也别一天三换看著闹得慌。”

(38) 夏顺开又道:“实在没机会,只好退而求其次,找个贤妻良母算了。”

(39) 李缅宁说,“干脆你再带瓶醋算了,家里醋早光了。”

(40) 我站在原地对自己烦躁道,“离了算了,这样也没意思。”

上面例句中的“算了”,多少还留有“算了$_1$”的语义内容,体现了语法化的滞留原则。由于“算了”意义的高度虚化,加之前面并没有出现副词,“算了”就有了重新分析的可能,由独立的谓语动词重新分析为粘附于句子的语气词,具有与“算了$_1$”不同的语义内容和语法功能,进而语法化为“算了$_2$”。

词是最小的能够自由运用的语言单位。在实际话语中“算了$_2$”必须作为一个整体使用,要删除的话,必须是“算了$_2$”整体删除,不能单独删除“了”。比较下面两组句子:

A组:

(a) 进不了那个幼儿园,干脆,进修车老头女儿的幼儿园算了!

(b) 进不了那个幼儿园,干脆,进修车老头女儿的幼儿园!

(c) *进不了那个幼儿园,干脆,进修车老头女儿的幼儿园算!

B组:

(a) 这里没人收帐,你以后每天下班,来替我收收帐算了!

(b) 这里没人收帐,你以后每天下班,来替我收收帐!

(c) *这里没人收帐,你以后每天下班,来替我收收帐算!

可见,"算"与"了"之间不是句法关系,而是词法关系;如果整体删除"算了",句子仍然成立,但失去了相应的语气意义;如上文所述,这里的"算了$_2$"也可以换成"吧",句子的命题意义不变,改变的只是语气意义,这也证明了"算了$_2$"跟"吧"具有基本相同的功能。

齐沪扬认为"位于句末的语气词,黏附在整个句子之后,对它前面的句子起着赋予一定语气的作用。"[11]142"算了$_2$"全部具备这些特征,它是粘着成分,总是附着在句子后面,对句子的命题意义没有影响,作用是给句子赋予一定的语气,增加句子的信息量,总是读轻声,应认定为语气词。

调查发现,"算了$_1$"语法化为"算了$_2$"是在现代汉语平面上发生的。我们调查了清代的《红楼梦》、《儿女英雄传》、《儒林外史》、《老残游记》、《官场现形记》等作品。没有"算了$_2$"用例,只发现了两例主语由谓词性成分充当的例句。列举如下:

(41) 故此问你:你叫他送呢,我即刻去叫他;你若疼他,就叫人带了他来你见见,叫他给你磕个头就算了。"(《红楼梦》第九十七回)

(42) 这二年里,住在俺店里的客,抚台也常有送酒席来的,都不过是寻常酒席,差个戈什来就算了。(《老残游记》)

通过对北京大学语料库现代部分的调查发现,"算了$_2$"出现在上个世纪的30年代,看下面的例句。

(43) 吃茶叶蛋我是拿手,一口气吃了四个半,还觉得肚子里空无所在,不过当我伸手拿第五个蛋时,被建一把夺了去,一面埋怨道;"你这个人真不懂事,吃那么许多,等些时又要闹胃痛了。"这一来只好咽一口唾沫算了。(庐隐《秋光中的西湖》)

(44) 李子荣笑着说:"出了这个胡同就是个小饭馆,好歹吃点东西算了。"(老舍《骆驼祥子》)

3.3 关于"算了$_3$"

"算了$_3$"作为话语标记，也是从"算了$_1$"语法化而来。作为实义动词，"算了$_1$"在句子中充当谓语，其主语以第二人称代词居多。例如：

(45) 李：倒用不着你开导我，我觉得有必要开导开导你。

戈：咳！你算了吧。我压根儿就没把这当回事儿，哪儿那么容易就撞咱地球上了。

(46) 你算了吧，你那点起子我们不知道？

(47) 司机说："我看你算了吧！东西是有限的，人是世上最宝贵的。

上述含"算了"的例句都是祈使句，祈使句以不说出主语为常见。看下面的例句：

(48) 女人：你有一百多万呢，我嫁你得了。

男人：算了吧。咱俩太知根知底了。

(49) 汪若海一言不发。"你倒是把话说清楚。""我这话还不够清楚？"汪若海说，"谁也不是傻子，你以为高洋死了谁都不知道怎么死的？算了吧，我看你算了吧，高洋反正也死了就到此为止吧，何苦非把所有哥们儿都毁了。"

上述例句中的"算了吧"仍然是小句，还不能认为是话语标记，因为在其前面仍然可以补出第二人称代词。随着其使用频率的增加，"吧"就会被省略，因为汉语的自然音步是双音节形式，[12]95 再加上"了"和"吧"都是轻声模式，"吧"不说出来更符合汉语的自然音步，这时的"吧"倾向于不出现。当句子中没有"吧"的时候，句子的祈使语气就会大大弱化。比较下面的句子：

(50) 张全义苦笑着，"男人们都得明白，这世界上不光是一男一女，他还得兼顾一下别人。""算了吧，你还是先当一个敢于对自己所作所为负责的男人，然后在兼顾别的吧！"

陈玉英朝他投去蔑视的一瞥。

(51) 张全义苦笑着,"男人们都得明白,这世界上不光是一男一女,他还得兼顾一下别人。""算了,你还是先当一个敢于对自己所作所为负责的男人,然后在兼顾别的吧!"陈玉英朝他投去蔑视的一瞥。

通过比较会发现例(50)的"算了吧"可以明确的补出第二人称代词,(51)如果"算了"补出第二人称代词,句子的可接受程度大大降低,说明这里的"算了"失去了句子的特征,具有明显的话语标记特征。语料调查发现,"算了"以两个连用为常见。例如:

(52) 高晋根本不听我说的话,扬手叫那个女招待过来:"你是哪儿来的? 实习的吧? 你的服务号是多少?"女招待是个很年轻的女孩子,脸飞红,低着头不吭声。我连连对高晋说:"算了算了,何必呢,让她走来,我没事。"

(53) 陈玉英说,既然金枝这么想儿子,不妨打个电话,让大立帮她把儿子抱来,让她看个够。"算了算了,何必让人觉得这么婆婆妈妈的。"

两个连用的"算了"完全失去了句子特征,变成了话语标记。

根据对语料的调查,"算了$_3$"大概形成于清代,下面是《儿女英雄传》的例句:

(54) 姑娘忙拦他道:"算了,够酸的了!"

四、结语

现代汉语共时平面上存在着三个不同的"算了"。"算了$_1$"是句法组合,意义是"作罢";"算了$_2$"是语气词,表达建议或劝说的语气;"算了$_3$"是副词性的话语标记,主要功能是用于话题切换和以言行事。"算了$_2$"、"算了$_3$"分别是由"算了$_1$"语法化而来。"算了$_2$"产生的句法条件是谓词性成分充当"算了$_1$"的主语,由于语义表达重心的前移，“算了$_1$”语义虚化，不再需要副词“就”的限制，使得“算了$_1$”直接粘附在一个完整的命题之后，从而诱发“算了$_1$”的重新分析，“算了$_2$”就产生了，这个过程大致完成于上个世纪三十年代。“算了$_3$”的出现的句法环境是“算了$_1$”充当祈使句谓语，其第二人称主语倾向于省略，由于汉语自然音步作用，祈使语气弱化，“算了$_3$”就产生了，这个过程大概完成于清代，现当代广泛使用。

参考文献

[1] 方梅. 自然口语中弱化连词的话语标记功能[J]. 中国语文，2005(5).
[2] 吕叔湘. 现代汉语八百词(增订本)[M]. 北京：商务印书馆，1999.
[3] 中国社会科学院语言研究所词典编辑室. 现代汉语词典第 5 版[M]. 北京：商务印书馆，2005.
[4] 汉语大词典编辑委员会，汉语大辞典编撰处. 汉语大词典第八卷[M]. 上海：汉语大词典出版社，1995.
[5] 董秀芳. 汉语的词库与词法[M]. 北京：北京大学出版社，2004.
[6] 孔令达. 影响句子自足的语言形式[J]. 中国语文 1994(4).
[7] 沈家煊. “语法化”研究综观[J]. 外语教学与研究 1994(4).
[8] 董秀芳. 论句法结构的词汇化[J]. 语言研究 2002(3).
[9] 刘坚，曹广顺，吴福祥. 论诱发汉语词汇语法化的若干因素[J]. 中国语文，1995(3).
[10] 刘丹青. 重新分析的无标化解释[J]. 世界汉语教学 2008(1).
[11] 齐沪扬. 语气词与语气系统[M]. 合肥：安徽教育出版社，2002.
[12] 冯胜利. 汉语韵律句法学[M]. 上海：上海教育出版社，2000.

（本文与殷相印合作，原载《语言研究》2010 年第 2 期。）

“罢了”的词汇化及语气意义的形成

一、引言

“罢了”是现代汉语常用的陈述语气词，“用在陈述句末尾，表示如此而已，有把事情往小里说的意味。常跟‘不过、只是、无非’等词前后呼应。”[6]56 关于“罢了”语气意义的形成，学术界只有简略的概述。如太田辰夫（2003）认为“罢了”有两个用法：一个应该称为谓词或者准助词，表示“尽管这样，也没有办法”“勉强可以”等忍受的意义；一个是助词，和“只”“不过”等副词呼应使用，是用谨慎的、轻微的口气说某一件事情，没有适当的词来表达，姑且称之为限制语气。[13]336 孙锡信（1999）将“罢了”看作实义动词构成的兼有表达语气功能的语气短语。[12]187 冯春田（2000）认为“罢了”是语气词“罢”的复合形式，基本上是表示“仅此而已”的语气，最早的例子是晚明时期，清代用例渐多。[2]519 以往的研究没有详细展示“罢了”的词汇化过程及语法化动因，更没有讨论“罢了”语气意义的形成及分化。本文将在前人研究的基础上，详细讨论语气词“罢了”的词汇化及语气意义的形成与历时演变情况。

二、"罢了"的词汇化

2.1 "罢了"的词汇化过程

"罢"和"了"在上古汉语中是两个独立词，其词汇化过程与语法化过程是相伴而行的。"罢"和"了"以连续性线性序列的形式出现在句末为其词汇化奠定了句法基础，适宜的语用环境进一步诱发了"罢了"线性序列意义的虚化，进而导致重新分析，"罢"与"了"之间界限取消，语音弱化则进一步巩固了词汇化成果。

2.1.1 "罢了"词汇化的句法环境

"罢"，《说文解字》释为"遣有罪也。"段玉裁注为："引申之为止也、休也。"即"罢"本来是个动词，意思是"停止"或"结束"。例如：

(1) 夫子循循善诱人，博我以文，约我以礼，欲罢不能。(《论语·子罕》)

(2) 及反，市罢，遂不得履。(《韩非子·外储说左上》)

例(1)中"罢"的意思是"停止"，例(2)"罢"的意思是"结束，完毕"。

"了"作为动词，在汉代以后，有了"终了""完毕"的意思。[1]16 例如：

(3) 人远则难绥，事总则难了。(仲长统《倡言·损益》)

(4) 公留我了矣，明府不能止。(《三国志·蜀·杨洪传》)

上述两例中的"了"意思是"结束""完毕"。

到了宋元时期，"罢"开始与"了"出现在连续的线性序列中。例如：

(5) 某为守，一日词诉，一日着到，合是第九日亦词讼，某却罢了此日词讼。(《朱子语类》卷一百六)

(6) 夫有道："恁地说，我也罢了。"(《错斩崔宁》)

(7) 许公道："此事与下官无干，只吾女没说话就罢了。"(《金玉奴棒打薄情郎》)

例(5)中“罢了”作述语，带有宾语“此日词讼”；例(6)(7)中“罢了”作谓语，未带宾语，“罢”与“了”都是动词。

孙锡信(1999)也认为“罢”和“了”都是动词，意思是“完结”“结束”，组合在一道，“罢了”仍是“结束”“完了”“算了”的意思。[12]186 换言之，上述两例的“罢了”在性质上是动词性的句法组合。

由于“罢”和“了”是同义动词，二者可以连用，也可以只用“罢”不用“了”，而不影响意义的表达。例如：

(8) (卜儿云)这个也罢。自你去后，我终日思念你。(《全元戏曲》九)

(9) 元在学者，听依旧恩例。诸路牒试皆罢了，士人如何也只安乡举。(《朱子语类》卷一百九)

(10) (正旦云)不来也罢，且教孩儿你家住者。(《全元戏曲》三)

(11) (梁尹云)不吃茶也罢了，我与新状元回私宅中饮酒去。《全元戏曲》三)

比较例(8)和(9)、(10)和(11)可以看出，一个用“罢”，一个用“罢了”，说明“罢”和“了”应该是两个词的组合。

Givón(1971)提出一个著名的观点：今天的词法曾是昨天的句法。[9]18 汉语作为分析性的语言，句法现象转化为词法现象是非常普遍的，一般称之为词汇化(lexicalization)，指的是从大于词的自由组合的句法单位到词的一种变化，这种变化一般是历时形成的。汉语的语气词“罢了”就是这种历时演化的结果。

“罢”和“了”形成线性组合是其词汇化的基础条件。考察发现，句中作述语的“罢了”跟语气词“罢了”的形成没有关系，而作谓语不带宾语的动词组合“罢了”是语气词“罢了”词汇化的源头。

动词“罢了”组合作谓语，其主语既可以是指称性成分，也可以是陈述性成分。例如：

(12) 王明道:“以前的事俱罢了,只如今四门上四个道长,又是那里来的?”(《三宝太监西洋记》)

(13) 夫有道:“恁地说,我也罢了。”(《错斩崔宁》)

(14) 这酒若翻在别个身上却也罢了,恰恰里尽泼在阿措身上。阿措年娇貌美,性扑爱整齐……(《今古奇观》)

(15) 李逵困眼睁开,对宋江道:“哥哥不带我来也罢了,既带我来,却教我看房,闷出鸟来!你们都自去快活!”(《水浒传》第七十二回)

上述四个例句中,前两句“罢了”组合的主语为指称性成分,句法结构为“NP+罢了”;后两句“罢了”的主语为陈述性成分“NP+VP”,句法结构为“NP+VP+罢了”。考察发现,“罢”和“了”词汇化不是在“NP+罢了”句法结构中实现的,而是在“NP+VP+罢了”句法结构中实现的。因为在“NP+罢了”句法结构里,“罢了”不具备类推为语气词的句法条件;而在“NP+VP+罢了”句法结构里,动词组合“罢了”具备类推为语气词的句法条件,有重新分析的可能。

在“NP+VP+罢了”句法结构里,陈述性主语“NP+VP”,长度增加,概念复杂,信息量大;而谓语“罢了”位于句末,与主语相比,长度短小,概念简单,信息量小,这样的句法格局必然会使表达重点前移,“罢了”处于非语义重心地位,其意义会不断虚化,最后不再参与句子命题的构建。由于表达重心的前移,原来主语“NP+VP”就会重新分析为“主语+谓语”的命题结构;由于“罢了”意义高度虚化,加之又位于句子末尾,正好与汉语语气词的句法位置平行,为类推为语气词奠定了形式基础。

需要指出的是,例(14)(15)中的“罢了”还不是语气词,而是动词组合,因为其前状语“却也”和“也”明显表明它的谓语身份,说明“罢了”还保留着相当多的词汇意义,要词汇化为语气词,还需要意义的进一步虚化。

2.1.2 "罢了"语义虚化的诱发动因

语气词是意义高度虚化的功能词,用以表达说话人针对句子命题的一种主观意识。我们认为导致"罢了"语义虚化的动因是句子的"主观性"。所谓主观性(subjectivity)是指语言的这样一种特性,即在话语中多多少少总是含有说话人"自我"的表现成分。也就是说,说话人在说出一段话的同时表明自己对这段话的立场、态度和感情,从而在话语中留下自我的印记。主观性主要体现在说话人的视角(perspective)、说话人的情感(affect)和说话人的认识(epistemic modality)三个方面。[10]268—269 动词组合"罢了"意义的虚化,主观性扮演了重要的角色。请看下面的例句:

(16) 妲己在后听见比干奏此事,暗暗叫苦:"妹妹,你回巢穴去便罢了,算甚么命? 今遇恶人打死,我必定与你报仇。"(《封神演义》第十六回)

(17) 西门庆道:"怪狗才,都拿与他吃罢了,又留下做甚么?"(《金瓶梅》五十二回)

考察发现,这类句子主要出现在对话语体中,以反问语气居多,反问语气正是主观性的表现形式。"罢了"小句前,大都隐含着"我认为"这样的意义,说话人在表达命题意义的同时,也表明了自己对这段话的立场、态度和感情,也就是表达了言者意义,即说话人的主观认识。在这样的句子中,"罢了"不再表示客观上事件的结束,而是表示说话人主观上认为的事件的结束。如例(16)说话人主观上本以为"你回巢穴去"事情就结束了,结合后续句可知事情并没有结束,又发生了"算命"的事情;例(17)说话人主观上本以为"都拿与他吃",事情便结束了,其实事情并没有结束,却发生了"留下"的事情。可见,"罢了"不再是客观意义上的"停止、结束",其意义变得越来越依赖于说话人对命题内容的主观信念和态度,为进一步虚化铺平了道路。

意义虚化到一定程度,其前失却副词状语,"罢了"就有了重新分析的可能。例如：

(18) 你们可有甚么披挂，送他一副，打发出门去罢了。(《西游记》第三回)

(19) 西门庆便道："怪狗才，快出去罢了，休鬼混！我只怕小厮来看见。"(《金瓶梅》第五十二回)

(20) 吴银儿笑嘻嘻向迎春说道："又起动姐往楼上走一遭，明日我没甚么孝顺，只是唱曲儿与姐姐听罢了。"(《金瓶梅》第四十五回)

上述例句中的"罢了"，意义有了进一步的虚化，可以删除，而且删除后也不影响句子命题意义的表达，说明"罢了"不再参与句子的命题构建，加之前面并没有出现副词，"罢了"可以重新分析为语气词。

刘丹青(2008)认为"重新分析的一种强大动力，就来自人类语言对语义和形式之间自然匹配的强烈追求。"[4]14—15 如前文所述，由于表达重心前移和"罢了"意义高度虚化，原来主语"NP＋VP"就会重新分析为"主语＋谓语"的命题结构，"罢了"附着在命题结构的末尾，正好与汉语语气词的句法位置平行，在强烈主观性的作用下，"罢了"意义越来越虚化，主要用于表达说话者对命题的主观意识。这正符合汉语语气词的形式和语义特点，把它重新分析为语气词，显然符合人类语言对语义和形式之间自然匹配的强烈追求。当这种重新分析完成后，"罢"和"了"之间的界限取消，"罢了"的词汇化也就完成了。

通过语料的调查发现，语气词"罢了"的词汇化是在明朝时期完成的。请看下面的例句：

(21) 李瓶儿道："你还敢说没有他甸儿，你就信信拖拖跟了和尚去了罢了！他与了你银子，这一向还不替他买将来，你这等妆憨打呆的。"(《金瓶梅》三十七回)

(22) 方氏道："再与你约三年，那时无子，凭你寻一个淫妇，快

活死了罢了!”司法唯唯从命,不敢再说。(《二刻拍案惊奇》卷一〇)

很明显,例(21)(22)“罢了”的前面还有一个“了”,这个“了”的性质应该是“$了_{1+2}$”,“$了_{1+2}$”和“罢了”属于语气词的连用,“罢了”显然是附着在句子命题上面的语气成分,其词的地位是显而易见的。

2.2 “罢了”词汇化的语音表现

语法化往往伴随着语音的变化。江蓝生(2000)成功地证明了由语法化而引起的音变也是一个连续渐变过程。[3]157—166“罢了”的词汇化过程和语法化过程是紧密结合在一起的,语法化会引起语音弱化,语音弱化会进一步加强词汇化。动词组合“罢了”向“语气词”语法化的过程中,“了”的语音弱化与“罢了”的语法化程度具有密切的对应关系,同时“了”的语音弱化也进一步加强了“罢了”的词汇化。

太田辰夫(1958)指出,“罢了”又写作“罢咧”,这个“咧”念“le”,可看作是“了”的变音。“罢咧”大概没有作为谓词或者准助词的用法,即没有表示忍受、递进等等的用法,只有表限制的用法。[13]337—338 孙锡信(1999)也认为,表限止义的“罢了”到了清代以后又可说成“罢咧(bàlie)”,往往同“只”“不过”之类的副词配合使用。[12]188

太田辰夫所谓“罢了”谓词和准助词的用法,本文认为是动词组合。太田辰夫和孙锡信所谓的“限制”或“限止”义的用法就是用在陈述句末尾,表示如此而已,有把事情往小里说的“罢了”,它已经是典型的语气词。

“罢了”由动词组合语法化为语气词,“了”的读音发展过程是:liǎo→lie→le。

“罢了”做句子谓语,“罢”和“了”是连动关系,意思基本相同,即“结束”或“完结”义，其中“了”读作“liǎo”；随着“罢了”语法化的不断深入，“罢了”的意义主要由“罢”来承担，“了”的意义越来越虚化，其读音越来越轻。由于“了”的轻读弱化，逐渐脱落韵尾，韵母央元音化，于是在清代“了”的实际读音为“lie”，书面上写成“咧”；到了现代汉语时期，随着“罢了”粘合度的加强，“了”的韵母又简化为“e”，其实际读音为“le”。“了”读音的变化与“罢了”的语法化程度存在着密切的对应关系。研究发现，在元明时期，书面上只有“罢了”的形式，没有“罢咧”的形式。例如：

(23) 月娘道：“初九日不得闲，教李大姐挪在初十罢了。”(《金瓶梅》二十三回)

(24) 贼强人，他吃了迷魂汤了，俺们说话不中听，老婆当军——充数儿罢了。(《金瓶梅》二十六回)

上述例句中的“罢了”都是语气词，去掉后不影响句子的命题意义，只是失却了相应的语气意义。比较：

(23′) 月娘道：“初九日不得闲，教李大姐挪在初十。”

(24′) 贼强人，他吃了迷魂汤了，俺们说话不中听，老婆当军——充数儿。

语法化表现在语义和语形两方面。语义的虚化包括泛化、简化、抽象化等；语形的变化是由大变小，由繁变简，由自由变为黏着。但语形的变化总是滞后于语义变化，这是语法化的一条主要规律。尽管在元明时期，“罢了”的语义已经抽象化，但在滞后原则的作用下，在语形上并没有充分表现出来，这时的“罢了”应该读作“bàliǎo”；到了清朝，语形上的变化才显现出来，有些“罢了”在语音上读作“bàlie”，书面上写成“罢咧”。例如：

(25) 我想着一个小子罢咧，怕什么呢？(《侠女奇缘》)

(26) 贾珍道：“这是怎么说，不过是几个果子罢咧，有什么要紧？”(《红楼梦》八十八回)

到了现代汉语阶段，“罢咧”基本不再使用，我们检索了北京大学中国语言学研究中心现代汉语语料库，只发现 17 例。现代汉语主要形式为"罢了"，其中"了"读音为"le"。

三、"罢了"语气意义的形成及历时替换

考察发现，在明清时代，"罢了"作为语气词，有三种语气意义：一是表示姑且这么决定的语气，相当于现代汉语的"得了、好了"，本文称作"罢了$_1$"；二是表示把事情往小处说的语气，跟"而已"相当，称作"罢了$_2$"；三是表示建议或祈使的语气，相当于现代汉语的"算了"或"吧"，称作"罢了$_3$"。我们统计了明代《金瓶梅》和清代《红楼梦》、《官场现形记》和《老残游记》几部书中语气词"罢了"的使用情况。看下表：

语气词 作品	罢了$_1$	罢了$_2$	罢了$_3$
金瓶梅	26	14	21
红楼梦	22	46	23
官场现形记	1	5	1
老残游记	0	3	0

从上表中可以看出，《金瓶梅》的"罢了$_1$""罢了$_3$"用法基本持平，"罢了$_2$"用法略少；《红楼梦》中"罢了$_1$""罢了$_3$"用法不相上下，"罢了$_2$"用法大幅增加；《官场现形记》中"罢了$_1$""罢了$_3$"还各有 1 例；《老残游记》中就只有"罢了$_2$"的用法了。"罢了$_1$""罢了$_2$"和"罢了$_3$"三种语气意义是如何形成和替换的呢？

3.1 "罢了"语气意义的形成

"罢了"由动词组合词汇化语气词，由实在的词汇意义演变为

虚化的功能意义，是主观性、语用推理和语境义吸收的综合结果。

考察发现，“罢了”由动词组合到完全语法化为语气词，大致经历了三个阶段。即：典型动词组合→虚实参半动词组合→语气词。其中“虚实参半动词组合”阶段是“罢了”语法化的关键阶段，我们将重点研究这一阶段的“罢了”。看下面的例句：

(27) 他原无怪你之心，经也还了，事也罢了。恭喜！恭喜！”(《二刻拍案惊奇》卷一)

(28) 饮酒罢了，白娘子相谢自回。(《白娘子永镇雷峰塔》)

(29) 孟玉楼道：“你踢将小厮便罢了，如何连俺们都骂将来?”(《金瓶梅》第十二回)

(30) 宝玉越发急起来，说：“你只在这里闹也罢了，怎么连亲戚也都得罪起来?”(《红楼梦》第五十九回)

例(27)(28)“罢了”是典型动词组合，例(29)(30)“罢了”处于虚实参半动词组合阶段。仔细观察会发现，例(29)(30)含有“罢了”的小句不是作为单独句子出现的，而是作为复句的前一个分句出现的，与后续分句形成容忍或让步关系，即“罢了”分句表示的事件对说话人来讲是可以容忍的，而后续分句表示的事件则是不可容忍的。如例(29)，在说话人看来“你踢将小厮”还可以容忍，“连俺们骂将来”则是不能容忍的。

容忍或让步关系的形成是主观性和语用推理共同作用的结果。考察这类复句发现，两个分句表达的均是现实事件，前一分句是陈述形式，后一分句是反问形式，反问形式表达的事件与说话人期望相反，明显含有情态预设。如例(29)“如何连俺们都骂将来”预设“不应该骂俺们”；例(30)“怎么连亲戚也都得罪起来”预设“不应该得罪亲戚”。

情态是说话人对句子所表达的命题或命题所描写的情景的观点或态度，可以分为真值情态、认识情态和道义情态。[15]787——789 这里的情态显然是道义情态，而反问形式则进一步强化了说话人的主观态度。

进一步研究发现,相当多的后续分句采用了“连”字句,“连”字句是具有强烈主观性的表达形式,用于极性对比,即提出一个极端事例与语境中的其他事例进行对比来表明说话人的主观态度。如例(29)说话人认为最不应该骂的人是“俺们”;例(30)说话人认为最不应该得罪的是“亲戚”。既然做了最不应该做的事情,即违背了公认的道义,显然说话人是无法容忍的。

复句的两个分句表达两个命题事件,它们的语用等级显然不同,如上所述,后一事件是极端事件,是不可容忍的事件;前一事件是作为后一事件的衬托而存在的,以前一事件的可容忍性来衬托后一事件的不可容忍性。如例(29)“用“你踢将小厮”的可容忍性衬托“连俺们都骂将来”的不可容忍性。语用含义是“如果你不骂俺们,俺也就容忍你踢了小厮。”显然,前一事件的语用等级要低于后一事件的语用等级。尽管如此,它们仍是同一性质的事件,即都是说话人不愿看到、不愿接受的事件。

为什么说话人要用一个可容忍事件来衬托一个不可容忍事件呢?我们认为这是说话人在维护自己的面子。说话人能够容忍前一个不愿容忍的事件,说明说话人有容忍的大度;说话人之所以不能够容忍后一个事件,是因为后一个事件违背了公认的道义,超出了容忍限度。有前一个容忍事件做衬托,可以更好地表明不可容忍的责任不在说话者而在实施这些事件者,进而维护了说话人自己的面子。

“罢了”出现在可容忍事件的分句里,可容忍事件尽管不是说话人乐意接受的,但勉强还可以接受,可接受的事件发生就发生了,可以不必计较,在这样的语用环境中,“罢了”组合的词汇意义不断虚化,越来越多地吸收了语境中可以容忍、勉强接受、不再计较的意义,为其进一步虚化奠定了基础。

这一阶段的“罢了”,尽管意义上有了相当程度的虚化,但还不能认定为语气词，因为形式上“罢了”前面还有“便”“也”等副词，意义上它也不能单独表达可以容忍、勉强接受、不再计较的主观性意义，必须借助于后续分句才能表达这种主观性意义。

随着使用频率的增加，“罢了”前不再出现副词，直接附着在一个命题的后面，意义虚化程度更高，表明其语法化的历程又前进了一步。例如：

(31) 回过头来见是他，便道：“你在后边睡罢了，又来做甚么？孩子才睡的甜甜儿的。”(《金瓶梅》五十回)

(32) 袭人冷笑道：“我一个人是奴才命罢了，难道连我的亲戚都是奴才命不成？定还要拣实在好的丫头才往你家来？”(《红楼梦》第十九回)

例(31)(32)“罢了”前没有出现副词，“罢了”直接附着在一个命题后面，几乎没有什么实在意义，更多的是主观性意义。但是，这里的“罢了”仍然不能认定为语气词。从意义上看，它还不能单独表达主观性语气意义，必须依靠后续分句一起形成特定的语境，在语境中显示出主观性语气意义；从形式上看，语气词典型的句法位置是在句末，而这里的“罢了”处在复句前一分句的句末，而不是一个完整句子句末。

当“罢了”位于一个完整句子的句末，不需要依赖后一分句而单独表达语气意义时，“罢了”的语气意义才真正形成。例如：

(33) 那小淫妇就趁势儿对你爹说：“我终日不得个闲收拾屋里，只好晚夕来这屋里睡罢了”。(《金瓶梅》五十八回)

(34) 宝钗笑道：“所以说那里有这样可巧的雨？便没雨也只好再等罢了。”(《红楼梦》第七回)

(35) 若可以领我见一见更好，若不能，便借重嫂子转致意罢了。(《红楼梦》第六回)

上述例句中的“罢了”可以认定为语气词，表示姑且这么决定的语气，也就是本文所说的“罢了$_1$”。

沈家煊(2003)指出,我们的概念系统中存在三个不同的概念域,即行域、知域、言域。语词的行域义是基本的,知域义和言域义是从这个基本义引伸出来的。[11]195—196

动词组合"罢了"语法化为语气词也经历了行域、知域和言域的阶段。动词组合"罢了"属于行域,"罢了$_1$""罢了$_2$"属于知域,"罢了$_3$"属于言域。

考察发现,当"罢了"为动词组合时,两个分句表示的事件都是现实事件,或者说都是已经实现的事件。如例(29)"你踢将小厮"和"连俺们都骂将来"均是实现的事件,例(30)——(32)的两个分句表示的事件都是如此,说明"罢了"属于行域。

当动词组合"罢了"完全语法化为语气词"罢了$_1$"时,其前命题表示的事件往往不是现实事件。如例(33)"只好晚夕来这屋里睡"是规律性事件,例(34)(35)的"便没雨也只好再等"和"便借重嫂子转致意"则是虚拟事件。这些事件表示的内容是说话人根据自己的知识状态做出的推断,属于知域。如例(33)"只好晚夕来这屋里睡"是根据"我终日不得个闲收拾屋里"做出的推断;例(34)"也只好再等"是根据"便没雨"这个假设条件做出的推断;例(35)也是如此。从行域到知域,"罢了"的意义和功能发生了根本性变化,语法化为语气词。

"罢了$_2$"表示把事情往小处说的语气,也是动词组合"罢了"在主观性作用下,通过语用推理,吸收语境义不断语法化而形成的。

如上文所述,由于含有"罢了"小句表示的事件在说话人看来是可以容忍的事件,可以容忍的事件就不是重要的事件,也不需要给予特别的关注,因而就产生了把事情往小处说的意味。例如:

(36) 人若骂我,我也不恼;若打我,我也不嗔,只是陪个礼儿就罢了。(《西游记》第一回)

(37) 马道婆道:"这个容易,只是替他多作些因果善事也就罢了"。(《红楼梦》第二十五回)

仔细体会可以发现,尽管上述例句中"罢了"还不是语气词,但已经具有把事情往小处说的意味。一旦其前面不出现副词,就可以重新分析为语气词,表示把事情往小处说的语气。例如:

(38) 月娘道:"好奶奶,你禁的!有钱就买一百个有什么多?俺们都是老婆当军——充数儿罢了!"(《金瓶梅》第四十回)

(39) 那师爷说:"要照现勘的丈尺,多也不过百十金罢了。"(《儿女英雄传》第二回)

(40) 林黛玉道:"什么诙谐,不过是贫嘴贱舌讨人厌罢了。"(《红楼梦》第二十五回)

"罢了$_2$"也属于知域,其所在小句表示的内容是说话人根据知识经验做出的推断。如例(38)"充数儿"是根据"老婆当军"做出的推断;例(39)"要照现堪的丈尺"明显是说话人推断的依据,例(40)因为"不是诙谐",自然"不过是贫嘴贱舌讨人厌"了。

我们发现,在元明时期,表示这种意义的"罢了"与"不过、只是、无非"配对使用的不多,清朝及以后配对使用才普及起来.

"罢了$_3$"表示建议或祈使语气,属于言域,是"罢了$_1$"的隐喻。"罢了$_1$"表示姑且这么决定的语气,在知域里,"决定"是"我想";投射到言域,"决定"就是"我说"。[14]334 即以"言"让别人行"决定之事",从而形成建议或祈使语气。

需要指出的是,从知域到言域的隐喻不是在"罢了$_1$"形成之后才进行的,而是在动词组合"罢了"语法化为"罢了$_1$"的过程中同步进行的。例如:

(41) 我常说,多少与他些也罢了,他通不理一理儿。(《金瓶梅》第十四回)

(42) 贾珍道:"你儿子也大了,该叫他走走也罢了。"(《红楼

梦》五十三回)

例(42)的话语背景是：乌进孝尽管年龄大，但是仍然冒着大雪亲自前来给贾府送礼，贾珍认为乌进孝即使不亲自来，让其儿子来，贾府也可以接受，所以贾珍劝说乌进孝"该叫他走走也罢了"。贾珍以"言"让乌尽孝行自己"决定之事"。这里的"罢了"显然具有了祈使功能。

当"罢了"前没有副词，它直接附在一个命题上，意义又高度虚化，就可以重新分析为语气词，表示建议或祈使。例如：

(43) 二十是个好日子，打发他每起身去罢了。(《金瓶梅》五十一回)

(44) 王夫人因回贾母说："这里风大，才又吃了螃蟹，老太太还是回房去歇歇罢了。(《红楼梦》三十八回)

上述例句中的"罢了"没有实在意义，删除后不影响句子的命题意义，失却的只是语气意义，可以确定为语气词。

在现代汉语中，"吧"是使用频率较高的一个祈使语气词。不少学者认为它跟近代汉语的动词"罢"有密切关系。太田辰夫(2003)推测："恐怕助词'罢'是用于句末的'便罢'，或者'也罢'的省略。即：'罢'原来是述语性的，如果说'你去罢'，可能就有'你如果去就完了'、'你去就得了'一类的意思。"用在句末的'便罢'、'也罢'似乎还能感到一些陈述意思的残留，因此，它应该说是准句末助词。再进一步省略了'便'或'也'，就只成了'罢'，那就完全丧失了陈述的功能，成为单纯表示语气的了。"[13]334 冯春田(2000)认为"语气助词的'罢'是出现于元代。它的实词来源，那就是动词'罢休'、'罢了'的'罢'。"[2]515 齐沪扬(2002)也认为现代汉语的"吧"来源于动词"罢"。与上述两位学者不同的是，齐沪扬认为现代汉语语气词"吧"的语法化源头是动补结构补语位置上的"罢"，随着动补结构的瓦解，"罢"的意义出现虚化，然后吸收语境义而语法化为语气词"罢"。[8]99—113

通过对语料的研究，我们认为本文所谓的“罢了$_3$”也是现代汉语语气词“吧”的来源之一。比较下面两个例句：

(45) 西门庆便道：“今日晚了，老先生不回船上去罢了。”(《金瓶梅》四十九回)

(46) 先是月娘对西门庆说：“孩子且不消教他往坟上去罢。”(《金瓶梅》四十八回)

例(45)(46)表示相同的语气意义，一个用“罢了”，一个用“罢”，因为“罢了$_3$”是语气词，其中“了”位于句末，意义空灵，声音弱化，弱化到一定程度就会脱落，语气词“罢”出现。

3.2 “罢了”的历时替换

近代汉语语气词“罢了”的语气意义在现代汉语中并没有全部保留下来，我们统计了老舍的《骆驼祥子》、《二马》、《马威先生》、《蜕》、《四世同堂》，钱钟书的《围城》，茅盾的《林家铺子》、《秋收》、《残冬》，俞平伯的散文，王朔《编辑部的故事》、《顽主》、《一点正经没有》、《你不是一个俗人》，邓友梅《邓友梅选辑》，汪曾祺《汪曾祺自选集》，陈建功、赵大年的《皇城根》等现当代文学作品287万字，共得到语气词用法的“罢了”87例，其中只有“罢了$_2$”的用法，没有“罢了$_1$”“罢了$_3$”的用法，说明在现代汉语中“罢了$_1$”“罢了$_3$”已经被淘汰，只留下“罢了$_2$”。

本文认为上述现象是词汇替换造成的。上个世纪初以来，汉语语气词有了新的发展，出现了一批新的语气词和准语气词，如“好了”“得了”“行了”“算了”等，这些语气词替换了“罢了$_1$”“罢了$_3$”用法。

“好了”“行了”“得了”等替换了“罢了$_1$”。请看下面的例句：

(47) 张兆和不好意思地说：“你甭管，照拍好了。”(沈从文《求“凤”记》)

(48) 最后把我们砸急了，确实走投无路，索性站住，脸红脖子

粗地嚷:“你砸死我们得了!”(王朔《一点正经没有》

例(47)的“好了”,(48)的“得了”都表示表示姑且这样,具有不介意、不在乎的语气,相当于“罢了$_1$”用法。

“算了”“吧”替换了“罢了$_3$”。例如:

(49) 你那么喜欢他,就收他做儿子算了。(余华《在细雨中呼喊》)

(50) 我给您出个主意,前两年不是各厂都买了许多国库券吗?您就把它折给我们算了,反正您留也留不住。(毕淑敏《预约死亡》)

(51) “老何,你年纪大了,歇着吧!”储先福现在挺会关心人。(石言《秋雪湖之恋》)

上述例句中的“算了”“吧”表达建议或劝说的祈使语气,跟“罢了$_3$”的用法完全相同。

据刘顺(2010)考察,作为语气词的“算了”最早出现在上个世纪初,[5]90 彭伶楠(2005)认为语气词“好了”产生于现代汉语,[7]78 这跟“罢了$_1$”“罢了$_3$”的消失时间相吻合。

词汇替换的原因可能是由于“罢了”负载了太多的语法意义,不利于语言的理解,意义的分化会促使形式和意义组配的简单化,从而加快语言理解的速度。在现代汉语共时平面上,“罢了”只用于表示把事情往小处说的语气,其语法意义变得专门化。

四、结语

“罢了”是近代汉语和现代汉语重要的虚词。“罢”和“了”最早都是动词,意思是“完结”“停止”。宋代时开始构成线性序列,二者是连动关系,在句中充当述语或谓语。“罢了”的语气词用法就是连动关系的动词组合“罢了”语法化和词汇化的产物。语气词“罢了”的语法化是在由陈述性成分充当主语、“罢了”充当谓语的句法结构中实现的。与语法化的过程相伴，词汇化过程同时进行，而语法化伴随的“了”的语音弱化，巩固了词汇化的成果。在近代汉语中，语气词“罢了$_1$”和“罢了$_2$”是在主观性因素促动下，不断吸收不同的语境义，通过语用推理，不断固化而产生的；“罢了$_3$”是“罢了$_1$”隐喻引申的结果。在现代汉语共时平面上语气词“罢了”只表示把事情往小处说的语气，原来的“罢了$_1$”“罢了$_3$”分别由现代汉语新产生的语气词“好了、得了、算了、吧”等替换。语言的发展就是在不断更新旧形式，发展新形式。

参考文献

[1] 曹广顺. 近代汉语助词[M]. 北京：语文出版社，1995.
[2] 冯春田. 近代汉语语法研究[M]. 济南：山东教育出版社，2000.
[3] 江蓝生. 语法化程度的语音表现[C]//近代汉语探源. 北京：商务印书馆，2000.
[4] 刘丹青. 重新分析的无标化解释[J]. 世界汉语教学，2008(1).
[5] 刘顺. “算了”的词汇化和语法化[J]. 语言研究，2010(2).
[6] 吕叔湘. 现代汉语八百词[M]. 增订本. 北京：商务印书馆，1999.
[7] 彭伶楠. “好了”的词化、分化和虚化[J]. 语言科学，2005(3).
[8] 齐沪扬. 语气词与语气系统[M]. 合肥：安徽教育出版社，2002.
[9] 沈家煊. “语法化”研究综观[J]. 外语教学与研究，1994(4).
[10] 沈家煊. 语言的“主观性”和“主观化”[J]. 外语教学与研究，2001(4).
[11] 沈家煊. 复句三域“行、知、言”[J]. 中国语文，2003(3).
[12] 孙锡信. 近代汉语语气词[M]. 上海：语文出版社，1999.
[13] 太田辰夫. 中国语历史文法[M]. 修订译本. 北京：北京大学出版社，2003.
[14] 肖治野沈家煊. 了$_2$的行、知、言三域[J]. 中国语文，2009(6).
[15] Lyons, J. Semantics (V. 2) [M]. Cambridge: Cambridge University press, 1977.

（本文与刘志远合作，原载《语文研究》2012 年第 1 期。）

“便是(了)”的词汇化与语法化
——兼论语气词“就是(了)”的形成

一、引言

“便是”是元末明初形成的准语气词，表示“无需顾虑，不要怀疑”的判断语气。其后在“便是”后附着“了”，出现“便是了”的形式，它们是同一种语气意义的两种自由变体。本文记作“便是(了)”[①]。例如：

(1) 这段子价钱谁不识？索甚么索价钱？若索呵索六定，老实价钱五定，捡钞来便是。(《原本老乞大》)

(2) 我怎麽不识银子，为甚麽教别人去看，拿去换钱，不折本就罢。你自另换五分银子与我便是了。(《老乞大新释》)

到了明朝中前期，副词“就”开始替换“便是(了)”中的“便”，于是出现了新的表达形式“就是”和“就是了”，本文记作“就是(了)”。例如：

---

① 下文讨论的语气词“就是(了)”是“就”替换“便是(了)”中的“便”的结果，一个语言单位的组成成分能被其他成分替换就说明该单位还没能完全凝固为词，但该单位能单独承载语气意义，本文称为准语气词。

(3) 八戒道:“老儿滴答甚么,谁和你发课,说甚么五爻六爻!有饭只管添将来就是。”(《西游记》第二十回)

(4) 月娘道:“左右是个内官家,又没什么,随他摆弄一回子就是了。”(《金瓶梅》第三十二回)

例(3)用“就是”,例(4)用“就是了”,二者语气意义相同,可以自由互换,本文记作“就是(了)”。

清末以后,“就是(了)”完全取代“便是(了)”,成为现代汉语中广泛使用的一个语气词。例如:

(5) 遮阳帽说:“这两张加上你那张,三张票放在一堆免得各人弄丢了,横竖一路走就是。”(张勤《旅途匆匆》)

(6) 回头你,或者派人把你们需要盖章的合同拿到我们编辑部去,我给盖就是了。(王朔《编辑部的故事》)

关于“就是(了)”的语气意义,一些权威辞书已经做了解说。如《现代汉语词典》第5版[1]734、吕叔湘主编(2001)《现代汉语八百词》增订本[2]320—321、张斌(2006)主编《现代汉语虚词词典》[3]306—307、齐沪扬主编(2011)《现代汉语语气成分用法词典》[4]240—241等。但是上述辞书列出的义项数量不同,解说也存在着一些差异。我们认为表示“无需顾虑,不要怀疑”的判断语气是它的核心语气意义。这种语气意义是继承“便是(了)”语气意义的结果。

关于“便是(了)”和“就是(了)的词汇化及语气意义的形成,学界已经有了一些研究。孙锡信(1999)认为“早先用于句末的‘便了’,后来多半被‘就是’‘就是了’代替。”但他未能展开讨论。[5]192 张谊生(2002)认为句末语气词“就是”的形成与判断无关,它是由充当谓语的“就是”直接虚化而成的,张文忽视了“便是(了)”与“就是”(了)的历时替换关系。[6] 王建军(2006)研究了语气词“便是”到“就是”的演变过程,将“便是”的形成归结于对早先存在的语气词“是也”的类推,但王文并没有详细展示语气词“便是”的形成机制。[7]李宗江(2008)认为“就是(了)”来源于“SP＋ad＋V＋了”结构,其间经历了“即—便—就”的词汇替换,但对其词汇化语法化过程及历时替换过程未作分析。[8]151—153 上述研究或讨论比较简略,或论证不够严密,未能细致展示“便是(了)”的形成过程和机制,也未能对“就是(了)”与“便是(了)”的历时替换进行讨论。本文在前贤学者研究的基础上,研究“便是(了)”的词汇化、语法化过程及其动因,并对语气词“就是(了)”替换“便是(了)”进行讨论。

二、准语气词“便是(了)”的词汇化

《说文解字》将“便”释为“安也。人有不便,更之。”例如:

(7) 百姓皆得煖衣饱食,便宁无忧。(《墨子·天志中》)

到了西汉时期,“便”已经具有了副词的用法,表示动作随即发生,相当于“立即”。例如:

(8) 是时楼船将军杨仆使使上书,愿便引兵击东越。(《史记·东越列传》)

“是”最初是代词,公元一世纪前后语法化为判断动词“是”。[9]353 当“是”成为判断动词后,就可以接受副词的限制,这就为副词“便”出现在动词“是”前创造了条件。

考察语料发现,中古时期及以后,“便”作为副词表示动作随即发生的意义并不多,更多的是用在判断句中,表示对判断的肯定,即加强判断语气。例如:

(9) 乃作色曰:“鬼神古今圣贤所共传,君何独言无耶? 仆便是鬼!”(刘义庆《幽明录》)

(10) 后有一田父耕于野,得周时玉尺,便是天下正尺。(《世说新语·术解》)

(11) 好日无风尘时,日中曝令成盐,浮即接取,便是花盐,厚

薄光泽似钟乳。(《齐民要术・卷八》)

关于副词“便”加强判断语气意义的由来，董志翘、蔡镜浩(1994)认为“便”在西汉时期就作副词用，表示动作的随即发生，犹“即”；而“即”在汉代的判断句中就有加强判断语气的作用；“便”受此影响，亦可在判断句中用于“是”之前加强判断的语气。[10]36

上述例句中动词“是”的宾语为名词性成分，“便”的作用是进一步加强判断语气，强化传信功能。

在同期的文献中，我们发现“是”的宾语不仅可以是名词性成分，如上述几例，也可以是谓词性成分。例如：

(12) 今若有识道意而犹修求之者，讵必便是至愚，而皆不及世人耶？(《抱朴子・金丹》)

(13) 山东重丧，则唯呼苍天，期功以下，则唯呼痛深，便是号而不哭。(《颜氏家训・风操》)

(14) 今来县宰加朱绂，便是苍生血染成。(唐杜荀鹤《再经胡城县》)

上文例句中的“至愚”、“号而不哭”和“苍生血染成”都是谓词性成分，在句子中充当“是”的宾语。

由于汉语是话题优先型语言，宾语性成分话题化是汉语的常见现象，判断句也不例外，在语料中，我们发现了大量判断动词宾语充当话题的用例。例如：

(15) 舜有亲阿娘在堂，乐登夫人便是。(《敦煌变文集・舜子变》)

(16) 直卿曰：“私欲不是别有个私欲，只心之偏处便是。”(《朱子语类・卷二十》)

(17) 上堂：“高台巴鼻，开口便是。”(《五灯会元・白云端禅师法嗣》)

(18) 问敬。曰：“不用解说，只整齐严肃便是。”(《朱子语类・

卷十二》)

例(15)(16)是名词性成分"乐登夫人"和"只心之偏处"充当话题;例(17)(18)是谓词性成分"开口"和"只整齐严肃"充当话题。

语法化理论认为,句法环境和语义相宜性是词汇语法化的两个必要条件。判断动词的宾语性成分话题化就为"便是(了)"创造了词汇化和语法化环境。判断动词宾语一旦移位至话题位置,"便是(了)"就充当句子述题,用于对话题进行说明。由于其宾语成分的话题化,其后面便不能再出现任何成分,实际句法位置就是句末,如上文诸例的"便是"就是这样。

"便是(了)"的句末位置为其词汇化和语法化为准语气词创造了可能的句法环境。仔细分析上文例(15)—(18)可以知道,名词性成分充当话题的句法结构不可能促使"便是(了)"词汇化和语法化为准语气词,因为语气词是附着在句子末尾用于表示说话人主观态度和主观认识的功能词,仅仅一个名词性话题不可能重新分析为一个句子;谓词性成分充当话题则完全有可能重新分析为一个句子,从而促使"便是(了)"词汇化和语法化为准语气词。通过对语料的调查证明,谓词性成分充当话题的句法结构即"谓词性成分+便是"促使了"便是(了)"的词汇化和语法化。例如:

(19) 敬非别是一事,常唤醒此心便是。(《朱子语类·卷六》)

(20) "如何是失却端正?"师云:"只是失却少父便是。"(《祖堂集·曹山和尚》)

上述例句中的"便是(了)"还是谓语,为"副词+动词"结构,用于对话题部分的说明。如例(19)后一含"便是(了)"的分句与前一分句相对而言的,前一分句表示否定,后一分句表示肯定,只不过两个分句采用了不同的结构形式,其中"便是(了)"为动词性成分则是无疑的。例(20)是问答形式,答句的"便是(了)"显然是对问句"如何是"的回答,"是"的动词性质是显而易见的。

一旦位于话题位置上的谓词性成分有明确的主语，结构变得复杂，语义内容丰富，句子信息中心就会前移至该谓词性成分上，位于句末的“便是（了）”的重要性就会降低，不再是句子信息焦点，“便”与“是”之间的关系就容易模糊化，失却句法成分之间的界限而粘合起来，从而词汇化。例如：

(21) 换钞不折本。你自别换与一张儿便是也。索甚麽合口？（《原本老乞大》）

(22) 这般时，敢少了恁饭。不妨事。便小时，俺再做些个便是。（《原本老乞大》）

上面例句“便是（了）”前面的语段都是主谓结构，是典型的句子结构形式，结构复杂，语义丰富；而“便是（了）”结构短小，信息量小，已经不是说话人关注的焦点，去掉后基本上不影响句子结构的成立。比较下面的例句：

(21′) 换钞不折本。你自别换与一张儿。索甚麽合口？

(22′) 这般时，敢少了恁饭。不妨事。便小时，俺再做些个。

上述两个句子依然成立，与例(21)(22)相比，句子的基本意思相同，说明“便是（了）”不再参与句子命题的构建；不同的是这两个句子失却了一些语气意义，这种语气意义显然是由“便是（了）”承载的。因此，这里的“便是（了）”可以重新分析为准语气词。

刘丹青(2008)认为“重新分析的一种强大动力，就来自人类语言对语义和形式之间自然匹配的强烈追求。”[11] 由于“便是（了）”前面的语段是典型的句子形式，语义重心和表达重心均已前移至该结构上，“便是（了）”成了附着在句子命题后面的黏着成分，这正好跟汉语语气词的句法位置和功能平行，在句子主观性的作用下，其词汇意义越来越来虚化，更多地吸收句子表达的主观意义用以表达说话者对句子命题意义的主观态度，将它重新分析为准语气词显然是它平行于汉语语气词的形式和意义特点。

当重新分析过程完成后,"便"和"是"之间的界限模糊,"便是(了)"词汇化程度不断强化。

据学者考证,《原本老乞大》最初的编写年代不晚于1346前几年,它的刊刻年代大致在14世纪末15世纪初[12]20。我们基本上可以断定,准语气词"便是(了)"形成于元末明初。

三、准语气词"便是(了)"的语法化。

研究发现,"便是(了)"的语法化过程经历了三个阶段:典型短语组合→虚实参半短语组合→准语气词。看下面的例句。

(23) 问意诚。曰:"表里如一便是。但所以要得表里如一,却难。……"(《朱子语类·卷十六》)

(24) 问敬。曰:"不用解说,只整齐严肃便是。"(《朱子语类·卷十二》)

(25) 王婆催逼道:"却是怎的?快些回覆我。"妇人藏转着头,低声道:"来便是了。"(《金瓶梅》第四回)

(26) 郎中,马只寄在这人家里,关出米来,拴马钱与他一捧儿米便是。(《朴通事谚解》)

上述例句中,例(23)的"便是(了)"是典型短语组合,"表里如一便是"也可以说成"便是表里如一"。例(24)中的"便是(了)"已开始虚化,与前例相比,句子的主观性加强了,话语中明显体现了说话人的认识,尽管如此,"便是(了)"的判断功能还非常强,结构上还是句子的构成成分,还应认定为短语组合。例(25)是西门庆与潘金莲第一次媾和后,王婆要挟潘金莲随时来与西门庆媾和,问潘金莲能否随叫随来,潘金莲没能马上回答。潘金莲的行为使王婆产生顾虑与怀疑,怕潘金莲不一定能随叫随来,故而继续逼问时,潘金莲低声道:"来便是了"。这里的"便是了"虚化程度更深,表判断的词汇意义非常微弱。因为根据王婆的问话,潘金莲只须回答"来"就可以了,"便是了"根本不参与句子结构的构建,删除后不影响命题意义的表达,可以认定为"准语气词",其作用只是用于表示说话人要听话人"无需顾虑、不要怀疑"的语气意义。这种语气意义显然跟上下文语境有密切的关系,早期的"便是(了)"大都出现在这样的语境中,由于"便是(了)"处于语气词位置,它就会吸收这种语境意义而逐渐固化,成其为语法意义。再后来,"便是(了)"完全可以脱离特定语境的制约,也能表示"无需顾虑、不要怀疑"的语气意义。如例(26)不存在听话人顾虑、怀疑的语境,但说话人仍然使用了"便是(了)"。说明"便是(了)"已具有独立的语气意义。

表示强化判断的短语组合"便是(了)"为什么能吸收语境意义语法化为表示"无需顾虑、不要怀疑"的语气词呢?其语气意义是如何形成的呢?我们认为词汇性语义、主观性和语用推理共同推动了"便是(了)"的语法化和语气意义的形成。

作为短语组合的"便是(了)"为"副词+动词结构"。动词"是"表示判断,副词"便"用于强化判断语气。例如:

(27) 宋四公抬头看时,不是别人,便是他的师弟赵正。(《宋四公大闹禁魂张》)

(28) 大人功名及此,一失其势,便是神龙去水,为蝼蚁所制,尤宜深察。(《旧五代史·卷五十七》)

(29) 僧问:"如何是佛?"师曰:"即汝便是。"(《五灯会元·大龙智洪禅师》)

(30) 如"克己复礼",便不必说只是为仁之事,做得透便是。(《朱子语类·卷三十二》)

例(27)(28)"便是(了)"用作述语,前者宾语是名词性的,后者宾语是谓词性的;例(29)(30)"便是(了)"充当谓语,前者的主语是名词性,后者主语是谓词性的。上述四个例句不论是何种情况,都表示强化的判断。如例(27)的"便是(了)"与上文的"不是"

相对而言,"便"相当于"正""就"用于强化判断语气。

"便是(了)"表示强化的肯定判断。对一个命题的肯定,就意味着对其他命题的否定,具有限止的语用意义。这种语用意义只认定肯定命题表示的内容,而不去关注其他。如例(29)在"如何是佛"的问题上,师认为:只需认定"汝"即是,无需关注其他。再如例(30)如何实行"克己复礼",只需"做得透",无需考虑其他。

为了更好地凸显这种限止语用意义,有些句子会用上范围副词"只"。例如:

(31) 善头曰:若觅诸人,实当不是;若觅远公,只这贱奴便是。(《敦煌变文集·庐山远公话》)

(32) 孟子言操舍存亡,都不言所以操存求放之法,只操之、求之便是。(《朱子语类·卷五十九》)

例(31)肯定了"这贱奴"而排除了其他人,例(32)肯定了"操之、求之"而排除了其他事。限止就是把人、物或事限定在肯定的人、物、事上,也就是限定在"便是(了)"前成分所表示的内容上,而不需考虑其他。可见,限止的语用意义根源于短语组合"便是(了)"的肯定意义。

需要说明的是,限止的语用意义在"便是(了)"充当述语和谓语的句子中都存在,这种意义是由句子整体的表述功能带来的,它为"便是(了)"语气意义的形成奠定了语义基础。

句子的主观性是促使"便是(了)"进一步语法化的重要因素。所谓主观性(subjectivity)是指语言的这样一种特性,即在话语中多多少少总是含有说话人"自我"的表现成分。也就是说话人在说出一段话的同时表明自己对这段话的立场、态度和感情,从而在话语中留下自我的印记。主观性主要体现在说话人的视角(perspective)、说话人的情感(affect)和说话人的认识(epistemic modality)三个方面[13]。在"便是(了)"语法化的过程中,主观性起到了重要的推动作用。看下面的例句。

(33) 那长老就开口说道:“老檀越在上,不是贫僧多口,我们佛家的行径,只要随缘喜舍,终不强人所难,但凭老爹发心便是。(《金瓶梅》第五十七回)

(34) “就蹄子放血,他要多少功钱?”“不问多少与他些个便是。治得马好时,多少不打紧。”(《朴通事谚解》)

考察发现,这类句子主要出现在口语对话中,口语对话正是体现说话人主观性的最好形式。上述含有“便是(了)”的小句都含有说话人“自我”的表现成分。例(33)的“但凭老爹发心便是”和例(34)的“不问多少与他些个便是”体现了说话人的主观态度。在这里,句子命题的意义越来越依赖于说话人的主观认识和主观态度,这为“便是(了)”向表示语气意义方向语法化提供了条件。

随着句子主观性的不断加强,“便是(了)”越来越多地吸收句子的语用意义用于表达句子的主观性。如前文所述,含有短语组合“便是(了)”的句子具有限止的语用意义,即只认定含有“便是(了)”表示的命题内容,而不考虑其他。研究发现,早期的“便是(了)”常常出现在听话人表现出某种顾虑、介意或犹豫情绪的语境中。例如:

(35) 我怎麽不识钞?索甚麽教别人看去?换钞不折本。你自别换与一张儿便是也。索甚麽合口?(《原本老乞大》)

(36) 周于伦道:“既母亲分付,我自出去。家中酒店,你便撑持,不可劳动母亲。我只拣近处可作生意做,不一二月便回来看家中便是。”《型世言》

例(35)说话人要求听话人给他换一张钞,而听话人不愿意给他换钞,说话人认为听话人不愿意给他换钞是因为听话人可能有顾虑,特意强调“换钞不折本”;说话人说出“你自别换与一张儿便是也”,实际上让听话人只认定这句话表示的命题内容,而不必关注其他。例(36)的背景是周于伦的母亲欲让其外出经商,其妻掌珠认为婆婆和自己两人经营家中酒店有困难,顾虑重重,而周于伦又不愿违背母命,决定外出前说给其妻子掌珠的一段话。即让听话人认定"(我)不一二月便回来看家中"表示的命题内容而排除其他。只认定一个肯定命题的语义内容而不关注其他,就蕴含着"无需顾虑、不要怀疑"的语用意义。

随着"便是(了)"词汇意义的虚化和句子主观性的增强,"便是(了)"就会更多地吸收与主观性有关的语用意义,使蕴含着的"不必顾虑、不必犹豫"的语用意义逐渐发展为"便是(了)"的语气意义。后来,"便是(了)"经过高频率的使用,在语用推理机制的作用下,"不必顾虑、不必犹豫"的语气意义就固化为其固定的语气意义,即使没有听话人表现出某种顾虑、介意或犹豫情绪的语境,也可以单独使用。至此,"便是(了)"的语气意义形成,它便成为表达说话人认识、态度、情感等主观性的语气词。例如:

(37) 你去嫁得一个有钱有势丈夫,还可看顾你母亲。故此你只守我三年,以完我夫妇情谊便是。"《型世言》

(38) 如今支一支,休多要你的,休少了我的便是。(《朴通事谚解》)

需要指出的是,准语气词"便是(了)"的语法化和词汇化是交织进行的,语法化进程促进了词汇化进程,而词汇化则进一步巩固了语法化的成果,使之成为准语气词。

四、"就是(了)"替换"便是(了)"

"就"最早是动词,《说文解字》释为:"高也。从京从尤",本义"到高处去住"。引申为"靠近、接近、趋向"。例如:

(39) 故君子居必择乡,游必就士。(《荀子·劝学》)

(40) 君揖大夫就车,君鼓而进之。(《国语·卷九晋语三》)

梅祖麟(1984)认为副词"就"在元代才出现[14]125—131。李宗江

(1997)持大致相同的观点[15]。副词“就”产生之后就开始了对“便”的替换。据梅祖麟(1984)研究,副词“就”替换“便”大致经历了三个阶段:第一,从 1200 年到 1300 年,副词“就”字不见或罕见;第二,从 1300 年到 1400 年,“就”字少见;第三,1450 年以后,“就”字的出现频率已经超过了“便”字[13]128。由于准语气词“便是(了)”是从短语组合“便是(了)”词汇化和语法化而来的,因此“就是(了)”替换“便是(了)”也经历了短语组合替换和准语气词替换两个阶段。

语料调查发现,短语组合“就是”最早出现在元杂剧中。例如:

(41) 这个唤做蔡婆婆,就是俺的后母。(关汉卿《窦娥冤》)

(42) 小姐,我若为了官呵,你就是夫人县君也。(郑光祖《倩女离魂》)

同时我们也发现,在元杂剧中“便是”的使用频率更高。例如:

(43) 你便是端云孩儿,我不问你别的,这药死公公,是你不是?(关汉卿《窦娥冤》)

(44) 姐姐,你不认的他?则他便是指腹成亲的王秀才。(郑光祖《倩女离魂》)

我们统计了《新校元刊杂剧三十种》,发现“便是”与“就是”的使用频率之比为 70:14,说明这一时期是“就是”替换“便是”的开始,大约在元朝的中前期。

准语气词“便是(了)”形成于元末明初,在所能目及到的语料中,明代较早出现语气词“就是(了)”的作品是百回本《西游记》,我们发现了 5 例。例如:

(45) 祖师道:“你从那里来,便从那里去就是了。”(《西游记》第二回)

(46) 你再问那人就是,只管扯住他怎的?(《西游记》第十八

回)

同时,在百回本《西游记》中,准语气词“便是(了)”仍然大面积使用。例如:

(47) 汝等且去摘桃,我们替你回话便是。(《西游记》第五回)

(48) 今且各散,到天明我还你个真公主便是。(《西游记》第九十五回)

在其后的作品中,“便是(了)”和“就是(了)”同时使用,但使用频率有个此消彼长的过程。下面是我们对明清两代重要作品中作为语气词‘便是(了)”和“就是(了)”使用情况统计。

作品	西游记	金瓶梅	儒林外史	红楼梦(前80回)	儿女英雄传
便是(了)	12	4	2	3	0
就是(了)	5	129	18	123	22

一般认为《西游记》是明朝中前期的作品,《金瓶梅》是明朝中后期的作品,二者相差50年左右。可见,语气词“就是(了)”替换准语气词“便是(了)”应该在明朝中前期。“就是(了)”产生之后,在短时间内迅速替代了准语气词“便是(了)”。《金瓶梅》、《儒林外史》、《红楼梦》中准语气词“便是(了)”已经式微,《儿女英雄传》中已没有准语气词“便是(了)”的用例。我们也调查了现代作家茅盾、老舍、俞平伯、曹禺、钱钟书等作家的作品,也没有发现准语气词“便是(了)”的用例。由此可见,在清末,语气词“就是(了)”已完成对准语气词“便是(了)”的替换。

五、结语

“便是”最早是“副词+判断词”的短语组合,主要用在句中充当述语表示判断,当“是”的宾语话题化之后,“便是”便置于句末;

当句子话题部分为陈述性成分时，句子结构就会出现前重后轻的格局，即话题部分结构复杂，信息量大；而陈述部分结构简单，信息量低。在句子主观性的作用下，句末“便是”不断吸收语境意义，其词汇意义越来越虚化，功能与意义跟汉语语气词非常相似，在类推机制的作用下，就会重新分析为语气词性质的语言单位。由于“便”和“是”并没有完全粘合起来，因此，认定为准语气词比较合适。它产生之后，随即被“就是了”替换，自明朝中期，“便是(了)”和“就是(了)”有短暂的共用时期，明末以后，表示这种语气意义的形式主要是“就是(了)”，到现代汉语时期，“就是(了)”完全替代了“便是(了)”，成为唯一形式。

参考文献

[1] 中国社会科学院语言研究所词典编辑室现代汉语词典[M]. 北京：商务印书馆，2005.
[2] 吕叔湘主编. 现代汉语八百词[M]. 北京：商务印书馆，2001.
[3] 张斌主编. 现代汉语虚词词典[M]. 北京：商务印书馆，2006.
[4] 齐沪扬主编. 现代汉语语气成分用法词典[M]. 北京：商务印书馆，2011.
[5] 孙锡信. 近代汉语语气词[M]. 上海：语文出版社，1999.
[6] 张谊生“就是”的篇章功能及其语法化历程[J]. 世界汉语教学，2002(3)：80—90.
[7] 王建军. 粘合・移位・虚化・替换——语气词”便是(了)”到“就是”的演化历程[J]. 古汉语研究，2006(4)：36—41.
[8] 李宗江. 近代汉语完成动词向句末虚成分的演变[A]. 历史语言学研究(第一辑)，北京：商务印书馆. 2008：151—153.
[9] 王力. 汉语史稿(中册)[M]. 北京：中华书局，1980：353.
[10] 董志翘、蔡敬浩. 中古虚词语法例释[M]. 长春：吉林教育出版社，1994.
[11] 刘丹青. 重新分析的无标化解释[J]. 世界汉语教学 2008(1)：14—15.
[12] 李泰洙. 老乞大四种版本语言研究[M]. 北京：语文出版社，1980：20.
[13] 沈家煊. 语言的“主观性”和“主观化”[J]. 外语教学与研究，2001(4)：

268—269.
[14] 梅祖麟.从语言史看几本元杂剧宾白的写作时期[A].语言学论丛(第十三辑),北京：商务印书馆,1984：125—131.
[15] 李宗江.“即、便、就”的历时关系[J].语文研究,1997(1)：24—29.

(本文与潘文合作,原载《语言科学》2014 年第 1 期。)

连词“因而”的词汇化及其语法意义的形成

一、引言

“因而”是现代汉语表示因果关系的连词。《现代汉语词典》(第6版)释为:“连词,表示结果”。[13]1548《现代汉语八百词》(修订版)释为:“基本上同‘因此’,但不连接句子,即不用于句号后。”[7]622 张斌主编《现代汉语虚词词典》解释为:“表示因果关系,用于表结果的小句。用法与‘因此’基本相同。”[12]643 上述辞书的共识是“因而”表示因果关系,用于表结果的小句。关于连词“因而”的形成,太田辰夫(2003)认为“‘因而’是‘因此而’的意思,‘此’省略掉了。这种介词后面省略体词,仅用介词的情况古代很多”。[11]304 可见,太田辰夫认为“因而”是“介词(此)+连词”非短语结构。董秀芳(2002)认为“因”是“乘势、顺应、凭借、借机、利用”的意思,是一个动词,“而”是一个连词,“因”和“而”不在一个层次上,连词“因而”就来源于这个非短语结构,即来源于“动词+连词”非短语结构。[1]275—276 李小军、唐小薇(2007)认为“因”在连动式中由于处于次要动词的位置上,动词性逐渐减弱,“因而”前面分句的“原因”义越来越显著,“因”与“而”的界限越来越模糊,结合越来越紧密，最后演变为连词，他们也认为“因而”来源于“动词＋连词”非短语结构。[4]可见，学者们的基本共识是连词“因而”来源于“动词＋连词”非短语结构。但上述讨论如太田辰夫(2003)、董秀芳(2002)等只是概略性的论述，李小军、唐小薇(2007)的研究很有启发性，但还有很多需要进一步研究的问题。本文在现有研究成果的基础上，将进一步系统讨论连词“因而”词汇化过程、机制和动因及其语法意义形成。

二、“因而”的词汇化过程、动因和机制

2.1 “因而”的词汇化过程

2.1.1 先秦时期的“因而”

“因”，《说文解字》释为：“就也，从口大。”是个动词，有多种意义。例如：

(1) 昔有夏之方衰也，后羿自鉏迁于穷石，因夏民以代夏政。(《左传·襄公四年》)

(2) 殷因于夏礼，所损益，可知也。(《论语·为政》)

(3) 和之以天倪，因之以曼衍，所以穷年也。(《庄子·齐物论》

例(1)中的“因”意思是“依靠、凭借”；例(2)中的“因”意思是“沿袭”；例(3)中的“因”意思是“顺随、顺着”。

“而”《说文解字》释为：“颊毛也，象毛之形。”本义是胡须，后发展出代词、连词、副词、语气词等用法。作连词时，可连接词、短语和分句，表示并列、顺承、转折等关系；也可用于偏正短语中，连接状语和中心语；还可用于主谓之间，连接主语和谓语，表示假设等意义。例如：

(4) 学而时习之，不亦说乎！(《论语·学而》)

(5) 所谓道，忠于民而信于神也。(《左传·桓公六年》)

(6) 其妻问所与饮食者,则尽富贵也;而未尝有显者来。(《孟子·离娄下》)

(7) 百官于是乎戒惧,而不敢易纪律。(《左传·桓公二年》)

(8) 人而无信,不知其可也。(《论语·为政》)

例(4)中的"而"连接两个动词性成分;例(5)中的"而"连接两个动补短语;例(6)(7)中的"而"连接的是两个小句,分别表示逆接和顺接;例(8)中的"而"用在主谓之间,表示假设。

"因而"连用的用例在先秦文献中所见不多,我们检索了《尚书》《论语》《老子》《墨子》《荀子》《韩非子》《国语》《左传》等9部作品,一共找到13例。具体分布情况如下:

表1 先秦文献"因而"连用用例分布表

尚书	论语	老子	墨子	荀子	韩非子	孟子	国语	左传
0	0	0	3	0	5	0	2	3

这一时期,连用的"因而"全部是"动词+连词"的非短语结构。例如:

(9) 死生因天地之刑,天因人,圣人因天;人自生之,天地形之,圣人因而成之。(《国语·越语》)

(10) 若以百姓为愚不肖,耳目之情不足因而为法,然则胡不尝考之诸侯之传言流语乎?(《墨子·非命中》)

(11) 是以主有所善,臣从而誉之;主有所憎,臣因而毁之。(《韩非子·奸劫弑臣第十四》)

上面3例中的"因"都是动词,"而"是连词,二者在句法上没有关系。例(9)中的前三个"因",都带有名词性宾语,第4个"因"即"圣人因而成之"的"因"显然是承接上文的动词而省略了宾语,"而"连接动词"因"和"成",意思是:"圣人根据天地的征兆去完成大事。"例(10)中的"因"前有副词"不、足"修饰,也是动词;例(10)中的"因而毁之"与"从而誉之"对举,"因"自然是动词。说明3例中的“因而”都是“动词＋连词”的非短语结构。

2.1.2 秦汉时期的“因而”

秦汉时期，“因而”连用的用例比先秦时期有较大增加，我们检索了《史记》《汉书》《贾谊新书》《战国策》《论衡》《太平经》等 6 部作品，一共找到 127 例，具体分布情况如下：

表 2 秦汉文献“因而”连用用例分布表

史记	汉书	贾谊新书	战国策	论衡	太平经
33	24	2	13	2	53

这一时期，“因而”继续保持着先秦“动词＋连词”的非短语结构形式；同时，作为因果连词的“因而”开始萌芽。例如：

(12) 大夫曰：“性有刚柔，形有好恶，圣人能因而不能改。”（《盐铁论》）

(13) 食其故得幸太后，常用事，公卿皆因而决事。（《史记·吕太后本纪》）

(14) 故因而请秦王曰：“张仪使人致上庸之地，故使使臣再拜谒秦王。”（《战国策·韩策一》）

(15) 孔子有四友，欲因而起，颜渊早夭，故曰“天丧予”。（《论衡·问孔》）

上述 4 例中的“因而”均是“动词＋连词”的非短语结构形式，“因”和“而”不在同一个层次上，没有结构关系；“因”的动词意义在不同语境中有多种解读。例(12)中的“因”前有助动词“能”修饰，其意思是“承袭、沿袭”；例(13)中的“因”前有副词“皆”修饰，其意思是“依靠、依仗”；例(14)中的“因”前有表示因果关系的连词“故”，所以“因而”不会是连词，“因”仍然是动词，其意思是“乘机、趁势”；例(15)中的“因”前有副词“欲”修饰，其意思是“依靠、依仗”。

这一时期，有些“因而”既可以当作“动词＋连词”的非短语结构形式看待，也可以当作连词看待。例如：

（16）田横之高节，宾客慕义而从横死，岂非至贤！余因而列焉。（《史记·田儋列传》）

（17）其后齐大夫多与苏秦争宠者，而使人刺苏秦，不死，殊而走。齐王使人求贼，不得。苏秦且死，乃谓齐王曰："臣即死，车裂臣以徇於市，曰'苏秦为燕作乱於齐'，如此则臣之贼必得矣。"於是如其言，而杀苏秦者果自出，齐王因而诛之。（《史记·苏秦列传》）

例（16）中的"余因而列焉"可以理解为"我依据（这些）就列述了他的事迹"，也可以理解为表示结果的连词，即"田横之高节，宾客慕义而从横死，岂非至贤"是原因，"余列焉"是结果。例（17）中的"齐王因而诛之"可以理解为"齐王趁此机会就诛杀了他"，也可理解为"杀苏秦者果自出"是"齐王诛之"的原因。

在上述句法环境中因果连词"因而"就形成了，西汉时期已有连词"因而"的典型用例。请看下面的例子：

（18）鄙人有得玉璞者，喜其状，以为宝而藏之。以示人，人以为石也，因而弃之。（《淮南子·修务训》）

（19）癫疾始作，先反僵，因而脊痛，候之足太阳、阳明、太阴、手太阳，血变而止。（《黄帝内经·灵枢癫狂病·第二十二》）

上述2例中的"因而"无疑已是表因果关系的连词，因为这里的"因"已无法理解为动词，"因而"只能理解为表示结果的连词，例（18）中的"人以为石也"是"弃之"的原因；例（19）中的"反僵"是"脊痛"的原因。

"因而"的上述用法，在西汉时期还不多；到东汉时期，连词"因而"的用法已经成熟，用例有一定规模的增加，有些文献中出现了较多的用例，如《太平经》中共有"因而"用例53个，其中50例应该理解为连词。例如：

（20）天者小谏变色，大谏天动裂其身，谏而不从，因而消亡

矣。(《太平经·大小谏正法第五十九》)

(21) 君虽圣贤,无所得闻,因而聋盲,无可见奇异也。(《太平经·大小谏正法第五十九》)

(22) 执本者众而说者少,日使道浮且浅,浅而不止,因而乱矣。(《太平经·去浮华诀第七十二》)

由此可以确定,表因果关系的连词“因而”在西汉时期已经形成,东汉时期已经有了一定数量的使用,魏晋南北朝之后,“因而”作为连词使用已成常态。李小军(2009)认为魏晋时期“因而”才出现了较典型的连词用法。[3]我们认为在东汉时期“因而”已经具有了典型的连词用法。

2.2 “因而”词汇化的动因和机制

“因而”本是“动词+连词”的非短语结构,“因”和“而”没有结构上的关系,后来二者黏合起来,演变为表示因果关系的连词。彭睿(2007)认为“从非结构到双音节虚词的演变是语法化过程,是其所在构式语法化的附带现象(epiphenomenon)。”[9]我们赞同非结构双音节虚词是其所在构式语法化的附带现象,但我们认为从非短语结构到双音节虚词既是语法化过程,也是词汇化过程,因为从非短语结构到双音节虚词既有双音节虚词语法意义的形成过程,即语法化过程,也有非结构黏合成词的过程,即词汇化过程。就连词“因而”来看,其语法化过程和词汇化过程是交织在一起的,动词“因”的去范畴化导致了其所在构式语法化,所在构式语法化促成了“因而”的词汇化,上下文语境赋予连词“因而”以语法意义。

先秦时期,“因”作为动词,可以带宾语,“因+宾语”可以单独作为谓语而形成句子,但更多的用例中是“因+宾语”出现在连动结构中前面动宾短语的位置上,通过连词“而”与后面的动词性短语连接起来,共同形成连动句式。在具体上下文语境中,“因”的宾语经常省略，从而造成“因”和“而”的直接毗连，这为“因而”的词汇化奠定了形式基础。由于动词“因”用在连动式的非主要动词位置上，不是句子语义传递的中心和重心，该位置造成功能弱化，动词“因”出现去语义化(desemanticization)；当“因”不带宾语时，动词功能出现悬空，其动词性进一步弱化；再向前发展，其动词功能完全丧失，导致其去范畴化。由于“因”丧失了动词功能，致使作为连接两个动词性成分的连接词“而”的功能也无法实现，其所在句法结构就会产生构式语法化，由连动式结构重新分析为非连动式结构，即由双核结构转变为单核结构。[13]292 当这种重新分析完成后，“因而”作为构式语法化的副产品就只能黏合起来，发生词汇化。下面详细论述“因而”词汇化的动因和机制。

动词“因”的去范畴化是导致其所在构式语法化的直接动因，所在构式语法化的直接后果是连词“因而”的词汇化。

语言成分的去范畴化(decategorization)是 Hopper and Thompson(1984)首先提出来的，其基本含义是指，词类在一定的语篇条件下脱离其基本语义与句法特征的过程。[6]61 去范畴化是许多语法成分发生语法化的主要动因。“因”的去范畴化是非短语结构形式“因而”词汇化和语法化的前提条件之一。

先秦时期，“因”作为动词，可以带宾语。例如：

(23) 古之善用兵者，因天地之常，与之俱行。(《国语·越语下》)

(24) 十二年，春，齐高偃纳北燕伯款于唐，因其众也。(《左传·昭公三年》)

上述 2 例中的“因”皆作述语，带有宾语，是典型的动词。但是，这样用法的“因”先秦时期的用例不多；更多的是“因”处在连动式次要动词的位置上。例如：

(25) 是故居上位而不骄，在下位而不忧，故乾乾因其时而惕，虽危无咎矣。(《周易·乾·文言》)

(26) 夫兵形象水,水之行,避高而趋下;兵之形,避实而击虚;水因地而制流,兵因敌而制胜。(《孙子兵法·虚实篇》)

例(25)中的"故乾乾因其时而惕"是连动式,"因"带宾语"其时",处在句中次要动词的位置上;例(26)中的"因地而制流""因敌而制胜"也是连动结构,"因地""因敌"都出现在次要动词的位置上。

刘坚、曹广顺、吴福祥(1995)曾指出:"当一个动词经常在句子中充当次要动词,它的这种语法位置被固定下来之后,其词义就会慢慢抽象化、虚化,再发展下去,其语法功能就会发生变化:不再作为谓语的构成部分"。[5]

上述 2 例中的动词"因"由于出现在次要动词位置上,"因"的动词性已经弱化,翻译成现代汉语,大都要用介词翻译,如例(25)中的"因其时而惕"可翻译为"根据时机而不断自我警惕";例(26)中的"水因地而制流,兵因敌而制胜"可翻译为"水根据地势的高下而制约其流向,用兵则要依据敌情而决定其取胜方针"。

先秦汉语是并列型语言,并列成分广泛用连词"而"连接。[8]上古时期,动词"因"以不带宾语为常见,当其出现在连动式次要动词的位置上,往往要有"而"连接,这样就造成了"因"与"而"的毗连。Bybee and Scheibman 认为两个语言单位相结合几率的高低取决于二者在自然语流中相邻的几率。[14]由于"因""而"二者经常在语流中毗邻出现,促进了其组块过程,这是"因而"词汇化的第一步;由于连动式中的"因"后不带宾语,造成动词功能悬空,动词性进一步弱化,势必导致连词"而"连接功能也难以实现,这样就为"因"和"而"的黏合创造了条件。因为"而"连接的两项应该是并列的项,一旦"因"动词性弱化到一定程度,尤其是语境中无法理解出动词意义时,"而"连接两个动词的连词功能就无从实现。当"因"和"而"都无法实现其范畴功能时,其所在句法结构就会产生构式语法化,由连动式结构重新分析为非连动式结构,即由双核结构转变为单核结构。[2]292 比较下面例句:

(27) 秦王足己不问，遂过而不变。二世受之，因而不改，暴虐以重祸。(《史记·秦始皇本纪》)

(28) 或之小人，则且上入袄言而死也，或数争辩口而妄言也，或为鬼神所惊，因而病狂也。(《太平经·卷九十八》)

根据上下文，例(27)中的“因”可以理解为动词，翻译为“承袭、因循”，“因”还保持着动词功能，根据上古汉语的句法规则，“而”作为连词，连接“因”和“不改”两个动词性成分，全句为连动结构，即“V_1 而 V_2”，结构为：(S)＋V_1 而 V_2，有两个结构核心，当然句子的语义重心在后面的 V_2 上；例(28)中的“因”无法解读为动词意义，不再是动词，“而”作为连词的功能因此就无法实现，“因而病狂”就不能再当做“V_1 而 V_2”的连动式结构，“病狂”成为“小人”的谓语动词，句子结构重新分析为：(S)＋因而＋V。重新分析的直接后果导致了“因”和“而”的黏合，即词汇化；功能上“因而”成为连接相关小句的连接词。就例(28)来看，“因而”是连接“(或之小人)或为鬼神所惊”和“(或之小人)病狂也。”两个小句的连接词，用于表示两个小句之间的语法关系，前者为因，后者为果。

从上面的分析可以看出，“因而”词汇化的机制是其所在构式语法化造成的。彭睿(2007)将非结构词汇化看作是其所在构式语法化的副产品是有道理的。[9]

三、连词“因而”语法意义的来源

作为连词，“因而”表示因果关系，承接上文的原因或理由，引出下文的结果或推论，主要用于表结果的小句。“因而”这种语法意义的形成既跟其组成成分的词汇意义有关，也跟“因而”所在的句法环境有密切关系。

3.1 非短语结构形式“因而”中“因”词汇意义的虚化

在上古汉语中，“动词＋连词”的非短语结构形式“因而”中的“因”尽管随文可以解释出多种动词意义，但就词义来看，大概可以分为两类：一类是实在的动词意义，大概相当于现代汉语的“因袭”“承袭”，这种意义的“因而”可以称为“因而$_1$”；一类是较为虚化的动词意义，大概相当于现代汉语的“利用……时机”“根据……条件(时机)”等，这种意义的“因而”有些是兼具动词和介词两种词性的兼类词，可以称为“因而$_2$”。请看下面的例子：

(29) 先王之教，因而弗改，所以领天下国家也。(《礼记·祭义》)

(30) 八卦成列，象在其中矣；因而重也，爻在其中矣。(《易·系辞下》)

(31) 师属之目，越子因而伐之，大败之。(《左传·定公十四年》

(32) 先列中国名山大川，通谷禽兽，水土所殖，物类所珍，因而推之，及海外人之所不能睹。(《史记·孟子荀卿列传》)

例(29)(30)中的“因”，是“因袭”“承袭”的意思。“因而弗改”意思是“承袭先王之教而不改变”；“因而重也”意思是“因袭这种方法重复它”。“因袭”“承袭”等词在现代汉语中动词意义十足，其后省略的宾语很容易在前文中找到。例(31)中的“因”，相当于“趁……时机”的意思，“越子因而伐之”意思是“越国军队趁这个时机攻打他们(吴国军队)”；例(32)中的“因”，相当于“根据”“依据”的意思，“因而推之”意思是“根据(这些)推广开去”。“根据”“依据”等词在现代汉语中已不是典型动词，是兼具动词和介词两种词性的兼类词。

连词“因而”是由非短语结构形式“动词＋连词”不断词汇化和语法化而形成的，它表示因果关系的语法意义跟其构成成分早期的词汇意义有着密切的关系，或者说现在的语法意义是其构成成分原来的词汇意义不断语法化而形成的，就非短语结构形式“因而”的构成来看，“而”本来就是功能词，没有词汇意义，“因”是实词，有词汇意义，“因”的词汇意义对连词“因而”语法意义的形成具有重要的贡献。由于语法化过程是一个由实到虚、再到更虚的过程，我们认为连词“因而”语法意义的来源过程应该是：因而$_1$→因而$_2$→因而（连词）。也就是说连词“因而”的语法意义跟“趁……时机”“利用（依靠、根据）……条件”等意义的“因”有着直接关系，由此也可以推知：连词“因而”是在包含“因而$_2$”的句法结构中形成的。

3.2　句法环境与连词“因而”的语法意义

语法化是一个内部依据和外部条件相互作用的语用推理过程。内部依据是指语法化项自身的语义语用特征。外部条件是指语法化项所处的句法环境，该句法环境能够诱发语法化项的重新分析。内部依据和句法环境在使用频率等因素的作用下，促进语法化项完成语法化。作为非短语结构形式“因而$_2$”中“因”的词汇意义只是连词“因而”语法意义形成的内部依据，并不能直接形成连词“因而”的语法意义，因为连词“因而”的语法意义是连接分句或句子，承接上文的原因或理由，引出下文的结果或推论。而“因而$_2$”中“因”既不包含上文的原因或理由，也不包含基于上文原因或理由的后续结果或推论。因此，连词“因而”的语法意义还需要外部条件，即能够诱发“因而$_2$”进行语用推理的句法环境，形成连词“因而”的语法意义。

在上古汉语中，非短语结构形式“因而”具有较高的使用频率，形成了较为固定的结构框架，即：“S_1，S_2［（NP）因而 VP］”。“S_1，S_2”代表连续出现的小句，其中 S_1 可以是一个小句，也可以是多个小句。S_2 是一个小句，其组成成分是：主语由 NP 充当，可以出现,也可以不出现,不出现时或承前省略,或是语境中的共知成分;谓语由“因而 VP”充当,“因而 VP”是连动结构,“而”连接两个动词。“因”作为连动式的第一个动词,其后总有零形式宾语,零形式宾语的语义内容是与 S_1 所表示的事件密切相关的条件、时机、依据等;为叙述方便,本文将“因”的零形式宾语与 S_1 标记为同指关系。例如:

(33) [贤者勑其材]i,君因 ei 而任之,故君不穷于能。(《韩非子·主道第五》)

(34) [彼有死形]i,因 ei 而制之。(《淮南子·兵略训》

(35) 而[越大破吴]i,因 ei 而留围之三年,吴师败,越遂复栖吴王於姑苏之山。(《史记·越王勾践世家》)

(36) [主上有败]i,则因 ei 而挺之矣;主上有患,则吾苟免而已,立而观之耳。(《汉书·贾谊传》)

在上述例句的结构框架“S_1,S_2[(NP)因而 VP]”中,“因”的零形式宾语回指对象是与 S_1 所表示的事件密切相关的情况,这些正是 VP 所表示动作行为的依据、时机或条件。例(33)中的“贤者勑其材”是“任之”的依据,例(34)中的“彼有死形”是“制之”的时机,例(35)中的“越大破吴”是“留围之三年”的条件,例(36)中的“主上有败”是“挺之”的情势。这样,“因 ei”动宾短语的意义可以归结为“利用(趁、依据)……条件(时机、情势)”。

如果“S_2[(NP)因而 VP]”之前有两个及以上的 S_1,“因”的零形式宾语与这些 S_1 所表示的事件密切相关。例如:

(37) [今楚王病,旦暮且卒,而君相少主]i,因 ei 而代立当国,如伊尹、周公,王长而反政,不即遂南面称孤而有楚国?(《史记·春申君列传》)

例(37)中的“楚王病”“楚王旦暮且卒”“君相少主”三个小句,其表示的事件共同构成了“代立当国”的条件或时机。

如上所述,“因”的零形式宾语的语义内容,就是与 S_1 所表示的事件密切相关的条件、时机、依据等，而条件、时机、依据等，与原因具有相通性。如《现代汉语词典》（第6版）给“条件”的定义就是“影响事物发生、存在或发展的因素。”[13]1291 在有些例句中，S_1 所表示的事件既可以理解为与“因”的零形式宾语语义内容密切相关，是 S_2 所表示事件的条件、时机、依据；也可以理解为与“因”的零形式宾语语义内容毫不相关，只是 S_2 所表示事件的原因。如上文的例(16)(17)。下面再举两个例子：

(38) 韩信遂平齐，乞自立为齐假王，汉因而立之。（《史记·田儋列传》）

(39) 夫邪之入于脉也，寒则血凝泣，暑则气淖泽，虚邪因而入客。（《黄帝内经·素问》）

例(38)由于没有更多的背景交代，所以其中的“乞自立为齐假王”既可以解读为“立之”的时机，也可以解读为“立之”的原因。同理，例(39)中的“邪之入于脉也，寒则血凝泣，暑则气淖泽”既可以解读为“(虚邪)入客”的时机，也可以解读为“(虚邪)入客”的原因。这种句法环境正是非短语结构形式“因而”语法化为连词“因而”的临界环境(critical context)。这种句法环境具有结构及语义上的歧义，诱发包括目标义在内的数种解释。[10]

在临界句法环境“S_1，S_2[(NP)因而 VP]”中，不同的解读，意味着不同的句法结构：如果将 S_1 所表示的事件解读为 S_2 所表示的事件的条件、时机、依据等，说明 S_1 与“因”的零形式宾语语义内容密切相关，在这种情况下，“因”的零形式宾语具有心理现实性，其句法结构为连动式，即“因 ei 而 VP”；如果将 S_1 所表示的事件解读为 S_2 所表示的事件的原因，说明 S_2 所表示的事件就成为 S_1 所表示的事件的结果，S_1 和 S_2 是因果关系，这样，S_1 所表示的事件跟“因”的零形式宾语就没有语义上的联系，“因”也就无法解读为动词，这样“而”连接动词的功能也因此无法实现，“因”和“而”只能黏合起来。由于其正好位于原因小句和结果小句之间，它就会吸收因果关系的语境意义，成为用在结果小句前面，表示因果关系的连词。

在“S_1，S_2［(NP)因而 VP］”中，如果当 S_1 只能理解为 S_2 的原因时，则标志着表示结果的连词“因而”语法化过程的完成。例如：

(40) 大道消竭，天气不能常随护视之，因而饥渴。(《太平经卷·三急吉凶法第四十五》)

(41) 凡治身养性，节寝处，适饮食，和喜怒，便动静，使在己者得，而邪气因而不生。(《淮南子·诠言训》)

(42) 陈骞，临淮东阳人也。父矫，魏司徒。矫本广陵刘氏，为外祖陈氏所养，因而改焉。(《晋书·陈骞传》)

例(40)中的“大道消竭，天气不能常随护视之”无法理解为“饥渴”的“时机”或“条件”，只能理解为“邪气不生”的原因。例(41)(42)两例可作相同的解释。

综上所述，在“S_1，S_2［(NP)因而 VP］”的句法环境中，“因而 VP”就是利用某个依据、时机、条件去做某个动作，由于依据、时机、条件与原因的相通性，事件的依据、时机、条件也可以转喻事件的原因，这就是连词“因而”语法意义形成的内部依据。S_1 和 S_2 是先后发生的事件，其间蕴含着因果关系，先发生的事件是原因，后发生的事件是结果，“因而”位于 S_1 和 S_2 之间，它就会不断吸收这种语境意义，一旦 S_1 所表示的事件只能理解为 S_2 所表示事件的原因时，连词“因而”的语法意义就浮现出来，随着使用频率的不断增加，“因而”就会把这种语境意义逐渐固化成其语法意义。

四、结语

因果关系连词“因而”来源于“动词＋连词”非短语结构形式。由于该结构中的动词“因”经常出现在连动式“因(NP)＋而 VP”

的次要动词位置上，动词性不断弱化；同时在上古汉语中，动词“因”又经常不带宾语，这就形成了“因而＋VP”结构。在这一结构中，“因”的动词性进一步弱化，“而”的连词功能也无法实现，“因而＋VP”结构就由双核结构语法化为单核结构。这一结构语法化的后果导致“因”和“而”黏合在一起。历时语料显示，连词“因而”出现的时代当在西汉时期，东汉以后成熟起来。“因而”语法意义的来源既与动词“因”词汇意义的虚化有关，也与其所处的句法环境有关。“因而”出现在表示先后事件的两个小句的后一小句里，先后发生的事件本身就蕴含着前因后果的关系，当前面小句所表示的事件被理解为后面小句所表示的事件之原因时，后面小句所表示的事件自然就是结果，在使用频率的作用下，这种语境意义逐渐固化为“因而”的语法意义。

参考文献

[1] 董秀芳. 词汇化：汉语双音词的衍生和发展[M]. 修订本. 北京：商务印书馆，2011.

[2] 冯胜利. 汉语韵律语法研究[M]. 北京：北京大学出版社，2005.

[3] 李小军. “从而”、“因而”的功能差异及其历时解释[J]. 汉语学习，2009(1).

[4] 李小军、唐小薇. 因果连词“因而”“从而”的词汇化[J]. 淮北煤炭师范学院学报：哲学社会科学版，2007(2).

[5] 刘坚、曹广顺、吴福祥. 论诱发汉语词汇语法化的若干因素[J]. 中国语文，1995(3).

[6] 刘正光. 语言非范畴化——语言范畴化理论的重要组成部分[M]. 上海：上海外语教育出版社，2006.

[7] 吕叔湘主编. 现代汉语八百词[M]. 增订本. 北京：商务印书馆，2001.

[8] 梅广. 迎接一个考证学和语言学结合的汉语语法史研究新局面[A]. 何大安主编. 古今通塞：汉语的历史与发展[C]. 台北：中研院语言学研究所筹备处，2003.

[9] 彭睿. 构式语法化的机制和后果——以“从而”、“以及”和“极其”的演变为例[J]. 汉语学报，2007(3).

[10] 彭睿."临界环境——语法化项"关系刍议[J]. 语言科学,2008(3).
[11] 太田辰夫. 中国语历史文法[M]. 修订译本. 蒋绍愚,徐昌华,译. 北京:北京大学出版社,2003.
[12] 张斌主编. 现代汉语虚词词典[M]. 北京:商务印书馆,2001.
[13] 中国社会科学院语言研究所词典编辑室编. 现代汉语词典[M]. 第6版. 北京:商务印书馆,2012.
[14] Bybee, J. L. and J. Scheibman. The effect of usage on degree of constituency: The reduction of don't in American English Linguistics 37,1999.

(本文与郭圣林合作,原载《语文研究》2016年第1期。)

连词“从而”的词汇化及其语法意义的形成

一、引言

“从而”是现代汉语书面语中广泛使用的一个连词。《现代汉语词典》(第6版)释为:“上文是原因、方法等,下文是结果、目的等”。[18]217《现代汉语八百词》释为:“表示结果或进一步的行动。用于后一小句开头,沿用前一小句的主语。用于书面。”[12]131—132“从而”是汉语史上非短语结构不断词汇化而形成的,学界对其形成已有所关注。李小军、唐小薇(2007)讨论了“从而”的词汇化过程,认为先秦时期,“从而”连用是“动词+连词”跨层结构,由于“从”用在连动式的次要动词位置上,意义虚化,致使“从”和“而”词汇化;其语法意义是通过语用推理、不断吸收语境意义而形成的。典型连词的用法在唐代出现。[4]他们关于“从而”词汇化的源结构为“动词+连词”跨层结构是非常正确的,但连词“从而”产生的时代和语法意义形成的机制、动因等还需要进一步的讨论。

二、“从而”的词汇化过程

2.1 “从”和“而”的意义及用法

2.1.1 “从”的意义和用法

“从”,《说文解字》释为:“从,相听也。从二人。”段玉裁注:“从者,今之從字,從行而从廢。”本义为“跟随、相随”,是及物动词,可带宾语。例如:

(1) 鲁人从君战,三战三北。(《韩非子·五蠹》)

(2) 道不行,乘桴浮于海,从我者其由与?(《论语·公冶长》)

又引申为“听从、顺从”。例如:

(3) 子产曰:“兄弟而及此,吾从天所与。”(《左传·襄公三十年》)

(4) 从道不从君,从义不从父,人之大行也。(《荀子·子道》)

2.1.2 “而”的意义和用法

“而”《说文解字》释为:“颊毛也,象毛之形就也,从口从大”。本义是胡须,后发展出连词、代词、语气词、副词等用法。做连词可连接词、短语和分句,表示并列、顺承、转折等关系;也可用在偏正短语中,连接状语和中心语;还可以用在主谓结构中,连接主语和谓语,表示假设等意义。例如:

(6) 学而时习之,不亦说乎!(《论语·学而》)

(7) 其妻问所与饮食者,则尽富贵也;而未尝有显者来。(《孟子·离娄下》)

(8) 百官于是乎戒惧,而不敢易纪律。(《左传·桓公二年》)

(9) 人而无信,不知其可也。(《论语·为政》)

例(6)的“而”连接两个动词性成分;例(7)和(8)的“而”连接的是两个小句,分别表示逆接和顺接;例(9)的“而”用在主谓之间,表示假设。

2.2 “从＋而”连用及意义

在汉语史上，“从＋而”连用自先秦至今一直存在，有三种性质：(1)“动词＋连词”非短语结构；(2)时间副词；(3)因果连词。“动词＋连词”非短语结构和时间副词从先秦到民国时期一直存在；因果连词魏晋南北朝时期产生，一直使用到当代汉语。

2.2.1 “从＋而”是非短语结构

动词“从”带宾语可以和连词“而”出现在同一个句子中，“而”连接两个动词性成分，性质为连动结构。例如：

(10) 百里子与蹇叔子从其子而哭之。(《公羊传·僖公三十三年》)

(11) 若得从君而归，则固臣之愿也，敢有异心？(《左传·昭公三十一年》)

(12) 公子从吾言而饮此，则必可以无为天下戮笑，必有后乎鲁国。(《公羊传·庄公三十二年》)

(13) 若从君而走患，则不如违君以避难。(《国语·鲁语下》)

例(10)(11)的“从”意思是“跟从、跟随”；例(12)(13)的“从”意思是“听从、顺从”。“从其子而哭之”“从君而归”“从吾言而饮此”“从君而走患”都是典型的连动结构。

当“从”的宾语省略或不带宾语，“从”和“而”就毗连在一起。先秦时期，这种用例有一定的数量。例如：

(14) 臼季使，舍于冀野。冀缺薅，其妻馌之，敬，相待如宾。从而问之，冀芮之子也，与之归。(《国语·晋语》)

(15) 子路从而后，遇丈人，以杖荷蓧。(《论语·微子》)

上述两个例句中“从”意义是“跟随”、“跟从”，是典型的动词，“从而问之”意思是“臼季跟从(冀缺)而问他”。其宾语“冀缺”省略；“子路从而后”是“子路跟随(孔子)而落在后面”，“从”的宾语“孔子”省略。

(16) 惠、怀弃民，民从而与之。(《左传·昭公十三年》)

(17) 众之所誉,从而悦之;众之所非,从而憎之。(《韩非子·说疑》)

上述两个例句中的"从"意义是"顺从、听从"。"民从而与之"意思是"老百姓听从(文公)并支持他";"从而悦之"、"从而憎之"意思是"从(众)而悦之"、"从(众)而憎之"。动词"从"后省略宾语。

非短语结构"从而"自先秦开始,一直到民国时期都在使用。下面是清朝的两个例句:

(18) 前人有言,后人从而扩充焉,是以已附古人也。(清·章学诚《文史通义》)

(19) 女真人称卫指挥即为都督,不但女真自称,明代官书亦从而称之。(民国·孟森《清朝前纪》)

上述例句中的"从而"性质为"动词+连词"的非短语结构。我们在北京大学中国语言学研究中心现代汉语语料库中没有发现这种用例。

2.2.2 "从+而"是时间副词

先秦时期,"从+而"就有时间副词的用法,表示后面的事件与前面的事件相继发生,可以理解为"接着、跟着、随着、然后、就"等。例如:

(20) 公曰:"善! 寡人自知诚费财劳民,以为无功,又从而怨之,是寡人之罪也! 非夫子之教,岂得守社稷哉!"(《晏子春秋》)

(21) 无爱人之心,无利人之事,而日为乱人之道,百姓欢敖,则从而执缚之,刑灼之,不和人心。《荀子·强国篇第十六》

例(20)"又从而怨之"意思是"又接着埋怨他们",该事件发生在"寡人自知诚费财劳民,以为无功例"事件之后。例(21)"则从而执缚之"意思是"就立刻捉拿逮捕他们",该事件发生在"百姓欢敖”事件之后。

李小军、唐小薇(2007)认为“汉代以来，‘从而’中的‘从’开始可以不表‘跟从、听从’，而表‘接着、然后’了，这时，“从”的动词性就减弱了。”[4]我们认为这里的“从”根本不能作为动词理解，它已经与“而”凝固为词，根据其句法功能和语义特点，可以认定为表示时间的副词。

需要指出的是，时间副词“从而”来源于“动词＋连词”的非短语结构“从＋而”，或者说时间副词“从而”是“动词＋连词”非短语结构“从＋而”词汇化和语法化的结果。词汇化和语法化是一个渐变过程，势必存在着“动词＋连词”非短语结构和时间副词的两解的阶段，先秦汉语很好地展示了这一阶段。例如：

(22) 夫爱人者，人必从而爱之；利人者，人必从而利之；恶人者，人必从而恶之；害人者，人必从而害之。(《墨子·兼爱中第十五》)

(23) 无数以度其臣者，必以其众人之口断之。众之所誉，从而说之；众之所非，从而憎之。(《韩非子·说疑第四十四》)

例(22)“从”可以理解为“跟从”，它承前省略了宾语“爱人者”，即“夫爱人者，人必从[爱人者]而爱之”，可以翻译为“关爱别人的人，别人一定也会跟从这个人来关爱他”；也可以将“从而”理解为“接着、就”，翻译为“关爱别人的人，别人一定也会接着来关爱他。”例(23)“众之所誉，从而说之”。如果将“从”理解为动词，其后省略了宾语“众”，即“众之所誉，从(众)而说之”，可以翻译为“众人都称赞的，(君主)也跟随(众人)喜欢他”；如果将“从而”作为时间副词，则可以翻译为“众人都称赞的，(君主)接着就喜欢他”。下文的“从而憎之”可做相同理解。

可见，先秦时期，“从＋而”的性质比较复杂，有些是“动词＋连词”非短语结构，有些是时间副词，有些则可做“动词＋连词”非短语结构和时间副词两解。我们统计了先秦时期的一些重点文献，共找到 97 个"从而"，具体分布如下：

表 1　先秦文献"从而"连用性质用例分布表：

作品	论语	墨子	庄子	韩非子	荀子	孟子	晏子春秋	楚辞	国语	左传	吕氏春秋
动词＋连词	2	4	4	8	8	1	2	1	4	10	6
两解	0	12	0	8	0	0	0	0	0	0	0
副词	0	6	1	3	4	8	3	0	0	1	1

上表中，"从而"为"动词＋连词"非短语结构为 50 例，占全部用例的 51.55％；时间副词为 27 例，占 27.84％；作"动词＋连词"非短语结构和时间副词两解共 20 例，占 20.61％，只分布在《墨子》和《韩非子》两部典籍中。可见，先秦汉语"从而"为"动词＋连词"非短语结构所占比例最高，尽管该结构一直使用到民国时期，其使用呈现出逐渐下降的趋势，这也符合词汇化和语法化的一般规律。

作为时间副词的"从而"在先秦时期出现，一直使用到民国时期。例如：

(24) 老妪坐已，又从而骂曰："尔夫妇如是顽梗，寻得后，即不击毙，必送与人，自兹以后，决不要尔矣。"（清・魏文中《绣云阁・第一一〇回》）

(25) 孙美瑶山东积匪也，劫车要挟，其计既狡，其罪尤重，痛剿而杀之，则上不损国威，下不遗民害，岂非计之上哉？乃重以外人之故，屈节求和，不但赦其罪也，又从而官之，赏非其功矣。（民国・蔡东藩、许廑父《民国演义・第一百五十三回》）

2.2.3　"从＋而"是因果关系的连词

"从而"在汉语史上还有表示因果关系的连词用法。《汉语大词典》认为连词“从而”形成很早，在战国时期已经成词。举了下面两个例句，一个出自《孟子·滕文公上》，“放勋曰：‘劳之来之、匡之直之、辅之翼之，使自得之；又从而振德之。’”一个出自《史记·五帝本纪》中“天下有不顺者，黄帝从而征之。”[8]1005 仔细玩味上面的两个例句发现，这里的“从而”根本不是因果关系连词，而是时间副词。杨伯峻(1960)将第一例翻译为：“尧说道：‘督促他们、帮助他们，纠正他们，使他们各得其所，然后加以提携和教诲。’”[17]128 金良年(2004)翻译为：“放勋说：‘督促他们，纠正他们，帮助他们，使他们各得其本性，随后再提高他们的道德。’”[10]119 杨译将“从而”翻译为“然后”，金译将“从而”翻译为“随后”，当然也可以翻译为“接着、跟着”等时间副词。韩兆琦(2010)将第二例翻译为“黄帝就去征讨他”。[9]8 将“从而”对译为“就”，也是作为时间副词处理的。李小军、唐小薇(2007)认为到唐代“从而”才具有较典型的因果连词用法。[4]语料考察发现，在魏晋南北朝时期，表示因果关系的连词“从而”就已经形成。例如：

(26) 天寒雪，敌诸将置酒高会。奉见其前部兵少，相谓曰：“取封侯爵赏，正在今日。”乃使兵解铠著胄，持短兵，敌人从而笑焉，不为设备。(陈寿《三国志·卷五五·吴志十》)

(27) 元帝常有心腹疾，诸医咸谓宜用平药，可渐宣通。僧垣曰：“脉洪而实，此有宿妨，非用大黄无差理。”帝从而遂愈。(葛洪《肘后备急方·卷四》)

例(26)中“使兵解铠著胄，持短兵”是“敌人笑焉，不为设备”的原因。例(27)根据上下文的意思，“帝遂愈”是因为使用了“大黄”。宋代的《册府元龟·卷八五九·总录部·医术第二》重新叙述了这个故事：“元帝尝有疾，乃召诸医议治疗之方，咸谓至尊至贵不可轻脱，宜用平药，可渐宣通。僧垣曰：‘脉洪而实，此有宿妨，非用大黄必无差理。’元帝从之，进汤讫，果下宿食，因而疾愈。元帝大喜，时初铸钱，一当十，乃赐钱十万，实百万也。”可见，《册府元龟》将“从而”诠释为“因而”，是当作因果连词理解的。自此以后，“从而”作为因果关系的连词一直使用到今天。

三、“从而”的词汇化动因和机制

“从而”本是“动词＋连词”非短语结构，“从”和“而”没有结构上的关系，最后二者粘合起来，演变为表示因果关系的连词。彭睿(2008)认为“从非结构到双音节虚词的演变是语法化过程，是其所在构式语法化的附带现象(epiphenomenon)。”[14]我们赞同非结构双音节虚词是其所在构式语法化的附带现象，但我们认为从非短语结构到双音节虚词既是语法化过程，也是词汇化过程，因为从非短语结构到双音节虚词既有双音节虚词语法意义的形成过程，即语法化过程，也有非结构粘合成词的过程，即词汇化过程。就连词“从而”来看，其语法化过程和词汇化过程是交织在一起的。动词“从”的去范畴化导致了其所在构式语法化，所在构式语法化促成了“从而”的词汇化，“从”的词汇意义和上下文语境相互作用形成了“从而”的语法意义。

在上古汉语中，“从”是及物动词，“从＋宾语”可以单独作为谓语而形成句子，但更多的是用于连动结构中前面动宾短语的位置上，通过连词“而”与后面的动词性短语连接起来，共同形成连动句式。在具体上下文语境中，“从”的宾语经常省略，从而造成“从”和“而”的直接毗连，这为连词“从而”词汇化奠定了形式基础。由于动词“从”用在连动式的非主要动词位置上，不是句子语义传递的中心和重心，造成功能弱化和去语义化(desemanticization)；当它不带宾语时，动词功能出现悬空，其动词性进一步弱化；再向前发展，其动词功能完全丧失，导致其去范畴化。由于

“从”丧失了动词功能，致使作为连接两个动词性成分的连接词“而”的功能也无法实现，其所在句法结构就会产生构式语法化，由连动式结构重新分析为非连动式结构，即由双核结构转变为单核结构。[9]292“从而”作为构式语法化的副产品就只能粘合起来，发生词汇化。

3.1 “从”的去范畴化

语言成分的去范畴化（decategorization）是Hopper和Thompson(1984)首先提出来的，其基本含义是，词类在一定的语篇条件下脱离其基本语义与句法特征的过程。[7]61 去范畴化是许多语法成分发生语法化的主要动因。动词“从”正是在经历了语义虚化、功能弱化的去范畴化过程之后，重新范畴化，进而与“而”词汇化为时间副词。

先秦时期，“从”是可以带宾语的及物动词。例如：

(28) 乃左并辔，右援枹而鼓之，马逸不能止，三军从之。(《国语·晋语》)

(29) 吴为三军以系於后，中军从王，光帅右，掩余帅左。(《左传·昭公二十三年》)

上述例句中的“从”作述语，带宾语，是典型的动词。但是，这样的用法先秦时期数量不多；更多的是“从”处在连动式次要动词的位置上。例如：

(30) 寡君之使婢子侍执巾栉，以固子也。从子而归，弃君命也。(《左传·僖公二十二年》)

(31) 小人忌而不思，愿从其君而与报秦，是故云。(《国语·晋语三》)

例(30)“从”用在连动结构次要动词位置上，“从子而归”的语义重心在“归”上，“从”的意义有所虚化，动词性有所弱化；例(31)的“从”不再表示“跟从”意义，引申为“听从、顺从”的意义，意义进一步虚化。根据沈家煊(2003),“跟从”是行域,“听从”是知域,[15]从行域到知域,虚化是显而易见的。

先秦汉语是并列型语言,并列成分广泛用连词“而”连接。[13]出现在连动结构次要位置上的“从+宾语”要通过连词“而”与后面的动词性短语连接,如上文的“从子而归”和“愿从其君而与报秦”。在先秦时期,出现在连动结构次要动词句法位置上的“从”,经常省略宾语,这样就造成了“从”与“而”的毗连,为其词汇化奠定了形式基础。例如:

(32) 孔子观于吕梁,……见一丈夫游之,孔子从而问焉。(《庄子·达生》)

(33) 子曰:“法语之言,能无从乎?改之为贵。巽与之言,能无说乎?绎之为贵。说而不绎,从而不改,吾末如之何也已矣!”(《论语·子罕》)

例(32)的“从”意思是“跟从”;例(33)的“从”,意思是“顺从”。这两例“从”的宾语可以在上文中找到,分别是“丈夫”和“法语之言”,这里的“从”还是动词,具有较为实在的动作意义。

刘坚、曹广顺、吴福祥(1995)曾指出:“当一个动词经常在句子中充当次要动词,它的这种语法位置被固定下来之后,其词义就会慢慢抽象化、虚化,再发展下去,其语法功能就会发生变化,不再作为谓语的构成部分”。[6]由于“从”经常出现在连动结构次要动词句法位置上,而且经常不带宾语,这就使得“从”的及物功能悬空。李宗江(2003)指出“处于功能悬空位置上的词较易发生语法化,或者说功能悬空是导致语法化的一个诱因。”[5]309 由于动词“从”的及物功能不能实现,其词义进一步虚化,功能进一步弱化,当在语言环境中找不到“从”的宾语时,“从”完成去范畴化过程,不能再当作动词理解。看下面的例句:

(34) 及陷乎罪;然后从而刑之,是罔民也。(《孟子·滕文公上》)

(35) 无爱人之心，无利人之事，而日为乱人之道，百姓欢敖，则从而执缚之，刑灼之，不和人心(《荀子·强国》)

上面两个例句的“从”在语言环境中无法找到其省略的宾语，不能再当作动词理解，它已经和“而”粘合在一起，意义为“接着、跟着、立即”等。如金良年(2004)将例(34)翻译为“等到陷入罪网，然后跟着惩治他们，这是欺罔民众。”[10]109 将“从而”对译为“跟着”。高长山(2003)将例(35)中的“百姓欢敖，则从而执缚之”翻译为“老百姓如果喧闹表示不满，便立刻捉拿逮捕他们。”[14]304 将“从而”对译为“立刻”。这里的“从”已经失去了动词功能，不能作动词理解。由于“从”的非范畴化，促使其所在句法结构发生构式语法化，诱发重新分析，促成了“从而”的词汇化。

3.2 句法结构的重新分析

在上古汉语中，非短语结构形式“从而”形成了较为固定的结构框架，即：“S_1，S_2[(NP)从而 VP]”。“S_1，S_2”代表连续出现的小句，其中 S_1 可以是一个小句，也可以是多个小句。S_2 是一个小句，其组成成分是：主语由 NP 充当，可以出现，也可以不出现，不出现时或承前省略，或是语境中的共知成分；谓语由“从而 VP”充当，“从而 VP”是连动结构，“而”连接两个动词。“从”作为连动式的第一个动词，其后总有省略的宾语，该宾语可以在上文中找到。例如：

(36) 居未期年，灵王南游，群臣从而劫之。(《韩非子·十过第十》)

(37) 景公游于牛山，北临其国城而流涕曰：“若何滂滂去此而死乎?”艾孔、梁丘据皆从而泣。(《晏子春秋·内篇谏上》)

例(36)“群臣从而劫之”主语是“群臣”，谓语是“从而劫之”，为连动结构，“从”的宾语承 S_1 的“灵王”省略，“而”连接动词“从”

和动宾短语“劫之”，例(37)“艾孔、梁丘据皆从而泣。”可作相同分析。

随着“从”意义的进一步虚化，“从”的动词性不断弱化，“从而”就出现了歧解。例如：

(38) 夫爱人者，人必从而爱之；利人者，人必从而利之；恶人者；人必从而恶之；害人者，人必从而害之。(《墨子·兼爱中第十五》)

(39) 不能敬其身，是伤其亲；伤其亲，是伤其本；伤其本，枝从而亡。(《礼记·哀公问》)

例(38)“从”可以理解为“跟从”，它承前省略了宾语“爱人者”，即“夫爱人者，人必从[爱人者]而爱之”，可以翻译为“关爱别人的人，别人一定也会跟从这个人来关爱他”；似乎也可以将“从而”理解为“接着、就”，翻译为“关爱别人的人，别人一定也会接着来关爱他。”例(39)“枝从而亡”也一样，既可以理解为“枝随着树根就死掉了”，也可以理解为“枝接着就死掉了。”

这种句法环境正是非短语结构形式“从而”语法化为时间副词“从而”的临界环境(critical context)。这种句法环境具有结构及语义上的歧义，诱发包括目标义在内的数种解释。[14]在临界句法环境中，如果将“从”理解为“跟从”，其结构为“从＋而＋VP”，是连动结构，“从＋而”是非短语结构；如果将“从而”理解为“接着、就”，“而”的连接功能丧失，整个句法结构发生重新分析，即“从＋而＋VP”→“从而＋VP”，连动结构重新分析为单动结构，这样就导致了“从而”的粘合成词。

一旦句法结构只能分析为“从而＋VP”，就意味着“从而”词汇化过程的完成。考察发现，“从而”在先秦时期已经成词。例如：

(40) 以为继，知，则上从而罪之，是以罪召罪。上下之相仇也，由是起矣。”(《吕氏春秋·适威》)

(41) 或曰:“不可！子以子之君为无道而杀之,今其臣有道之士也,又从而杀之,不可以为教矣。”(《晏子春秋·内篇杂上第五·崔庆劫齐将军大夫盟晏子不与第三》)

例(40)“上从而罪之”意思是“君主接着就会惩罚他”;例(41)“又从而杀之”意思是“又接着杀了他”。

四、“从而”语法意义的形成

在汉语史上,“从而”有两种词性：一是表示事件先后的时间副词,一是表示因果关系的连词。其演变关系如下：非短语结构“从＋而”→时间副词“从而”→因果连词“从而”。

4.1 时间副词意义的形成

语法化项的语法意义形成过程是内部依据和外部条件相互作用的语用推理过程。内部依据是语法化项自身的语义语用特征,外部条件是语法化项所处的句法环境,该句法环境能够引发语法化项的重新分析。内部依据和句法环境共同作用,在使用频率等因素的作用下,促进语法化项完成语法化。

江蓝生(2014)指出:“一般说来,虚词的语法意义跟源词的词汇意义有内在联系,源词的词汇意义决定了语法化的起点和方向。”[11]就非短语结构形式“从＋而”的构成来看,“而”本来就是功能词,没有词汇意义,“从”是实词,有词汇意义,“从”的词汇意义对时间副词“从而”语法意义的形成具有重要的贡献。“从”的本义是“跟从”“跟随”,其意义中蕴含着“后面、然后”的义素,因为“跟从”“跟随”就意味着在“被跟从者”的后面,前面与后面,自然是一种空间意义,空间意义隐喻为时间意义是人类语言隐喻的普遍规律,汉语当然也不例外。如果将“从”从空间域投射到事件域,“从”所在的句子应该是后发生的事件。考察语料发现,如果多个事件连续的小句，包含“从而”的小句大都出现在后面，其前往往有始发句。例如：

(42) 己巳，子驷帅国人盟于大宫，遂从而尽焚之，杀子如、子駹、孙叔、孙知。(《左传·成公十三年》)

(43) 公都子曰：“匡章，通国皆称不孝焉。夫子与之游，又从而礼貌之，敢问何也？”(《孟子·离娄下》)

例(42)“遂从而尽焚之”发生在“子驷帅国人盟于大宫”之后，副词“遂”进一步表明了两个事件的先后顺序；例(43)时间词“又”指明了“夫子与之游”和“从而礼貌之”的两个事件时间先后关系。

吴福祥(2005)指出：“语法化过程涉及的并非单个词汇或语素，而是包含这个词汇或语素的整个结构式”，“总是需要特定结构式的句法结构和语义关系作为其语法化过程发生的语用、语义和句法条件”。[16]随着“从”语义的不断虚化和去范畴化，“从而”所在的句法构式发生语法化，即由双核结构语法化为单核结构，这就迫使“从而”粘合起来而语法化，其出现的句法环境为：“S_1，从而 S_2。”其中 S_1 是先发生的事件，S_2 是随后发生的事件，二者存在着时间先后和连续关系。例如：

(44) 今之与杨、墨辩者，如追放豚，既入其苙，又从而招之。(《孟子·尽心下》)

(45) 故镜执清而无事，美恶从而比焉；衡执正而无事，轻重从而载焉。(《韩非子·饰邪第十九》)

例(44)S_1 是“既入其苙”，S_2 是“又从而招之”，其中“既”和“又”指明了两个事件的连续关系，即发生了 S_1，紧跟着发生了 S_2。例(45)“镜执清而无事”和“美恶从而比焉”、“衡执正而无事”和“轻重从而载焉”具有逻辑事理上连续关系。“从而”经常出现在这样的句法环境中，就会吸收这种语境意义，逐渐固化成自身的语法意义，加之“从”本身的后时间性，“从而”出现在后续小句中，后面小句表示事件是接续前面小句表示事件发生的，进而将“从而”理解为“接着、跟着、就”等意义，成为表示事件接续的时间副词。这种副词用法从先秦开始，一直到清代还有用例。

4.2 因果连词意义的形成

时间连词发展为因果连词是人类语言语法化的一般规律。[19]4“从而”的因果连词意义就是在时间副词意义上进一步语法化的结果。其动因在于时间副词表示的事件之间往往蕴含着因果联系，即先发生的事件往往是后发生事件的原因，后发生的事件往往是先发生事件的结果。在这样的语境中，“从而”就会不断吸收这种前因后果的语境意义，在使用频率的作用下，最后固化为因果关系的连词。例如：

(46) 夫龙肝可食，其龙难得，难得则愁下，愁下则祸生，故从而痛之。(王充《论衡·龙虚篇》)

(47) 及秦皇驭宇，吞灭诸侯，任用威力，事不师古，始下焚书之令，行偶语之刑。先王坟籍，扫地皆尽。本既先亡，从而颠覆。(《隋书·列传第十四》)

例(46)中“难得则愁下，愁下则祸生，故从而痛之”意思是“龙难得就会使下面的人发愁，下人发愁就会产生灾祸，所以箕子接着就悲痛起来”。在“愁下则祸生”事件之后，紧接着发生“痛之”的事件。这里的“从而”时间接续意义比较明显；同时“愁下则祸生”和“从而痛之”之间有着明显的因果关系，只不过这种关系不是通过“从而”表示出来的，而是通过连词“故”表示出来的。例(47)的“本既先亡，从而颠覆”中，前一小句中有时间词“先”，后一小句的“从而”应优先理解为时间连词，但由于两个小句之间因果关系意义明显，加之有没有“故”之类的因果关系连词，“从而”已浸染了因果连词的意义。

当表示连续事件的两个小句没有时间顺序或因果关系提示时，位于后一小句中的“从而”既可以理解为时间副词，也可以理解为因果关系连词。例如：

(48) 庚子曰：“周公知管、蔡之恶，以相武庚，使肆厥毒，从而诛之，何不仁也？若其不知，何不圣也？二者之过，必处一焉。”(王符《潜夫论》)

(49) 翰善使枪，追贼及之，以枪搭其肩而喝之，贼惊顾，翰从而刺其喉，皆剔高估五尺而堕，无不死者。(《旧唐书·卷一百八·列传第五十四》)

例(48)，如果将“从而”理解为时间副词，小句之间的关系是，在“以相武庚，使肆厥毒”事件之后，紧接着发生“诛之”的事件；如果将其理解为因果连词，小句之间的关系应解读为“使肆厥毒”是“诛之”的原因。例(49)的“贼惊顾”与“翰从而刺其喉”之间可做相同解读。

汉语具有时间相似性，戴浩一(1985)指出：两个句法单位的相对次序决定于它们所表示的概念领域里的状态的时间顺序。[1]也就是说，句法单位的相对次序能够表达概念领域里的状态的时间顺序。对事件小句而言，小句排列的顺序就能反映出事件发生的顺序。因此，在连续发生的事件小句中，事件之间的前后顺序完全可以由小句的顺序表达出来，作为时间接续副词的“从而”，其功能出现羡余，因而它就会吸收语境中的因果关系意义，进一步语法化为表示因果关系的连词。

(50) 河朔三镇，素相连衡，宪诚阴有异志。而魏军骄侈，怯于格战，又属雪寒，粮饷不给，以此愈无斗志，宪诚从而间之。(《旧唐书·卷一四一·列传第九一》)

(51) 失其物，去其准，道从而丧矣。(柳宗元《守道论》)

例(50)的“魏军骄侈，怯于格战，又属雪寒，粮饷不给，以此愈无斗志”等小句不是典型的事件句，而是状态描述句，不仅它们之间没有时间顺序，它们与“宪诚间之”之间也不宜理解为时间关系，应该理解为因果关系，“因而”的功能就是彰显这种因果关系。

例(51)可做相同解读。

因果连词“从而”是在时间副词“从而”的基础上进一步语法化的结果,小句之间的顺序能够反映事件发生的顺序,使得“从而”的时间接续意义产生羡余,它就会不断吸收语境中的因果关系意义,向因果连词方向语法化,最后将因果关系意义固化为自己的语法意义,从而语法化为表示因果关系的连词。

五、结语

现代汉语因果连词“从而”是上古汉语非短语结构“从+而”不断词汇化和语法化的产物。“从”本来是及物动词,“而”是连词。上古汉语中,“从”经常出现在连动结构的第一个动词位置上,导致“从”意义的虚化;“从”在这个位置上,在语境的帮助下,经常不带宾语,造成了“从”和“而”的毗连出现,为“从而”的词汇化奠定了形式基础;“从”功能悬空则进一步促使其意义虚化和功能弱化,当“从”不能再分析为动词时,“而”的连词功能也出现悬空,致使其所在句法结构发生重新分析,由连动结构重新分析为单动结构,迫使“从”和“而”的粘合,在汉语双音化规律作用下,二者发生词汇化,这个过程在先秦时期已经完成,“从而”词性为时间副词,这种用法一直持续到清代;时间副词“从而”主要出现在后续小句中,与先行小句往往隐含着原因和结果的关系,在语用推理的作用下,“从而”吸收这种语境意义,固化为语法意义,形成因果连词,其语法化在魏晋南北朝时期已经完成。

参考文献

[1] 戴浩一著、黄河译. 时间顺序和汉语的语序[J]. 国外语言学,1988(1).
[2] 冯胜利. 汉语韵律语法研究[M]. 北京: 北京大学出版社,2005.
[3] 高长山.《荀子》译注[M]. 哈尔滨: 黑龙江人民出版社,2003.

[4] 李小军、唐小薇. 因果连词“因而”“从而”的词汇化[J]. 淮北煤炭师范学院学报(哲学社会科学版)2007(2).
[5] 李宗江. 句法成分的功能悬空与语法化[A]. 吴福祥、洪波主编. 语法化与语法研究(一)[C]. 北京：商务印书馆，2003.
[6] 刘坚、曹广顺、吴福祥. 论诱发汉语词汇语法化的若干因素[J]. 中国语文，1995(3).
[7] 刘正光. 语言非范畴化——语言范畴化理论的重要组成部分[M]. 上海：上海外语教育出版社，2006.
[8] 罗竹凤主编. 汉语大词典(3)[M]. 上海：汉语大辞典出版社，1995.
[9] 韩兆琦译注. 史记[M]. 北京：中华书局，2010.
[10] 金良年. 孟子译注[M]. 上海：上海古籍出版社，2004.
[11] 江蓝生. 连—介词表处所功能的来源及其非同质性[J]. 中国语文，2014(6).
[12] 吕叔湘主编. 现代汉语八百词(增订本)[M]. 北京：商务印书馆，2001.
[13] 梅广. 迎接一个考证学和语言学结合的汉语语法史研究新局面[A]. 何大安主编. 古今通塞：汉语的历史与发展[C]. 台北：中研院语言学研究所筹备处，2003.
[14] 彭睿. “临界环境——语法化项”关系刍议[J]. 语言科学，2008(3).
[15] 沈家煊. 复句三域“行、知、言”[J]. 中国语文，2003(3).
[16] 吴福祥. 汉语语法化研究的当前课题[J]. 语言科学，2005(2).
[17] 杨伯峻. 论语译注[M]. 北京：中华书局，1960.
[18] 中国社会科学院语言研究所词典编辑室编. 现代汉语词典(第6版)[M]. 北京：商务印书馆，2012.
[19] Bernd Heine，Tania Kuteva 著、龙海平、谷峰、肖小平译，洪波、谷峰注释. 语法化的世界词库[M]. 北京：世界图书出版公司，2012.

(本文原载《对外汉语教学》第十五期，2017年。)

助动词“可以”的词汇化机制和动因

一、引言

“可以”是现代汉语常用的助动词。吕叔湘主编(2001)《现代汉语八百词(增订本)》归纳了 4 个义项：1)表示可能；2)有某种用途；3)表示许可；4)值得。[1](P337—338)其他辞书所列义项与此基本相同。马建忠(1898)[2](P185—186)、王力(1980)[3](P46)、太田辰夫(2003)[4](P185—186)等认为在古代汉语尤其是上古汉语中，“可以”是两个词，其中“可”是助动词，“以”是介词。傅庭林(1987)认为上古汉语中的“可以”既有作为两个词组合的“可以”，也有作为一个助动词的“可以”。[5]刘利(1994)在对《国语》穷尽性描写的基础上结合断代资料，论证了复音词“可以”出现的时代，认为它至少在战国初期就已经形成，并在先秦文献中得到较为广泛的使用。[6]郭锡良(1998)认为在《论语》中已有“可以”凝固成词的用例。[7]目前，双音节词“可以”来源于“助动词＋介词”组合是大家的共识，至于“助动词＋介词”组合词汇化为双音节助动词的机制和动因，则关注不多。只有何洪峰(2008)在讨论先秦介词“以”的悬空及其词汇化时，认为“可以”是由助动词“可”和悬空介词“以”词汇化而成的助动词，很有启发性。[8]由于何文旨趣不在于此，因此只作了举例性的描述，未能深入讨论。本文在前人研究的基础上，详细讨论“可以”词汇化和语法化的机制和动因。

二、先秦时期的“可”、“以”和“可以”

2.1 先秦时期的“可”

先秦时期的“可”主要作为助动词使用，相当于现代汉语的“能”“能够”“可以”，在西周金文、《诗经》《尚书》等文献中有大量用例。例如：

(1) 王若曰：师嫠，才昔先王小学，女敏可吏，既令女更乃且考嗣小辅。”(《师嫠簋》引管燮初例)[9](P182)

(2) 南有乔木，不可休思。汉有游女，不可求思。(《诗经·国风·周南·汉广》)

(3) 我心匪石，不可转也。我心匪席，不可卷也。(《诗经·国风·邶风·柏舟》

(4) 天作孽，犹可违；自作孽，不可逭。(《尚书·太甲》)

(5) 若火之燎于原，不可向迩，其犹可扑灭。(《尚书·盘庚上》)

上述例句中的用法一直延续到今天。

2.2 先秦时期的“以”

“以”最早用作动词，本义应是提携、携带；到西周金文时期就已经虚化为介词，进而虚化为连词。由于“以”的连词用法与本文关系不大，我们主要讨论“以”的介词用法。作为介词，“以”可以引进工具、对象、方式、原因等。下面转引郭锡良(1998)例句：

(6) 汝以我车宕伐捡狁于高陵。(不其簋盖)

(7) 余献妇氏以壶。(五年雕生簋)

(8) 虢仲以王南征。(虢仲簋盖)[7]

例(6)“以”引进动作的工具“我车”,例(7)“以”引进动作的对象“壶”,例(8)引进动作的原因“王”,即“因王的原因”。自此以后,“以”作为介词,一直是古代汉语中的主要用法。

2.3 先秦时期的“可以”

先秦时期,“可”“以”经常毗连在一起,形成“可以”形式,这一时期的“可以”具有不同的性质,一种是“助动词+介词”的非结构形式,一种是助动词。

2.3.1 “可以”是非结构形式

先秦时期,介词“以”既可以带宾语,也可以不带宾语,因此在“助动词+介词”非结构形式中,介词“以”可以有宾语,也可以没有宾语。先看介词“以”有宾语的情况:

(9) 凡说之难:在知所说之心,可以吾说当之。(《韩非子·说难》)

(10) 故曰:贵名不可以比周争也,不可以夸诞有也,不可以势重胁也,必将诚此然后就也。(《荀子·儒效篇》)

(11) 以形貌命者,必智是之某也,焉智某也。不可以形貌命者,唯不智是之某也,智某可也。(《墨子·大取第四十四》)

上述例句中,“可以”是两个词,“可”为助动词,“以”为介词,二者不在一个层次上,其中“以”带有宾语,例(9)“以”的宾语为“吾说”,例(10)“以”的宾语分别为“比周”“夸诞”和“势重”。例(11)的“以形貌命者”和“不可以形貌命者”是对举形式,“以”的宾语都是“形貌”。上述用法与现代汉语完全一致。

再看“以”不带宾语的情况:

(12)《诗》$_i$ 可以$_{ei}$ 兴,可以$_{ei}$ 观,可以$_{ei}$ 群,可以$_{ei}$ 怨(《论语·阳货》)

(13) 美言$_i$ 可以$_{ei}$ 市尊,美行$_i$ 可以$_{ei}$ 加人。(《老子·第六十

二章》)

例(12)四个介词“以”后均没有宾语，传统上认为这类句子中“以”的宾语承前省略，就这个句子来看，“以”的宾语承前主语“《诗》”而省略；例(13)两个“以”分别承前主语“美言”和“美行”而省略。

上述两个例句中介词“以”的宾语承前省略的成分均是本句的主语，有些句子介词“以”的宾语可承前一小句的主语或宾语省略。例如：

(14) 子玉$_{i}$刚而无礼，不可以$_{ei}$治民，过三百乘，其不能以入矣。(《左传・僖公二十七年》)

(15) 维南有箕$_{i}$，不可以簸扬；维北有斗$_{i}$，不可以$_{ei}$挹酒浆。(《诗经・小雅・大东》)

例(14)介词“以”的宾语承上一小句的主语“子玉”而省略；例(15)两个介词“以”的宾语分别承上一小句的宾语“箕”和“斗”而省略。

上古汉语中介词宾语省略是常见现象。据何乐士(2004)研究，《左传》中介词“以”的宾语省略据所有介词的首位。[10](P173)郭锡良(1998)也认为介词“以”的宾语却常常出现在它的前面，同时还常常省略宾语。[7]

2.3.2 **“可以”是助动词**

助动词“可以”形成很早。据傅庭林(1987)[4]考察，助动词在《论语》《左传》《孟子》中已经广泛使用，刘利(1994)也断言，助动词“可以”至少在战国初期就已经形成并在先秦文献中得到较为广泛的使用。[6]例如：

(16) 子曰：“中人以上，可以语上也；中人以下，不可以语上也。”(《论语・雍也》)

(17) 公谓公冶曰：“吾可以入乎?”(《左传・襄公二十九年》)

(18) 孟子曰：“可以取，可以无取，取伤廉。可以与，可以无

与，与伤惠。可以死，可以无死，死伤勇。”(《孟子.离娄下》)

(19) 人主之守司，如是其广也，其中不可以不知也。(《荀子·君道篇》)

例(16)，杨伯峻翻译为：“孔子说：‘中等水平以上的人，可以告诉他高深学问；中等水平以下的人，不可以告诉他高深学问。’”[11](P6)可见，杨先生已经把“可以”当成了助动词；例(17)(18)引用话语，没有前文，“以”不可能有宾语省略；例(19)的“可以”位于“不……不……”之间，“以”后根本不可能存在宾语空位，“可以”作为助动词的性质已无疑。

三、助动词“可以”词汇化的过程与机制

3.1 “可以”的词汇化过程

对语料的研究发现，助动词“可以”来源于非结构形式“助动词＋介词”的“可以”。在非结构形式“可以”中，“可”是助动词，“以”是介词，二者不在同一个层次上，最后二者粘合在一起词汇化为助动词，其动因在于介词“以”后不出现显性宾语，造成功能悬空，从而引起构式语法化，进而发生重新分析。

语言成分的毗连使用是其词汇化的前提条件。助动词“可”功能上修饰谓词性成分，“以＋O”介词短语功能上也可以修饰谓词性成分，当它们均处于谓词性成分之前时，其排列顺序为“可以＋O＋VP”，其结构层次是：[可[[以＋O]＋VP]，例如：

(20) 霸者之善箸焉，可以时托也；王者之功名，不可胜日志也。(《荀子·强国篇》)

(21) 天下太上之士，不可以赏劝也；天下太下之士，不可以刑禁也。(《韩非子·卷六》)

上述例句中，“可”与“以”不在一个层次上，二者没有结构上

的关系，韵律上“可”“以”之间有停顿，不能连读。如例(20)(21)中的“可以＋O＋VP”，其停顿分别为：“可/以时/托也”“不可/以赏/劝也”“不可/以刑/禁也”。这里的介词“以”不具备与“可”粘合起来的条件。

当介词“以”的宾语以零形式出现的时候，“以”的介词功能悬空，其后果是“以”的介词性弱化；由于其宾语为零形式，没有实际读音，减弱了它与助动词“可”之间的停顿。例如：

(22) 故曰：“[邦之利器]$_i$，不可以$_{ei}$ 示人。”(《韩非子·喻老》)

(23) 市南有[熊宜僚者]$_i$，若得之，可以$_{ei}$ 当五百人矣。(《诗经·哀公十六年》)

(24) 子曰：“[孟公绰]$_i$ 为赵魏老则优，不可以$_{ei}$ 为滕薛大夫。”(《论语·宪政》)

尽管上述例句中介词“以”功能悬空，未有显性宾语，只有零形式宾语，但其先行词均有名词性成分充当，在上文中很容易找到，可以用代词“之”回指，说明这里的“以”仍然具有介词的功能，传统上认为是介词“以”承前省略宾语。这里的“可”和“以”不具备词汇化为双音词的条件。

当介词“以”零形式宾语的先行词为小句时，“可以”具有了重新分析的可能，既可以分析为“助动词＋介词”非结构形式，也可以分析为助动词。如下面的例句：

(25) 温故而知新，可以为师矣。(《论语·为政》)

(26) 五亩之宅，树之以桑，五十者可以衣帛矣！(《孟子·梁惠王上》)

(27) 王使周公召郑伯，曰：“吾抚女以从楚，辅之以晋，可以少安。”(《左传·僖公五年》)

如果将上述例句中的“可以”看作“助动词＋介词”非结构形式，其结构可以表述如下：

(25′) [温故而知新]$_i$，可以$_{ei}$ 为师矣。

(26′) [五亩之宅，树之以桑]$_{i}$，五十者可以$_{ei}$衣帛矣！

(27′) 王使周公召郑伯，曰："[吾抚女以从楚，辅之以晋]$_{i}$，可以$_{ei}$少安。"

如果将例(25′)的"以"当介词看，其宾语应该是能够做到"温故而知新"的人，不可能是"温故而知新"本身，这里的"温故而知新"发生转指，意思是"温习旧知识而有新体会，可以把这样的人当做老师"；例(26′)介词"以"的零形式宾语应该理解为"五亩之宅，树之以桑"的自指形式，全句的意思是"五亩的宅园，在上面栽种桑树，五十岁的人可以凭借这种情况穿上丝棉袄了。"例(27′)介词"以"的零形式宾语是"吾抚女以从楚，辅之以晋"的自指形式。

当然，上述例句中的"可以"也可以分析为助动词。先看杨伯峻先生对例(25)(26)的翻译。

(25″) 孔子说："在温习旧知识时，能有新体会、新发现，就可以做老师了。"(杨伯峻译注《论语译注》)[11](P17)

(26″) 在五亩大的宅园中，种植桑树，那么，五十岁以上的人都可以穿上丝棉袄了。(杨伯峻译注《孟子译注》)[12](P25)

从译文中可以看出，杨伯峻先生把例(25)(26)的"可以"当作了助动词。依此，我们可以将例(27)翻译成下面的表述：

(27″) 周惠王让周公叫来郑伯，说道："我扶持你并希望你听命于楚国，以晋国作为辅助，可以使你们国家稍微安定下来。"

需要指出的是，上述例句中的"可以"还不能认为是典型的助动词，因为在这样的句法环境中，"可以"可以分析为助动词，也可以分析为"助动词＋介词"非结构形式。只有在前文中找不到"以"的宾语时，"可以"才真正词汇化为助动词。例如：

(28) 曾子曰："士不可以不弘毅，任重而道远"(《论语·泰伯》)

(29) 可以仕则仕，可以止则止，可以久则久，可以速则速，孔子也。(《孟子·公孙丑上》)

(30) 叶公在蔡，方城之外皆曰：“可以入矣。”(《左传·僖公五年》)

上述例句，前文根本不存在与介词“以”零形式宾语同指的先行词，这里的“可以”已经彻底词汇化为助动词。

春秋战国时期，是助动词“可以”的词汇化进行和完成时期，其词汇化经历了以下过程：“助动词＋介词”非结构形式阶段＞“助动词＋介词”非结构形式、助动词两解阶段＞助动词阶段。

3.2 “可以”的词汇化机制

3.2.1 古今汉语介词功能差异

现代汉语介词与古代汉语介词功能上存在着重要差异，现代汉语介词必须带宾语，即必须实现其功能，否则句子不合法。例如：

(31) 衣服和食物是人安身立命的根本，我不敢占为自己独有，一定把它分给其他人。

(32) *衣服和食物是人安身立命的根本，我不敢占为自己独有，一定把分给其他人。

例(31)是正确的句子，例(32)则不能成立，原因是介词“把”没带上宾语，其介词功能没能实现。

但在上古汉语中，介词可以带宾语，也可以不带宾语。例如：

(33) 以形貌命者，必智是之某也，焉智某也。不可以形貌命者，唯不智是之某也，智某可也。(《墨子·大取第四十四》)

(34) 天下太上之士，不可以赏劝也；天下太下之士，不可以刑禁也。(《韩非子·忠孝第五十一》)

(35) 子曰：“片言可以折狱者，其由也与。”(《论语·颜渊》)

(36) 衣食所安，弗敢专也，必以分人。(《左传·庄公》)

上面前两个例句介词“以”均带有宾语。其中例(33)“以”的宾语是“形貌”；例(34)两个介词“以”的宾语分别是“赏”和“刑”。

后两个例句介词“以”后未出现宾语，尽管如此，在理解句义的时候，都能在上文中找到省略的成分，例(35)是“片言”，例(36)是“衣食”。但这些句子翻译成现代汉语时必须补出“以”的宾语，否则不合法。如将例(36)翻译成现代汉语的例(31)。

上古汉语允许介词不带宾语，以往把这种现象称为省略，常见的介词有“与”“为”“以”等。尤以介词“以”为多。《马氏文通》说：“‘以’字先乎动字，间蒙上文而不言所司，助动后‘以’字，必以为例。”[2](P264)董秀芳(1998)不把这种语法现象称为省略，而是称为零形回指。董文认为省略和零形回指虽然可以同指一种现象，但是有优劣之分，“省略”只能指明某个位置有成分没有出现，对这种现象的揭示是孤立的；而零形回指这一术语则有利于说明某个非显性成分在语段中的地位，指出它与语段中其他成分的联系。[13]我们赞同董文的观点，但鉴于本文研究旨趣，我们称为零形式宾语。

3.2.2 “以”零形式宾语的先行词语

介词后出现宾语，介词功能完全实现；介词后如果不出现宾语，其功能就没有实现，造成功能悬空，即“一个句法成分由于某种原因在所处的语法位置上失去或减弱了它的结构功能”。[14]上古汉语非结构形式“可以”中“以”经常处于功能悬空状态，在宾语位置上留下空位，即零形式宾语，但这并不影响句义的理解，因为在前文中可以找到充当“以”宾语的显性成分，这类显性成分是零形式宾语的先行词语。

考察发现，上古汉语非结构形式“可以”中“以”零形式宾语的先行词语有以下几种：

第一，先行词语是名词性成分。例如：

(37) 鱼不可脱于渊,[国之利器]$_{i}$ 不可以$_{ei}$ 视人(《老子·第三十六章》)

(38) 有[瓦器]$_{i}$ 而不漏,可以$_{ei}$ 盛酒乎?(《韩非子·外储说右上》)

例(37)先行词语是"国之利器"与"以"的零形式宾语在同一个小句中;例(38)先行词语"瓦器"处于上一个小句中。

当先行词语与"以"的零形式宾语在一个小句中,先行词语往往是句子的主语,更多的情况是主语后有停顿。例如:

(39) [七世之庙]$_{i}$,可以$_{ei}$ 观德。(《今文尚书》)

(40) [它山之石]$_{i}$,可以$_{ei}$ 攻玉。(《诗经·小雅·鹤鸣》)

例(39)(40)的"七世之庙"和"他山之石"分别是句子主语,与谓语之间有停顿,与"以"的零形式宾语同指。

第二,先行词语是谓词性成分。例如:

(41) 梁其胫谓穆子曰:"有货,以卫身也。[出货]$_{i}$ 而可以$_{ei}$ 免,子何爱焉?"(《国语·鲁语》)

(42) 今以为[足民]$_{i}$ 而可以$_{ei}$ 治,是以民为皆知如老聃也。(《韩非子·六反》)

(43) 然则[小]$_{i}$ 固不可以$_{ei}$ 敌大,[寡]$_{i}$ 固不可以$_{ei}$ 敌众,[弱]$_{i}$ 固不可以$_{ei}$ 敌强。(《孟子·梁惠王上》)

例(41)(42)"以"零形式宾语的先行词语分别是动词性短语"出货"和"足民",意思是"拿出财物"和"使老百姓富足";例(43)"以"零形式宾语的先行词语是形容词性成分"小""寡""弱"。

我们之所以认为上述例句中"以"后存在零形式宾语,是因为我们发现这一时期就有谓词性成分作"以"显性宾语的例子,例如同样在《国语·鲁语》中发现了下面的例句:

(44) 苟如是,则又可以出货而成私欲乎?(《国语·鲁语下》)

上述例句中,"出货"充当了介词"以"的显性宾语。需要指出的是,介词"以"后的谓词性宾语在语义平面上已经名物化或指称化了。

第三，先行词语是小句形式。例如：

(45) 若使[大子主曲沃，而重耳、夷吾主蒲与屈]$_i$，则可以$_{ei}$威民而惧戎，且旌君伐。(《左传·庄公二十八年》)

(46) 故[知足不辱，知止不殆]$_i$，可以$_{ei}$长久。(《道德经·第四十四章》)

当先行词语为小句形式时，"以"既可以分析为介词，也可以分析为助动词"可以"的词内成分。当分析为介词时，其零形式宾语要理解为小句的自指意义。[15]如例(45)"以"的零形式宾语可以理解为"大子主曲沃，而重耳、夷吾主蒲与屈这种安排"。但更多的是将其分析为助动词"可以"的词内成分。看今人对上面两句的翻译：

(47) 如果让太子主管曲沃，又让重耳、夷吾主管蒲地和二屈，就可以使百姓畏惧，戎狄害怕，而且可以宣扬国君您的功绩。(郭丹、程小青、李彬源译注《左传》第275页，中华书局2012年)

(48) 所以知道满足就不会受到屈辱，知道适可而止就不会带来危险，这样才可以保持长久。(陈鼓应注译《老子今注今译》第242页，商务印书馆，2006年)

上述例句中的"可以"之所以能够重新分析为助动词，是因为在这样的句法结构中"以"的介词功能极度弱化，以至于可以不当介词看待。"以"作为介词，其介词性最好的体现就是其后带名词性宾语，实现其介词功能；当其后无宾语，但在前文中能够明确找到与其零形式宾语同指的名词性成分时，其介词性就有所弱化；当前文中无法明确找到与其零形式宾语同指的名词性成分，只能找到用小句叙述的行为，还必须通过转指或自指的方式与其零形式宾语同指时，"以"的介词性极度衰减，因为这种形式即违背了宾语在介词后的规律，也违背了宾语为名词性成分的规律。在这种情况下，可以不把“以”当做介词，这样，其所在的句法结构发生语法化，即谓语前只有助动词状语，而没有了介词短语，“以”只好与“可”融合，在使用频率的作用下而词汇化。

当上文中找不到与“以”零形式宾语同指的先行小句时，助动词“可以”的词汇化完成。例如：

(49) 夫失其政者，必毒于人，鲁惧及焉，不可以不恭。(《国语·鲁语》)

(50) 曰：“若寡人者，可以保民乎哉？”曰：“可。”(《孟子·梁惠王上》)

假如将例(49)的“以”当作介词，但上文中根本找不到与“以”零形式宾语同指的先行词语，因此，只能将“以”理解为助动词“可以”的词内成分；例(50)是问答句，问句用“可以”，答句用“可”，可见，“可以”与“可”是等值的。

“助动词＋介词”非结构形式词汇化为助动词“可以”，其机制在于介词“以”的功能悬空，直接后果是导致“以”介词性弱化，弱化了它与“可”之间的停顿，当“以”零形式宾语的先行词为小句时，其性质是谓词性成分，不符合介词宾语的语类特点，且要作转指或自指义理解，“以”的介词性极度弱化，在这样的句法环境中，“以”就会重新分析为粘附在“可”后的成分，“可”与“以”之间的边界消失；“以”本身无实义，又不能实现功能意义，只能从属于助动词“可”的语法意义，词汇化为助动词。

四、助动词“可以”的词汇化动因

在上古汉语中，助动词“可”与介词短语“以＋O”经常以先后线性形式作谓语中心语的状语，形成“可以＋O”形式，由于介词“以”功能悬空，导致其介词功能弱化，进而使其所在结构语法化，“以”与助动词“可”融合而词汇化为双音节助动词“可以”。可见，介词“以”的功能悬空导致了“可以”的词汇化。

初步考察发现，造成上古汉语非结构形式“可以”中介词“以”功能悬空的动因大概有两个：一是介词宾语可不用代词复指而话题化；二是介词零形式宾语可以用于回指。

4.1 上古汉语介词宾语可不用代词复指而话题化

上古汉语非结构形式“可以”中介词“以”不用代词复指而话题化与汉语类型有着密切的关系。Li & Thompson (1976)将世界上的语言分为主语优先型语言和话题优先型语言。[16](P457—490)曹逢甫(1997)[17]、徐烈炯、刘丹青(1998)[18]等对汉语话题的性质、特点、功能、结构等进行了深入系统的讨论。目前，汉语语法理论学界基本形成共识：认为汉语是一种话题优先型语言。刘丹青(2012)更是将话题结构列为汉语的显赫范畴，即“在一种语言中既凸显、又强势的范畴。”显赫范畴本身语法化程度高，句法功能强，使用频率高，除了用于该范畴本身的原型功能之外，都被用来表达其他相邻的甚至有一定距离的语义语用范畴，即扩展范畴或边缘范畴。[19]

话题结构是汉语的显赫结构，很多成分都可以占据话题位置，主语与话题有一种自然的关联，典型的主语是施事和话题的重合，[20](P125)主语与话题经常重合自不必说；动词宾语可以通过话题化占据话题位置；介词宾语也可以通过话题化占据话题位置，从而形成话题句。但在介词宾语话题化上，古今汉语有着明显的差异。看下面的例句：

(51) a 你可以用这把刀切西瓜。

b[这把刀]$_i$ 你可以用[它]$_i$ 切西瓜。

c＊[这把刀]$_i$ 你可以用$_{ei}$ 切西瓜。

从上述例句中可以看出，介词宾语话题化之后，必须在原介词宾语位置上用代词回指，如例(51)b 句；否则句子不合法，如例

(51)c句。

上古汉语介词宾语话题化后，可以不在原介词宾语位置上用代词回指，而用零形式回指。例如：

(52) [它山之石]$_i$，可以为错(《诗经·小雅·鹤鸣》)

上述例句也可以说成"可以它山之石为错"，例(52)的话题"它山之石"，可以认为是经过了一个话题化的操作过程而形成的，是将介词"以"的宾语提到句首，原位置用零形式宾语对其回指。下面例子中介词"以"功能悬空都是这个原因造成的。

(53) 詹请往，郑伯弗许，詹固请曰："[一臣]$_i$ 可以$_{ei}$ 赦百姓而定社稷，君何爱于臣也？"(《国语·晋语》)

(54) [百里之地]$_i$ 可以$_{ei}$ 取天下，是不虚，其难者在于人主之知之也(《荀子·王霸》)

例(53)的"一臣"作为话题，经过了话题化操作，介词"以"后用零形式宾语进行回指；例(54)的"百里之地"可作相同解释。

上述两个例句进行话题化操作的都是名词性成分，在上古汉语中，谓词性成分、小句也可以进行话题化操作。例如：

(55) [厚葬久丧]$_i$，实可以$_{ei}$ 富贫众寡、定危治乱乎！(《墨子·节用下》)

(56) [克、伐、怨、欲不行焉]$_i$，可以$_{ei}$ 为仁矣？(《论语·宪问》)

例(55)的话题"厚葬久丧"是谓词性成分，例(56)的话题"克、伐、怨、欲不行焉"是小句。

从这里可以看到，上古汉语的话题结构是非常强势的表达形式，从某种程度上超过了现代汉语，因为现代汉语只有动词宾语话题化操作后原位置可以用零形式回指，绝对不允许介词宾语话题化操作后原位置用零形式回指，而上古汉语的某些介词是可以用零形式回指的，除了这里讨论的介词"以"，还有介词"与""为"等。[13]

4.2 介词零形式宾语可以用于回指

介词零形式宾语用于回指指的是与介词零形式宾语同指的成分(先行词语)已经在前文中出现,介词以零形式宾语的形式与其同指,先行词语主要有主语和宾语两种句法位置。

第一,先行词语出现在主语位置上。例如:

(57) 今[吾子之言]$_i$,乱之道也,不可以$_{ei}$为法。(《左传·成公》)

(58) [良马]$_i$难乘,然可以$_{ei}$任重致远。(《墨子·亲士》)

(59) 夫[瓦器]$_i$,至贱也,不漏,可以$_{ei}$盛酒。(《韩非子·外储说》)

(60) 有孺子歌曰:"[沧浪之水]$_i$清兮,可以$_{ei}$濯我缨;[沧浪之水]$_i$浊兮,可以$_{ei}$濯我足。"(《孟子·离娄》)

在我们考察的例句中,介词"以"的先行词语出现主语位置上占绝大部分,或紧承上一句的主语,如例(57)、(58)、(60),也可以中间隔有句子,如例(59)中间隔了"(瓦器)不漏"这个小句。典型的主语就是话题,是句子的起点,为已知信息,启后性最为强烈,最便于与介词零形式宾语建立联系,从而理解零形式宾语的意义。

第二,先行词语出现在宾语位置上。例如:

(61) 国有[大命]$_i$,不可以$_{ei}$告人,妨其躬身(《荀子·臣道》)

(62) 堂鸡公谓昭候曰:"今有[千金之玉卮]$_i$,通而无当,可以$_{ei}$盛水乎?"(《韩非子·外储说右上》)

(63) 是以为君慎[器与名]$_i$,不可以$_{ei}$假人(《左传·昭公》)

先行词语出现在宾语位置上的例句数量不多,这类例句介词"以"零形式宾语的先行词语主要以存现动词后的名词性成分出现,基本上是新信息。如例(61)、(62),也有少部分以一般及物动词后的名词性成分出现,如例(63)。

陈平指出:"以上句的主题或者评述部分中新的信息成分的

身分出现的所指对象最容易成为下句的主题，因而启后性最为强烈。”[21]也就是这类成分最容易提取，后面的零形式成分最容易与之联系起来，从而理解其所指。

介词“以”的宾语不用代词复指就可以话题化和其零形式宾语可以用于回指之所以能够实现，关键在于介词零形式宾语先行词语的可提取性，受话者很容易将介词零形式宾语与其先行词联系起来，在语言经济性原则的作用下，“以”的宾语可以零形式的面貌出现，从而造成其介词功能悬空。

五、余论

在上古汉语中，“可”和“可以”都是助动词，但是二者对句式的选择性完全不同，“可”出现在具有被动意念的句式中，“可以”出现在主动句中。这个规律早被学者们发现。马建忠《马氏文通》说：“‘可’‘足’两助动字后。所续其他动字，盖有受动之解”。[2](P183)王力(1989)更是明确指出“可”和“可以”的两点差异：1.“可”字后面的动词是被动意义的，“可以”后面的动词是主动意义的；2.“可”字后面的动词不能带宾语；而“可以”后面的动词经常带宾语。[3](P243—244)。遗憾的是，两位前辈均没解释造成这种现象的原因。

语言共时平面的功能是历时演变的投影，或者说，共时平面的差异可以从历时演变中获得解释。汉语是话题优先型语言，施事、受事、工具、时间、地点等诸多语义角色均可以话题化，出现在句首位置。考察发现，上古汉语中，“可”作助动词出现的句子都是对受事进行话题化而形成的受事话题句。例如：

(64) 朽木不可雕也，粪土之墙不可杇也。(《论语·公冶长》)

(65) 道不可闻，闻而非也；道不可见，见而非也；道不可言，言而非也。(《庄子·知北游》)

(66) 锲而不舍，金石可镂。(《荀子·劝学》)

(67) 不违农时，谷不可胜食也。(《孟子·梁惠王上》)

上述例句受事话题化后，受事放在谓语动词前面，句子自然具有被动意义；汉语的受事话题化之后，原位置一般不允许再出现宾语，这也是“可”字后面动词不能带宾语的原因。

助动词“可以”来源于“助动词＋介词”的非短语结构形式，其词汇化机制是介词“以”宾语话题化造成“以”功能悬空，从而造成句法构式的重新分析，形成助动词“可以”。可以说，助动词“可以”词汇化的触动因素是介词“以”宾语的话题化，从语义角色上看，“以”的宾语角色主要是工具、方式、对象、原因等，绝不可能是受事。因此，助动词“可以”词汇化完成之后，也只能出现在主动句中，不会出现在被动意义的句式中。

助动词“可以”来源于非结构形式“助动词＋介词”的“可以”，在非结构形式“可以”中，“可”是助动词，“以”是介词，二者不在同一个层次上，最后二者粘合在一起词汇化为助动词，其动因在于介词“以”后不出现显性宾语，造成功能悬空，从而引起构式语法化，“可”和“以”进而发生重新分析，词汇化为助动词。造成上古汉语非结构形式“可以”中介词“以”功能悬空的动因大概有两个：一是介词宾语可不用代词复指而话题化；二是介词零形式宾语可以用于回指。这些动因都跟汉语是话题优先型语言有关。助动词“可以”和“可”在上古汉语中有着不同的句式选择性，“可以”选择主动句，“可”选择被动句，造成这种现象的原因是话题化的语义成分不同，在“可”出现的句子中，话题化的语义成分是受事；在“可以”出现的句子中，话题化的语义成分是工具、方式、对象、原因等。

参考文献

[1] 吕叔湘主编. 现代汉语八百词(增订本)[M]. 北京：商务印书馆，2001.

[2] 马建忠. 马氏文通[M]. 北京：商务印书馆，1983.
[3] 王力. 汉语史稿[M]. 北京：中华书局，1980.
[4] 太田辰夫. 中国语历史文法[M]. 北京：北京大学出版社，2003.
[5] 傅庭林. 试论上古汉语中的“可以”[J]. 辽宁大学学报，1987(5).
[6] 刘利. 从《国语》的用例看先秦汉语的“可以”[J]. 中国语文，1994(5).
[7] 郭锡良. 介词“以”的起源和发展[J]. 古汉语研究，1998(1).
[8] 何洪锋. 先秦介词“以”的悬空及其词汇化[J]. 语言研究，2008(4).
[9] 何乐士. 左传虚词研究[M]. 北京：商务印书馆，2004.
[10] 杨伯峻. 论语译注[M]. 北京：中华书局，1980.
[11] 杨伯峻. 孟子译注[M]. 北京：中华书局，1988.
[12] 董秀芳. 古汉语中介宾位置上的零形回指及其演变[J]. 当代语言学(试刊)，1998(4).
[13] 李宗江. 句法成分的功能悬空与语法化[A]. 吴福祥洪波主编. 语法化和语法研究(一)[C]. 商务印书馆，2003.
[14] 朱德熙. 自指和转指——汉语名词化标记“的、者、所、之”的语法功能和语义功能[J]. 方言，1983(1).
[15] Li, Charles N. & Sandra A. Thompson (1976) Subject and topic: A new typology of language. In Charles N. Li (ed.), *Subject and topic*, 457 - 490. New York: Academic Press.
[16] 曹逢甫着谢天蔚译. 主题在汉语中的功能研究——迈向语段分析的第一步[M]. 北京：语文出版社，1995.
[17] 徐烈炯、刘丹青. 话题的结构与功能[M]. 上海：上海教育出版社，1998.
[18] 刘丹青. 汉语的若干显赫范畴：语言库藏类型学视角[J]. 世界汉语教学，2012(3).
[19] 伯纳德·科姆里(沈家煊罗天华译). 语言共性和语言类型. 北京：北京大学出版社，2010.
[20] 陈平. 汉语零形回指的话语分析[J]. 中国语文，1987(5).
[21] 王力. 汉语语法史[M]. 北京：商务印书馆，1989.

(本文原载《湖南科技大学学报·社会科学版》2018 年第 6 期。)

后　记

本书收入学术论文28篇，大致可以分为四个部分：前5篇是第一部分，侧重于语法理论研究；其后15篇是第二部分，主要是现代汉语语法本体研究，可以分为两组：一组侧重于跟名词有关的语法现象研究，一组侧重于句式研究；再后面2篇文章是第三部分，是南京方言研究；最后6篇文章是第四部分，主要研究非结构词的词汇化和语法化问题，是汉语语法的历时研究。上述论文绝大部分发表在学术期刊上，少部分被收录到会议论文集中。

大学时期，我对汉语语法学就产生了浓厚的兴趣，1987年考入哈尔滨师范大学师从詹人凤和刘小南两位先生学习现代汉语，1990年硕士毕业时，由于工作关系，中断了汉语语法学的学习，但心中始终惦念着这一魅力无穷的领域。1999年，有幸考取复旦大学范晓先生的博士生，在范先生指导下重新继续学习汉语语法学，同时尝试着对自己感兴趣的一些问题进行研究，将自己的研究心得写成小文章，陆陆续续发表了60余篇论文，出版了5本学术著作，先后主持了1项国家社科基金项目，2项教育部人文社会科学研究项目，3项江苏省社科基金项目（含1项重点项目），在汉语语法学研究上也算有了一些自己的认识。

遴选出来的这些论文，散见在各种不同刊物和论文集中，把它们结集出版，也是对即将退休的自己多年来从事汉语语法学研究的一个安慰，尽管它们存在诸多不完美、不完善甚至是错误的地方，但是每一篇论文都是自己在繁忙的行政和教学工作中一个字一个字地码出来的，敝帚自珍；希望将来拿起它、翻开它的时候能给晚年的退休生活带来些许满足和快乐。

自己能够取得一些小成绩，是和众多师友的大力支持和帮助分不开的，感谢我的硕士生导师詹人凤、刘小南两位先生把我领进了汉语语法学的大门；感谢我的博士生导师范晓先生耳提面命、授人以渔，教给我汉语语法研究的科学方法；感谢陈昌来、张豫峰、张云秋、陈忠、曹秀玲、潘文、徐阳春、延俊荣、郭圣林等同门兄弟姐妹的无私帮助；感谢南京大学顾黔教授、马清华教授，南京师范大学段业辉教授、肖奚强教授、钱玉莲教授、梁丹丹教授等多年来的大力支持；感谢南京审计大学文学院全体同仁对我的宽容和理解；感谢上海三联书店编辑杜鹃老师；还要感谢一直默默支持我工作的家人。

但愿：最美不过夕阳红，温馨又从容！

2020年11月于南审文心楼

图书在版编目(CIP)数据

汉语语法的共时与历时研究/刘顺著.—上海:上海三联书店,2021.3
ISBN 978-7-5426-7282-7

Ⅰ.①汉… Ⅱ.①刘… Ⅲ.①汉语-语法-研究
Ⅳ.①H146

中国版本图书馆CIP数据核字(2020)第241167号

汉语语法的共时与历时研究

著　　者/刘　顺

责任编辑/杜　鹃
装帧设计/一本好书
监　　制/姚　军
责任校对/张大伟　王凌霄

出版发行/上海三联书店
(200030)中国上海市漕溪北路331号A座6楼
邮购电话/021-22895540
印　　刷/上海惠敦印务科技有限公司

版　　次/2021年3月第1版
印　　次/2021年3月第1次印刷
开　　本/890×1240　1/32
字　　数/290千字
印　　张/12.625
书　　号/ISBN 978-7-5426-7282-7/H·100
定　　价/68.00元

敬启读者,如发现本书有印装质量问题,请与印刷厂联系 021-63779028